CB120807

COISA JULGADA

LIMITES E AMPLIAÇÃO OBJETIVA E SUBJETIVA

Coleção
Eduardo Espínola

José Marcos Rodrigues Vieira

COISA JULGADA
LIMITES E AMPLIAÇÃO OBJETIVA E SUBJETIVA

2ª edição
Revista, atualizada e ampliada

2020

EDITORA *Jus*PODIVM
www.editorajuspodivm.com.br

EDITORA
*Jus*PODIVM
www.editorajuspodivm.com.br

Rua Território Rio Branco, 87 – Pituba – CEP: 41830-530 – Salvador – Bahia
Tel: (71) 3045.9051
• Contato: https://www.editorajuspodivm.com.br/sac

Capa: Ana Caquetti

C652 Coisa Julgada: Limites e Ampliação Objetiva e Subjetiva / coordenador Fredie Didier Jr. – 2. ed., rev., ampl. e atual. – Salvador: Juspodivm, 2020.
288 p. (Eduardo Espínola)

Bibliografia.
ISBN 978-65-5680-068-4.

1. Direito Processual. 2. Coisa Julgada. I. Vieira, José Marcos Rodrigues. II. Título.

CDD 341.4353

À Virgínia Moretzsohn Rodrigues Vieira, por origem.

À Maria Celeste Morais Guimarães, por destino.

A ambas, com Amor.

Vontade de devassar, de descobrir, de afastar obstáculos, de libertar uma verdade. Libertar-se com ela. Vencer o desafio. Encontrar, enfim, o seu nome, o seu lugar, o seu tempo.

(CRUX)

Nihil interest, ipso jure quis actionem non habeant, an per exceptionem infirmetur.

(PAULUS)

NOTA DO AUTOR À SEGUNDA EDIÇÃO

Após quatro anos de vigência do CPC de 2015, tempo em que acompanhamos a evolução da doutrina e da jurisprudência, cremos indispensável oferecer uma segunda edição de *Coisa julgada, limites e ampliação objetiva e subjetiva*, esclarecendo que incorpora alterações substanciais em alguns capítulos, modificação pontual de outros e alguns novos subtítulos.

As reflexões desenvolvidas no interregno entre as edições ativeram-se, sobretudo, à constatação de que, embora seja a doutrina o primeiro e imediato trabalho interpretativo após o início de vigência do texto legal, também o apego à tradição doutrinária pode retardar a melhor inteligência da lei.

É o que se constata, por exemplo, da ainda tímida atenção ao tratamento com que o legislador de 2015 desvinculou dos elementos objetivos contidos nos *tria eadem* a reunião de processos ante o risco de julgados conflitantes, a teor do §3º, do Art. 55.

Paralelamente ao Incidente de Resolução de Demandas Repetitivas, para as questões de direito, o CPC institui complementaridade sistêmica, no referido §3º, do Art. 55, para as questões de fato e as de direito não repetitivas.

É destacada a completude das questões, no diálogo entre as regras do Art. 489, §1º e do Art. 503 e seus §§1º e 2º.

A *causa petendi*, não mais restrita a elemento objetivo da ação – incorpora as questões dela advindas – o que permite a exegese do Art. 503 e seus §§1º e 2º: 1) a *causa petendi* pode ser consumida pela *causa excipiendi* (a questão principal pela questão prejudicial), no âmbito de ampliação objetiva da coisa julgada; 2) a *causa petendi* do legitimado concorrente pode consumir a *causa petendi* do colegitimado não atuante, no âmbito de ampliação subjetiva da coisa julgada.

Daí, nossa visão de o CPC vigente ter adotado uma teoria integrativa da *causa petendi*, em retração do espaço antes concedido à eficácia preclusiva da coisa julgada. A objeção de coisa julgada tem raio maior que o da de litispendência.

Cremos que não resulta ter mantido o legislador, como única, a oportunidade de estabilização da lide constante do Art. 329 (que repete o CPC de 1973). E isto, ainda que tenha sido suprimido, durante a tramitação do Projeto de CPC, o Art. 314 respectivo, que firmava a possibilidade de acréscimo ou alteração do pedido e da causa de pedir até antes da sentença. É que as questões complexas, de fato e de direito, ensejam as diligências de saneamento e organização (Art. 357), com ênfase o saneamento compartilhado em audiência (§3º, do Art. 357). Nesta edição, salientamos a utilização do interrogatório livre (Art. 139, VIII) na referida audiência, o que estabelece sistemas de preclusão diversos para a estabilização da lide, ao dizer de questões simples e questões complexas.

Salientamos, pois, o conjunto de questões da lide, que se descobrem a partir do nexo fundamental *causa petendi-causa excipiendi.* Nele se evidencia que a descrição da causa de pedir com omissão acerca do fato essencial de alguma *exceptio*, não só desperta o ônus da defesa indireta de mérito, mas sugere – no justo processo cooperativo – os deveres de esclarecimento e complemento, para correção do fracionamento abusivo da causa de pedir remota.

A prática do interrogatório livre (que pode ter lugar a qualquer momento e sem limitação de número de vezes) exclui do âmbito da eventualidade de que trata o Art. 329, o efeito de preclusão de exceções e, portanto, pode ensejar não só integrações ou complementações que sejam decorrência das exceções suscitadas ou da réplica às mesmas, como estudado na primeira edição, mas de novas exceções e novos pedidos, como justificamos nesta segunda.

Por isso, do ângulo dos limites objetivos da coisa julgada, a par do desaparecimento da ação declaratória incidente (o que a doutrina não tem mais dúvida em admitir), procuramos assinalar a confluência do princípio dispositivo e o de cooperação e a influência do saneamento compartilhado na fixação dos pontos controvertidos, de modo a ensejar negócio processual ante o acordo das partes e participação do juiz, senão a aquisição processual ante a prova.

Não há dúvida de que o legislador empresta valor ao objetivo: não só ao objeto litigioso, o que permite mais útil composição da lide, tanto que evita o aforamento de novas demandas. Pela elasticidade atribuída às peças da fase postulatória, a coisa julgada mais se aproxima do bem jurídico a ser tutelado.

Em torno da *causa petendi* também se fixam as argumentações, que, consoante o Art. 489, §1º, IV, são ônus das partes, não sendo mais suficiente a referência aos fatos e fundamentos jurídicos. A maior abrangência atribuída pelo CPC de 2015 ao conceito de *causa petendi* impõe que se corrija a velha hermenêutica, com os equívocos de teoria da coisa julgada restrita à partes presentes e ao pedido. Tal é o espírito do sistema enucleado pela questão decidida, sob a técnica proclamada dos Arts. 10 e 489, que é comum à coisa julgada e à vinculação jurisprudencial, conforme o ditame do Art. 927, §1º.

Insistentemente, nesta segunda edição, abordamos os chamados de "estado do pedido", sua situação frente à resposta do réu. De tal confronto se alcança o fato essencial da demanda, porque o conteúdo substancial da causa de pedir não é estático, progride durante a cognição: das alegações ao contraditório, deste ao debate e às provas – para, só depois, transpondo-se à fundamentação sentencial, ante exclusão de fatos instrumentais, a *ratio decidendi*.

Sobremodo, quando distinguimos a prejudicialidade de causa (da causa *excipiendi* sobre a causa *petendi*), no âmbito dos limites objetivos justificamos a equiparação da questão prejudicial a principal, realizada pelo Art. 503, §§1º e 2º, no concerto dos limites propostos pelas partes à decisão de mérito, de que tratam o Art. 141 e o Art. 490. Vale dizer, destacamos o verdadeiro significado da *causa petendi*, aplicável à inicial e à contestação, ou mais exatamente, a uma em função da outra.

Também sobre o Art. 503 e seu §1º, igual cogitação quanto à *causa petendi* merecem os limites subjetivos da coisa julgada, o que nos permitiu rever a primeira edição.

O conceito de parte somente se aperfeiçoa diante do resultado da cognição. Porque é também a *causa petendi* que encerra as questões de mérito, cuja solução importa em reconhecimento da existência e do trânsito do fato jurídico, que passa aos sujeitos vinculados por coordenação, a exemplo do *dante* e do *avente causa* – assim revelados os legitimados conforme o resultado de mérito, pelo conceito processual de parte.

Na primeira edição, após termos tratado do conceito de parte e assinalado que a coisa julgada, sendo *pro* ou *contra*, pode mesmo prejudicá-las, lembramos que o conceito de parte inclui alguns ditos "terceiros", como tais os sucessores, a título universal ou singular, os adquirentes ou cessionários de coisa litigiosa, os cotitulares do direito subjetivo e os substituídos processualmente. Recuávamos, porém, parcialmente, perante o atavismo doutrinário. Fazíamos ligeira concessão à possível variação de *causa petendi*, como definidora de não sujeição à coisa julgada pela não atuação de legitimado concorrente. Assim, aludíamos à ação paralela de outro sócio, pela validade da deliberação assemblear. E mesmo à ação do outro sócio, posterior à coisa julgada. E dizíamos que tal terceiro teria de provar o caráter prejudicial de seu direito não tutelado.

Hoje, todavia, assinalamos, nesta segunda edição, que a primeira coisa julgada é, já, prejudicial da segunda. A coisa julgada avança sobre o espaço habitualmente deixado à eficácia natural. Abordamos a prejudicialidade entre processos, com o que deve desaparecer o suposto conflito de coisas julgadas.

Refutamos, assim, a comum ressalva de doutrina à ampliação subjetiva da coisa julgada, feita à ação com causa de pedir diversa. Salientamos que não basta ter o legitimado concorrente *causa petendi* diversa. Tem de tê-la não prejudicada, para poder manejá-la com efeito. É o que impõe o sistema do CPC vigente (Art. 503, §1º). Nesta segunda edição, portanto, exploramos melhor a função negativa da coisa julgada.

Estamos atentos a que a invocação da garantia constitucional do contraditório, como impediente à coisa julgada perante terceiros, desconhece a existência de terceiros equiparados a partes. A garantia da ação, dada aos legitimados extraordinários, é do mesmo porte que a do contraditório.

Esperamos que a segunda edição tenha as atenções recebidas pela primeira, o que, ora, penhoradamente, agradecemos.

PREFÁCIO

A entrada na cena jurídica de um novo Código de Processo Civil veio acompanhada de um sopro de renovação das esperanças no aperfeiçoamento do processo e da prestação da jurisdição.

O tempo que antecedeu a publicação da Lei n. 13.105, de 16 de março de 2015, bem como o tempo de sua *vacatio legis* foram marcados por uma intensa atividade de estudos, pesquisas, interpretações e debates, que assumiram as mais diversas formas e expressaram as mais diversas tendências doutrinárias.

O livro, hoje dado a lume por José Marcos Rodrigues Vieira, foi preparado ao longo desse período único e inigualável da vida do Direito, quando um velho Código está prestes a ceder lugar a outro, que se pretende melhor para atender aos anseios da sociedade.

Entre as categorias e os institutos antigos, cujas raízes se entranharam no terreno jurídico, e os germes da floração trazida pelo novo Código, o Autor recolheu a seiva que iria alimentar seus estudos e suas reflexões centrados na coisa julgada.

Sobre esse tema, tão caro ao processo e à ordem jurídica, a pesquisa se alastra e se aprofunda, avançando das concepções clássicas e tradicionais às possibilidades abertas pela nova regência processual, para desvelar, sob novos prismas, os limites objetivos e subjetivos da coisa julgada reconstruídos.

O exímio tratamento dado aos substratos teóricos e a análise do tema sob a nova lei processual deixam antever a rica experiência do Autor, nutrida nas atividades e nas carreiras jurídicas, no mundo acadêmico, no magistério e na magistratura.

O Autor, Professor de Direito Processual Civil e Desembargador do Tribunal de Justiça de Minas Gerais, aplicou com maestria seus sólidos conhecimentos para a confecção desta obra, cujas origens se situam nos estudos para a preparação da Tese que o levou à conquista do título de

Professor Titular de Direito Processual Civil, na Faculdade de Direito da UFMG.

O trabalho acadêmico original foi acrescido, complementado e reorganizado para adquirir as feições adequadas à sua divulgação no mundo jurídico, de forma a alcançar amplamente os que se dedicam ao estudo do Direito Processual Civil, nos recintos das salas de aula, nos embates das lides forenses e na magistratura.

O livro, com uma temática densa e fecunda, tratada com rigor e profundidade, se constitui em um rico manancial para a interpetação e a compreensão dos novos institutos do Direito Processual Civil e da nova regência que incide sobre a extensão objetiva e subjetiva da coisa julgada.

Estudantes e profissionais do Direito encontrarão em seus tópicos uma inestimável contribuição ao conhecimento do novo Código de Processo Civil que, para responder às expectativas e esperanças nele depositadas, dependerá do cuidadoso e permanente trabalho de seus intérpretes.

Belo Horizonte, abril de 2016.

Aroldo Plínio Gonçalves

Professor Titular de Direito Processual Civil
da Faculdade de Direito da UFMG

PREFÁCIO

Esta é a tese com a qual José Marcos Rodrigues Vieira conquistou a titularidade de Direito Processual Civil na centenária Casa de Afonso Pena, a Faculdade de Direito da Universidade Federal de Minas Gerais, celeiro de gigantes da ciência processual civil brasileira como Celso Agrícola Barbi, Aroldo Plínio Gonçalves e Humberto Theodoro Jr. José Marcos ("Zé") alcança, assim, a raríssima condição da dupla titularidade, nas duas escolas de Direito mais tradicionais de Belo Horizonte, pois já obtivera, anos atrás, o galardão na PUC-MG. A banca examinadora foi duríssima e extremamente qualificada, composta por José Rogério Cruz e Tucci, José Roberto dos Santos Bedaque, Ada Pellegrini Grinover e Aroldo Plínio Gonçalves.

O tema escolhido não poderia ser mais desafiador: coisa julgada. O trabalho é baseado no CPC-2015 e centra sua atenção na nova disciplina da coisa julgada em relação às questões prejudiciais incidentais (art. 503, §§1º e 2º, CPC).

O autor predispôs-se a enfrentar, corajosamente e com ideias ousadas, com as quais nem sempre pude concordar, mas que sempre me fizeram pensar, as diversas interações entre o regramento da coisa julgada e as novas figuras dogmáticas, trazidas pelo CPC-2015, como o princípio da cooperação (art. 6º) e o saneamento compartilhado (art. 357, §3º, CPC). José Marcos cumpriu a sina de todos nós já apontada por um de seus mais ilustres conterrâneos, Riobaldo Tatarana: "o que a vida quer da gente é coragem".

Antes de encerrar prefácio, tenho de fazer um registro de ordem pessoal: José Marcos, além de grande processualista, ex-advogado e Desembargador do TJMG, é um ser humano raro, sobretudo por uma qualidade: a gentileza. Gentileza que alegra, conforta e comove.

Em tempos difíceis como os que estamos vivendo no Brasil, ao tempo em que escrevo essas linhas, amigos e familiares brigam entre si por questões político-partidárias, em propagação de ódio que, ao menos para esse escriba, é inédita no Brasil, a gentileza é uma bênção.

Gentileza gera gentileza, como disse o Profeta carioca. E disso todos nós precisamos.

Parabéns ao autor e à Editora.

Salvador, em maio de 2016.

Fredie Didier Jr.

SUMÁRIO

INTRODUÇÃO

1. ATUALIDADE E TRADIÇÃO DA DOUTRINA DE LIEBMAN.

São passados oitenta e cinco anos da publicação original da monografia de Liebman, *Efficacia ed autorità della sentenza*[1], marco de abandono da tradiçao de confinamento da imutabilidade, advinda do trânsito em julgado da sentença de mérito, à eficácia declaratória[2].

Oitenta e cinco anos, que mais que solidificaram que *a jurisdição tem conteúdo mais complexo que a certeza,* [que] *a certeza* é, sim, componente essencial da justiça, mas não a exaure.[3] Quando o Código de Processo Civil de 2015 (Arts. 4º e 6º) promete a justa e efetiva solução do mérito, incluída a atividade satisfativa, a coisa julgada recobre mesmo a eficácia executiva, em plena consagração do pensamento do Mestre italiano das Arcadas[4].

O CPC italiano vigente (de 1940) foi elaborado um pouco antes e promulgado pouco depois do nosso CPC de 1939. Liebman escreveu sua monografia em 1935, sob a vigência do Codice Civile de 1865. Daí,

---

1. LIEBMAN, Enrico Tullio. *Efficacia ed autorità della sentenza*. Milano: Giuffrè, 1935. Eram passados oitenta anos, quando de nossa 1ª. edição.

2. Conquanto imediata a polêmica. A tradição de redutibilidade da coisa julgada à eficácia declaratória seria retomada por Antonio Segni. *Regiudicata civile,* In Studi sassaresi, Sassari: Galizzi, 1936, serie II, Vol. XIV, pp. 178 e ss., outrossim In Scritti Giuridici, I, Torino: UTET, 1965, p. 597/630, mormente p. 608.

3. LIEBMAN, Enrico Tullio, *Prefazione* à *ristampa* de *Efficacia ed autorità della sentenza.*

   Fondazione Piero Calamandrei. Milano: Giufffrè, 1962, pp. IV e V. GARBAGNATI, Edoardo. *I procedimenti di ingiunzione e sfratto,*3ª. ediz., Milano: Giuffrè, 1951, p. 47-48: *osserva infatti giustamente il Chiovenda, che la certezza giuridica no può essere provisoria* [e assim] *il decreto motivato, con cui venga eventualmente rigettata la domanda d'ingiunzione (...), a differenza di una ordinaria sentenza di rigetto in merito, non produce cosa giudicata sostanziale.*(V. , porém, Nota 28, infra).

4. LIEBMAN, Enrico Tullio, *Eficácia e autoridade da sentença e outros escritos sobre a coisa julgada,* 2ª ed., Tradução de Alfredo Buzaid e Benvindo Aires. Rio de Janeiro: Forense, 1981, n. 20, p. 61/62.

fazer referências ao Art. 1.351, o da coisa julgada relativamente a *ciò che ha formato il soggetto della sentenza*. Sobrevindo o *Codice Civile* de 1942, publicaria em 1962 a *Prefazione* à *Ristampa*. (Também o anterior CPC italiano era de 1865, mas com 950 artigos). Reforçava, então, Liebman, o pensamento, sob o benefício interpretativo de remissão textual feita pelo Art. 2.909, do *Codice Civile* vigente, ao Art. 324, do *Codice di Procedura Civile* de 1940: à imutabilidade com que *l'accertamento contenuto nella sentenza fa stato a ogni efetto* – como se a leitura, indistinta tal qual a da regra processual alusiva ao trânsito em julgado, fosse exatamente a de *far' stato ad ogni eficcacia*, abrangente de qualquer das classes sentenciais.

Ao atribuir à coisa julgada o significado de qualidade que se adiciona às eficácias sentenciais (não só à declaratória), Liebman[5], por ter substantivado[6] tal qualidade, coerentemente haveria de ser refratário à existência de dimensões da coisa julgada. Já as dimensões restariam quantitativas (positiva e negativa) e não qualitativas: identificado o conteúdo da jurisdição tanto com a declaratividade, quanto com a introdução de modificações nas relações substanciais, *a coisa julgada, por si só, não é nem 'processual', nem 'material*'[7].

Ocorre que dimensões da coisa julgada sempre foram admitidas, sem prejuízo mesmo de adotada a doutrina liebmaniana. Corretamente, Dinamarco[8] assinala o sentido da observação: a coisa julgada não teria dimensão própria. Sofre as limitações que lhe são impostas pelos elementos, a sua vez, da ação (partes, pedido e causa de pedir), ou da pretensão (pessoas, bens e interesses).

Relevante a passagem em que Buzaid[9], depois de estudar a pretensão (a que a doutrina alemã remete o objeto litigioso) e a ação (a que a

---

5. LIEBMAN, Enrico Tullio. *Eficácia e autoridade da sentença e outros escritos*, cit., n. 10, p. 44.
6. Willis Santiago Guerra Filho (*Reflexões a respeito da natureza jurídica da coisa julgada como problema filosófico*, In Revista de Processo, n. 58, São Paulo: RT, 1990, p.246) discute a adjetivação (qualidade) adotada como substância, como referencial semântico.
7. LIEBMAN, Enrico Tullio. Idem-idem, ibidem. Manifestamos respeitoso dissenso. A coisa julgada, a nosso sentir, é processual e é material (v. n. 52, infra, em comentário ao art. 489, CPC). Aliás, Liebman chegaria a considerar irrelevante a discussão (*Risoluzione convenzionale del processo*, In Problemi del processo civile, Napoli: Morano,1962, pp. 216/248, sobretudo p. 222).
8. DINAMARCO, Cândido Rangel. *Instituições de direito processual civil*. 4ª ed. Vol. III. São Paulo: Malheiros, 2004, n. 957, p. 305: *não tem dimensão própria*, mas dos efeitos sentenciais sobre os quais incide.
9. BUZAID, Alfredo. *Da lide: estudo sobre o objeto litigioso*. In Estudos e pareceres de direito processual civil. São Paulo: RT, 2002, p. 118-125.

doutrina italiana faz remontar o referido objeto), acolhe o pensamento de Carnelutti[10] (que o insere na teoria da lide, tida como conteúdo do processo) - porém, fazendo-o na forma como a entende Liebman[11] (de lide intra-autos, proposta de retificação do conceito carneluttiano), isto é, como conflito de pedidos das partes (inicial e contestação)[12].

Advirta-se que o Código de Processo Civil brasileiro vigente (Art. 490) incorpora exatamente a proposição liebmaniana da contraposição de pedidos - mesmo na hipótese de revelia, que, antes de valer como *ficta confessio*, é tratada como *ficta litis contestatio* (Art. 345, IV) - além de que opera a supressão da declaratória incidente (Art. 1.054, nas Disposições Finais e Transitórias), erigida a contestação em via suficiente para provocar o julgamento *principaliter* das questões prejudiciais de mérito (Art. 503, §1º, I, II e III e §2º, do CPC).

Parece, destarte, amadurecida a evolução que se iniciou sob a influência do Mestre e em que se inseriu a coisa julgada desde o Código de Processo Civil de 1973. Retoma-se a passagem em que Liebman dá como formadoras do mérito *todas as questões cuja resolução possa influir*[13] na decisão sobre procedência ou improcedência do pedido, vale dizer, sobre a procedência de um dos pedidos contrários[14].

No novo regime de preclusões, insere-se a regra de irrecorribilidade dos interlocutórios, assente no Art. 1.009 e seu §1º - sob a transferência da discussão para preliminar de apelação –, suposto, porém, o exercício imediato da arguição de nulidade (Art. 278).

Paralelamente, supera-se, agora, a tradição de rígidas preclusões. Em que pese ao rigor imediato do ônus da defesa especificada sobre os fatos

---

10. CARNELUTTI, Francesco. *Sistema del diritto processuale civile*. Tomo I. Padova: CEDAM, 1936, p. 341.
11. LIEBMAN, Enrico Tullio. *Eficácia e autoridade da sentença e outros escritos*, cit., Nota 29.I, p. 57-8: *Para identificar o 'objeto'(sentido técnico) do processo e, em consequência, da coisa julgada, necessário considerar que a sentença representa a resposta do juiz aos pedidos das partes, (...), à parte dispositiva da sentença* [em] *sentido substancial e não formalístico, de modo que abranja não só a fase final da sentença, mas também qualquer outro ponto em que tenha o juiz eventualmente provido sobre os pedidos das partes.* Tal posição (como resulta dos Arts. 141, 490 e 503 e §1º do CPC brasileiro) faz ampliar à contestação, o conceito de pedidos das partes.
12. LIEBMAN, Enrico Tullio. *O despacho saneador e o julgamento de mérito*, In Estudos sobre o processo civil brasileiro, São Paulo: José Bushatsky, 1976, nn. 7 e 9, pp. 114 e ss.
13. LIEBMAN, Enrico Tullio. *Manual de direito processual civil*, I, 3ª. ed.,, São Paulo: Malheiros, 2005, pp. 222/223.
14. LIEBMAN, Enrico Tullio. *O despacho saneador*, ob. e loc. cit., na Nota 12, supra.

narrados pelo autor (Art. 341, *caput*), o ônus da alegação de exceções não tem imediatamente a mesma concretude, podendo o réu aperfeiçoar sua arguição no saneamento em cooperação.

Assim é alcançada a aproximação da lide (indeterminado fenômeno extra-autos) à discussão (contraposição de questões) contida na causa em juízo, quando se abre a oportunidade de se submeter à crítica a premissa fundamental do sistema legal que perdeu vigência, tal o das regras dos Arts. 264 e 294 (do CPC de 1973), que deu lugar ao sistema de regras do Art. 329, II e §ún., combinado com as do Art. 139, VIII e do Art. 357 e §§1º, 2º e 3º, do CPC de 2015.

2. PROCESSO: ESTRUTURA PROGRESSIVA DE PRECLUSÕES.

Apresenta-se movimento inverso ao da reforma (*Novella*) *del Novanta*, quando o processo civil da Península[15], que tomava a braços a tarefa de adquirir maior celeridade, incorporou algo de nosso sistema de 1973. O processo civil de 2015 quer rever a celeridade, racionalizando-a (Arts. 4º e 6º).

Quando se vê o texto mais restritivo do processo italiano[16] (Art. 183, na redação que lhe deu a L. 26 *novembre* 1990, n. 353), sobre a *udienza di prima trattazione*, em que apenas admitida a precisação, a modifiçacão das demandas, das exceções e conclusões da inicial e da resposta alcança-se a compreensão do Art. 329, II e §ún., do CPC brasileiro, cujo texto, embora próximo ao do Código revogado, se articula com o saneamento em cooperação (do Art. 357, §3º). Resgata-se a antiga regra italiana, da Reforma de 1950, de maior amplitude para a discussão em contraditório, imposto o consentimento da contraparte apenas no tocante às ampliações dos limites da controvérsia contida nas peças postulatórias.

Indo além do que autoriza o Art. 183, do CPC italiano, em sua redação vigente, tais *l'eccezioni che sonno conseguenza delle eccezioni*

---

15. É sabido que, desde 1950, o CPC italiano (Art. 183) permitia às partes, na *udienza di prima comparizione*, novas alegações, novos pedidos e novas exceções. Presentemente, o CPC brasileiro (Art. 357 e §§1º e 3º) libera os pedidos (inicial e contestação), ao menos parcialmente, da disciplina de preclusões rígidas, atendida a existência de questões complexas, de fato ou de direito. A presença de contextos multireferenciados, fáticos ou jurídicos, a impor maior esforço dialético, sugeriu a abertura procedimental ao reforço de argumentação e de contraargumentação.

16. Após a da Reforma de 1950. Confira-se a análise retrospectiva de Giuseppe Tarzia, *Lineamenti del nuovo processo di cognizione*, Milano: Giuffrè, 1996, p. 89.

proposte (mediante depósito, se requerido, de memoriais contrapostos)[17], nosso Parág. 3º, do Art. 357, do CPC, institui a audiência de saneamento, quando o *estado do pedido*[18] revele complexa a espécie – para debate e fixação, não só de exceções consequenciais, mas de rediscussão das originárias, confronto de exceções e contraexceções.

Revela-se a intenção de adequado atendimento à exigência do *justo processo*,[19] que é de ser encerrado com a extensão e a profundidade necessárias à exaustão da controvérsia, porém sem dilações indevidas – suposta a depuração do pedido, resultante do saneamento em cooperação[20].

3. COGNIÇÃO E JUSTO PROCESSO.

Toma-se contato com a possível e frequente discrepância entre a realidade intra autos e o problema concreto – tema de disciplina pelo legislador processual, ao entrosamento útil dos princípios dispositivo e inquisitivo, aproximação de verdade real e verdade formal. O intuito é de superar qualquer resquício de presunção[21], ideia porventura ainda associada à *res iudicata*.

São patentes as razões que vêm determinando a distinção entre objeto do processo e objeto da sentença, mediando tais noções a de objeto litigioso do processo, o *Streitgegenstand*, de difícil e imprecisa ligação (à pretensão processual ou à pretensão material) e de discutível momento de produção (de imediato ou dinamicamente). De qualquer modo, o tema da preclusão de questões termina por sobrepor-se ao da preclusão de faculdades, no sentido da quebra da oportunidade única dos atos

17. Cf. n. 13, infra, em alusão ao CPC italiano de 1865.
18. O itálico indica uma categoria processual: o estado do pedido o é perante a resposta do réu, esta equiparável ou não, a pedido contraposto – como será visto no n. 41, infra. O *estado do pedido* é locução que utilizamos para traduzir a realidade procedimental dinâmica com que o saneamento em cooperação, por sobre as peças da fase postulatória, opera a atribuição bilateral de significados a significantes, entre ataque e defesa.
19. Neste sentido, ATTARDI, Aldo. *Le preclusioni nel giudizio di primo grado*. In La riforma del processo civile. Padova: CEDAM, 1992, p. 114.
20. Atual, a advertência de Francesco Carnelutti (*Como se faz um processo*. São Paulo: Pilares, 2015, p.124):
    (...) se a colaboração de uma parte é parcial ou (....) tendenciosa, esse defeito é corrigido com a colaboração da parte contrária, já que esta tem interesse em descobrir o outro fragmento da verdade. Assim, o que torna possível e útil essa colaboração é o contraditório.
21. Resquício jusromanista e napoleônico.

postulatórios e em homenagem, instintiva talvez, ao velho ditame *veritas filia temporis*[22] a sugerir o aprimoramento, o refinamento das discussões[23].

O princípio dispositivo, em forma pura, atrai a preclusão com imediatidade (concebida ao lado da concentração em audiência). A evolução do processo civil brasileiro, para, ainda antes da abertura à instrução, ensejar faculdades processuais de discussão *trium personarum*, concretiza o esforço de construção do justo (não só do devido) processo legal, revisão da postura estática do julgador. O princípio dispositivo condiciona, é verdade, não apenas o exercício da ação, a fixação do *thema decidendum*, o ônus da prova, mas também a determinação dos limites objetivos, vinculativos da cognição e do julgado[24]. Tal aspecto, porém, nunca mereceu amplo exame, como se bastante a regra do Art. 131, do CPC de 1973, para libertar o juiz da estratégia com que surgissem calculadamente deduzidos o pedido e a causa de pedir – não raro falaciosa ou incompletamente. As aquisições processuais, tema do revogado Art. 131, não devem ser, portanto, algo a emergir do acaso ou residente apenas na consciência do juiz.

Já advertia Mariconda[25], um sistema rígido de preclusões termina por tornar-se um multiplicador de processos, porque as modificações não consentidas no âmbito do procedimento comum poderão ser propostas em um sucessivo procedimento. Ao que lembraríamos a concepção, que se fez introduzir na ciência processual exatamente pela falta do justo processo, de instrumentos para arguição, *a posteriori*, de eventos que devessem ser impedientes à produção da coisa julgada, apesar de esta ter lugar nivelado ao do ato jurídico perfeito e do direito adquirido (v. Nota 29, infra).

Aliás, a sentença injusta sempre foi o grave problema de todas as teorias acerca do fundamento da coisa julgada na ordem jurídica (e não apenas na ordem fática[26]). Antes, porém, que se levantasse o problema

---

22. CARNELUTTI, Francesco. *Como se faz um processo*, cit., p. 162: *em nenhuma matéria, a verdade é obtida de uma hora para outra.*

23. CARNELUTTI, Francesco. *Como se faz um processo*, cit., pp.. 161 e 164: *trata-se de fazer passar as razões boas e reter as más (....). As partes são necessárias não só para a proposição da demanda para a procura e a recepção das provas, mas também – e creio, sobretudo – para prover as razões ao juiz, as quais se obtêm precisamente quando são discutidas (...) antes de passar à decisão (....).*

24. COMOGLIO, Luigi Paolo. *Etica e tecnica del giusto processo*. Torino: Giappichelli, 2004, p. 215-216.

25. MARICONDA, Vincenzo. *Le preclusioni (de)qualificanti*. In La riforma del processo civil. Padova: CEDAM, 1992, p. 153.

26. Registre-se que Ugo Rocco procurou, para a sentença injusta, esta segunda justificativa (*L'autorità della cosa giudicata e i suoi limiti soggettivi*, I, Roma: Atheneum, 1917, p. 414. *Trattato di diritto processuale civile*, II, Torino: UTET, 1957, p. 329).

da sentença (e, por derivação, o da coisa julgada) injusta, haver-se-ia de coibir a injustiça ínsita ao processo, mediante a correção da técnica processual. A esperança de processo e de sentença justos remontaria não à qualidade da *res judicata*, mas às qualidades de cada julgador, se não se pudesse nutrir a expectativa de identidade entre *res deducta* e *res deducenda*. E há juízes e juízes.

O processo há de, *a priori*, primar pela técnica, garantia de consecução do resultado justo, daí a aliança bem vivida de dispositividade e inquisitividade, para maior efetividade do contraditório[27].

4. SANEAMENTO: DEPURAÇÃO DO MÉRITO.

O divórcio entre pretensão nascida e tutelável e pretensão deduzida é a origem do variado inconformismo que chega a levar à revaloração (ousadamente, até, à desconsideração ou à relativização) da sentença trânsita – o que, entretanto, não poderia mais servir-se de critério de justiça. A justiça, resultado do ajustamento da cognição à realidade, supõe dimensionamento jurídico da pretensão, trabalho que se faz no processo e pelo processo[28] e ao qual adere, progressivamente, pela preclusão de questões.

Não sem razão, pode-se afirmar que a coisa julgada reflete, com respeito à matéria debatida nos autos, a integridade da ordem jurídica, que de si mesma induz segurança e estabilidade. Daí, por que elevada a garantia constitucional[29]: ressalvada ação rescisória, não pode ser infringida (e o seria, certamente, sob jurisdição ordinária, vale dizer, desde a recognição do fato, ou mesmo extraordinária, de puro direito). E não o podendo ser, sequer pela iniciativa do legislador, submisso à aludida integridade (Art. 5º, XXXVI, da Constituição da República), não o pode pela litiscontestação sob o juiz.

Técnica de justiça processual, a oportunidade do saneamento em cooperação serve diretamente ao encontro da ordem jurídica com toda a realidade factual. (Registre-se, todavia, nos procedimentos especiais,

---

27. Neste sentido, a *Exposição de Motivos* do CPC de 2015 faz referência a Dinamarco: *o processo, antes de produzir um resultado justo, precisa ser justo em si mesmo.*

28. Nos procedimentos especiais , porém, nem sempre progressivamente, podendo precipitar-se sua ocorrência, por efeito de inserção de ato típico de fase processual posterior, em fase antecedente.

29. Neste sentido, Humberto Theodoro Junior. *Direito processual civil*, série Grandes pareceres. Vol. 2. Rio de Janeiro: América Jurídica, 2003, p. 4.

que a realidade pode sofrer consciente recorte, fruto da sumarização por matéria).

A preclusão *pro judicato*, do Art. 505, do CPC – sob o justo processo legal, advirta-se – é indicativa de necessária imutabilidade dos fundamentos[30], o que deriva da (difícil) exegese do Art. 123, do CPC, tema a que nos dedicaremos oportunamente (n. 27, infra), por cuidar da *justiça* da decisão (não apenas com o apelo à historicidade pontual de redação, assemelhada à do Art. 55, do CPC revogado). Mas a mutabilidade, antes que produzida a coisa julgada, é algo natural ao processo.

A preclusão de questões supõe a correção dos desvios argumentativos, como veremos no n. 30, infra.

O respeito, portanto, à destinação institucional da coisa julgada, no justo processo legal – inaugurado entre nós pelo CPC de 2015 (Art. 123, visto em seu contexto) – faz mister a depuração do objeto litigioso. Dir-se-ia que, se *a avocação pelo Estado da tarefa de administrar justiça não causou a abolição do direito subjetivo*[31], também a ninguém estranha *se coordene o respeito (...)* à iniciativa de parte *(...) com a possibilidade para o juiz (...) de indagar (...), para o fim de reconstruir do melhor modo os fatos da causa*[32].

5. AÇÃO E EXCEÇÃO.

Ao lado, pois, da tese que se tornou referência sobre a coisa julgada (e como a confirmar o enfoque que pretendemos atribuir ao objeto e à formação progressiva da sentença), assinale-se outra contribuição de Liebman. Trata-se de reflexão produzida no cume de sua trajetória científica, apesar de pouco lembrada perante a tese original. A desvendar algo mais que a natureza jurídica e a demonstrar por que compatível com qualquer das eficácias sentenciais, desvenda Liebman a gênese da coisa julgada: que exsurge da realidade estrutural da controvérsia, nas relações entre ação e exceção. Relações, em última análise, entre os fatos constitutivos e os fatos impeditivos, modificativos ou extintivos da pretensão, por vezes constitutivos de contrapretensão – uns e outros necessários à

30. À maneira do exposto por Botelho de Mesquita (em conhecida tese referente, a rigor, à eficácia preclusiva), *A autoridade da coisa julgada e a imutabilidade da motivação da sentença*, In Teses, estudos e pareceres no processo civil, Vol 2, São Paulo: RT, 2005, p. 144 e passim.

31. CARNACINI, Tito. *Tutela giurisdizionale e tecnica del processo*. In Studi in onore di Enrico Redenti. Vol. II. Milano: Giuffrè, 1951, p. 743.

32. CARNACINI, Tito. *Tutela giurisdizionale e tecnica del processo*, cit., p. 761-762.

delimitação jurídica do objeto do julgado. Apreende, o citado estudo, o velho e nunca assaz descrito efeito da citação, de fazer litigiosa a coisa (Art. 240, do CPC).

E que o explica como algo atinente às ditas relações, assim porque, nos casos de sumarização da matéria de defesa, a sentença de improcedência (de certos procedimentos, como o despejo e a monitória) não produz coisa julgada material.

Referimo-nos a ensaio de 1960[33], resposta de Liebman a artigo polêmico (que Carnelutti dirigira a Cappelletti) e com que sugere se distinga *na lei (...) a eficácia impeditiva ou extintiva* [de] *fatos jurídicos,* [por vezes] *condicionada (...) também à exceção expressa alegada.*

Assinale-se – com o apoio do novo CPC brasileiro – que a reconstrução dos fatos jurídicos empreendida pelo processo abrange necessariamente o confronto dos fatos constitutivos com os impeditivos, modificativos ou extintivos, as exceções substanciais (outrossim as objeções substanciais, cognoscíveis *ex officio*). Trata-se (poder-se-ia dizer, filosoficamente, de nômeno a fenômeno[34], feito o juiz um dos sujeitos do contraditório) de um percurso de limitação do princípio dispositivo[35], pelo inquisitivo sob a estrutura dialética da cognição.

De repetir-se o que escrevemos: surpreende-se na revelha polêmica entre Carneluttti e Calamandrei[36] sobre o conceito de lide, algo de insepulto. Não basta o pedido, sendo que sua adstrição à lide é de ser descoberta na tramitação processual, para que não ocorra cisão do fato jurídico pela incompleta causa de pedir[37] expressa na petição inicial. E mais: como conciliação da lide sociológica, de Calamandrei, com a lide intra-autos, parcial ou integral, de Carnelutti[38], o atual CPC faz concessão

---

33. LIEBMAN, Enrico Tullio – *Intorno ai rapporti tra azione ed eccezione.* In Problemi del processo civile, Napoli: Morano, 1972, p. 74.

34. Cf. OTHON SIDOU, J.M. *Perplexidades idiomático-jurídicas.* In Direito aplicado, 1ª. ed., São Paulo/Rio de Janeiro: Forense Universitária. 2003, p. 44.

35. Como sugerido por CARNELUTTI, Francesco. *Sistema del diritto processuale civile.* Tomo I, cit., p. 414 e ss., desde a concepção do ônus da alegação.

36. CALAMANDREI, Piero. *Il concetto di lite nel pensiero di Francesco Carnelutti*, In Opere Giuridiche, Napoli: Morano, 1965, pp. 200/226. CARNELUTTI, Francesco. *Lite e processo.* In Rivista di diritto Processuale civile, Padova: CEDAM, 1928, pp. 23 ss e 99 ss.

37. VIEIRA, José Marcos Rodrigues. *Da 'cognitio' ao 'judicium'. De princípios a técnicas processuais. Coisa julgada e questões prejudiciais no Projeto de CPC.* In Amagis jurídica, 9, Belo Horizonte: Del Rey, 2013, p. 140/141.

38. CARNELUTTI, Francesco. *Lezioni di diritto processuale civile,* Vol. IV, Padova: CEDAM, 1986, pp. 10 ss.

relevante à porção de lide fora dos autos, quando determina a designação de audiência (Art. 357, §3º, NCPC) para fixação do objeto na hipótese de questão complexa – ao embate entre exceções e contraexceções – em busca das integrações ou esclarecimentos necessários[39].

A propósito dos apontados vínculos entre ação e exceção, quadra a exame a passagem de Guasp[40] (que restaria acolhida pela *Ley de Enjuiciamiento Civil* de 2000) sobre a irrelevância de uma possível incompatibilidade psicológica, do juiz que *deva julgar contra o que sabe como coisa certa, somente porque alguma das partes se haja omitido de aportar um dado decisivo*[41].

Continuemos, pois, na perspectiva do justo processo.

Carrilho Lopes[42] faz alusão a duas possíveis rupturas: entre o objeto do processo e o objeto da sentença; entre o objeto da sentença e o objeto (limites objetivos) da coisa julgada.

Não nos parece, porém, voltando à articulação entre ação e exceção, que o problema se restrinja a ruptura(s), nomenclatura que talvez se extraísse do Art. 371, do CPC vigente (correspondente ao Art. 131 do Código revogado), restrita aos fatos não alegados, mas provados. O Art. 357, do CPC de 2015, atrai ao processo, pelo dever de esclarecimento[43], por essenciais ao julgamento, as circunstâncias não alegadas dos fatos probandos – neste que é o último momento processual para fixação dos pontos controvertidos (v. n. 46, infra, na alusão ao saneamento).

No Código de 1973, como dito, o juiz considerava o fato provado – ainda que não alegado por qualquer das partes – tal o fato emergente de prova não impugnada. No CPC de 2015, a regra correspondente, do Art. 371, que trata do princípio da comunhão da prova, convive com a disciplina do saneamento: em tempo de fixação dos pontos controver-

---

39. VIEIRA, José Marcos Rodrigues. *Objeto do processo no CPC de 2015*. In Amagis jurídica, 15, Belo Horizonte: Del Rey, 2018, p.64/65.
40. GUASP, Jaime. *Derecho procesal civil*. 4ª ed. Madrid: Civitas, 1998, p. 521 e ss .
41. MERLIN, Elena. *Compensazione e processo*. Vol. I. Milano: Giuffè, 1994, p. 338-339: generaliza, porém, a concessão que Enrico Tullio Liebman – *Intorno ai rapporti*, cit., p. 450 – faria a Carnelutti, ao admitir como este, o princípio dispositivo em sentido processual (ou princípio da *trattazione*), quanto ao tema de exceções.
42. CARRILHO LOPES, Bruno Vasconcelos. *Limites objetivos e eficácia preclusiva da coisa julgada*. São Paulo: Saraiva, 2012, p. 19.
43. CRESCI SOBRINHO, Elício de. *Dever de esclarecimento e complementação no processo civil*, Porto Alegre: Fabris, 1988, p. 110: fundem-se na audiência de saneamento em cooperação a individuação e a substanciação da causa de pedir.

tidos, os de fato e os de direito (Art. 357, II e IV), há de o juiz observar, conjugadamente, os Arts. 10 e 139, VIII – cuja inspiração imediata pode ter sido o Art. 16, do *Code de Procédure Civile* francês[44] – com a submissão ao contraditório dos pontos de fato e de direito suscitados *ex officio* e o interrogatório livre para as complementações dos fatos alegados.

Aí se propicia, mediante o aprofundamento do contraditório, a elevação de alguns dos fundamentos a questões principais, temática do novo processo civil brasileiro que iremos discernir no decorrer deste estudo, no procedimento comum e nos sumários, ditos especiais (cf. n. 50, infra).

Verifica-se, de um lado, a plenificação do juízo no procedimento comum (o antigo ordinário), de modo a se identificar a incontrovertibilidade e a imutabilidade com o exaurimento do contraditório[45]; de outro, a possibilidade da coisa julgada sobre as questões principal e prejudicial, inclusive em procedimentos sumários. As seriações de atos processuais (procedimentos) consultam, ainda que variadamente, à regra geral do contraditório *prévio* (à sentença de mérito) *e efetivo*, expressa no Art. 503, §1°, II, do CPC vigente.

6. MODIFICAÇÕES DA CAUSA DE PEDIR E SISTEMA DE ESTABILIDADE DO PEDIDO.

Reduz-se o âmbito de incidência do Art. 508, do CPC, isto é, o da chamada eficácia preclusiva da coisa julgada, tema parcialmente absorvido na fase postulatória, sob a denominada teoria ampliativa[46] (mais exatamente, integrativa) da causa de pedir: superadora da insuficiência

---

44. V. a Nota 166, infra, sobre a alteração de nomenclatura do CPC francês.

45. A este ponto vem à lembrança a inversão proposta por CARNELUTTI, Francesco. *Efficacia, autorità e immutabilità della sentenza.* In Rivista di diritto processual civile. Padova: CEDAM, 1935, XII, p. 212-213, em que a coisa julgada formal sucederia à coisa julgada material – vista, esta, como aptidão ao trânsito em julgado.

46. A nomenclatura se ajusta a igual terminologia adotada quanto a uma das teorias sobre a eficácia preclusiva da coisa julgada, em vista de absorção de parte de seu escopo, conforme visto, pela própria coisa julgada. Segundo José Roberto dos Santos Bedaque, *Efetividade do processo e técnica processual*, 2ª. ed., São Paulo: Malheiros, 2007, p. 132/133: *se a sentença apreciar uma causa de pedir não proposta com a petição inicial, essa causa também será abrangida pela coisa julgada e não haverá nulidade alguma se o novo fundamento tiver sido submetido a um efetivo contraditório* (verdadeira antevisão ou possível inspiração da regra do Art. 503, §1°, II, do CPC de 2015). Do mesmo modo, José Rogério Cruz e Tucci (*A 'causa petendi' no processo civil*, 3ª. ed., São Paulo: RT, 2009, n. 4.11, pp. 188/192), que, por reconhecer que a economia processual se transformou em postulado político, concorda com Bedaque e sanciona a abrangência do fato novo, mesmo não superveniente.

da tríplice identidade para se impedir o advento de novas demandas em fragmentação abusiva da *causa petendi* mediata[47] (a exemplo da reunião que determina o Art. 607, do CPC, quanto aos diferentes pleitos por critérios de apuração de haveres). Nas ações com questões de fato distintas sobre a mesma relação jurídica (heterodeterminadas), estreita-se a variabilidade.

A propósito, há exemplo legal de ampliação da coisa julgada a possível causa de pedir outra, mesmo imediata, bem como a sujeito não partícipe do processo e, no entanto, afeito à mesma causa de pedir mediata, no cumprimento da decisão homologatória de autocomposição judicial (sob conciliação ou mediação), conforme previsão do §2º, do Art. 515, do CPC. Em sentido diverso, dirigidas as indagações ao pedido e não à causa de pedir, justifica-se a fragmentação do julgamento de mérito, previsão do Art. 356, do CPC, para atender à celeridade (duração razoável) do processo, quando incontroversa ou provada alguma das parcelas da postulação.

Resta claro da análise do binômio ação-exceção – no sistema do CPC – que se trata de mitigar a dicotomia substanciação/individuação da *causa petendi*[48]. Se não se chega a sustentar o seu trânsito de significado[49] entre as teorias – o que seria a confirmação da tese de Fairén Guillén, no sentido de que *ambas tendem* [à] *individuação do objeto do processo, (...) quer por diferenciação dos fatos, (...) quer por meio da do direito* – pelo menos se lhes aproveita a aproximação, dado que apenas caiba *discutir o momento processual (...) e o sujeito do processo por quem devam levar-se a efeito*[50]: do cogitado momento e do cogitado sujeito (já bilateralizado) cuida o saneamento no procedimento comum (Art. 357 e §§, do CPC), via pedido de esclarecimentos ou solicitação de ajustes (§1º), delimitação

---

47. SÁ, Renato Montans de. *Eficácia preclusiva da coisa julgada*. São Paulo: Saraiva, 2011, p. 267-268.

48. Como já sugere, mediante superação pelo contraditório, segundo referido na Nota 46, supra, José Rogério Cruz e Tucci (*A 'causa petendi'*, loc. cit.). Note-se, a *Exposição de Motivos*, do CPC de 2015, expressa: *as partes podem, até a sentença, modificar pedido e causa de pedir, desde que não haja ofensa ao contraditório. De cada processo, por esse método, se obtém tudo o que seja possível.*

49. Como em Lourival Vilanova. *Causalidade e relação no direito*, 4ª. ed., São Paulo: RT, 2000, p. 138/139: *do ponto de vista dinâmico, dos fatos provêm normas e de normas advêm os fatos jurídicos.*

50. FAIRÉN GUILLÉN, Victor. *La transformación de la demanda en el proceso civil*. Santiago de Compostela: Porto, 1949, p. 71-72.

consensual das questões (§2º) ou audiência, que permite seja ajustado o ônus das alegações, sob a direção do juiz[51] e em que pode ser obtido o negócio processual de saneamento (§3º)[52].

A decisão de mérito justa e efetiva, reclamada nos Arts. 6º e 10, do CPC, vem a ser até mesmo viabilizada pela técnica *trium personarum*, recomendada para matéria complexa de fato ou de direito (Art. 357 e §3º, CPC).

Já Galeno Lacerda, em conferência proferida quando da *vacatio legis* do CPC de 1973, enfocava a inteira desnecessidade de uma de suas inovações, a ação declaratória incidente[53]. Depois de estudar o seu cabimento, tal como preconizado pelo Código Buzaid, voltaria à ação declaratória independente ou autônoma. E punha sob exame a declaratória autônoma negativa (cujo autor, eventualmente o obrigado, pretendesse ser-lhe declarado nada dever ao réu, isto é, que não perpetrou o ilícito, que já pagou o débito ou já cumpriu o contrato). Sendo que contra a declaratória negativa haveria de se comportar o réu (credor) – fazendo simples uso de contestação positiva – mediante a qual pediria a declaração do fato constitutivo da dívida daquele. Concluía: neste caso, este pedido (de mérito) fará objeto, constituirá objeto da contestação[54].

Em consequência, a coisa julgada resultante teria coberto positivamente o fato (afirmativo) alegado, constitutivo da *exceptio*; bem como negativamente o fato alegado, constitutivo da *actio*, confirmada, por raciocínio inverso, a obrigação do autor (devedor). (Raciocínio direto

---

51. CARMONA, Carlos Alberto, O Novo CPC e o juiz hiperativo, In *O Novo CPC. Questões controvertidas*. São Paulo: Atlas, 2015, p. 68.

52. Do negócio processual de saneamento, envolvendo os pontos controvertidos, é verdade, diverge Fredie Didier Jr., no segundo Prefácio com que honrou a nossa 1ª. edição. De todo modo, admite-o plurilateral (*Curso...*, Vol. I, 21ª. ed., Salvador: Juspodivm, 2019, p. 805. Admitindo o acordo de saneamento, Egas Moniz de Aragão, *Comentários* , Rio de Janeiro: Forense, 1974, p. 377). E Humberto Theodoro Jr. o inclui entre os negócios processuais trilaterais (*Curso de direito processual civil*, I, Rio de Janeiro: Forense, 58ª. ed., 2015, pp. 615-620.

53. Com efeito, dizia: *Está errada por quê? Porque (...) o réu tem igual direito ao do autor, de reclamar a jurisdição para a sua defesa, em toda a extensão dela, para todas as questões que ele suscitar. E, portanto, não é verdade que a coisa julgada só se manifesta estritamente sobre a conclusão final da sentença. Se o juiz, para chegar a essa conclusão, tiver que decidir uma questão prejudicial, também arguída pelo réu, no âmbito do litígio total, pois o litígio é o conflito que se estabelece 'entre ambas as partes', então tudo efetivamente integra a coisa julgada. Essa é a crítica irrespondível do grande SATTA à concepção de CHIOVENDA.* (*As defesas de direito material no novo Código de Processo Civil*, In Revista Forense, Vol. 246, Rio de Janeiro: 1974, p. 166).

54. LACERDA, Galeno. *As defesas de direito material, ...,* cit., p.165.

ter-se-ia na cobrança, em que o credor não seria réu, mas autor, de pretensão positiva).

Emerge do raciocínio a suficiência da contestação, para a questão prejudicial: para o que o grande processualista sulino pedia desculpas por impor ao seleto auditório[55] a exigência de atenção a uma análise difícil. A sentença de mérito, hábil a produzir coisa julgada, poderia acolher a simples contestação[56] do fato negativo alegado. Contestação que, em si mesma, teria valor de ação[57] contrária, do réu.

É verdade, poderia o réu reconvir[58]. Distinguia (o conferencista) a reconvenção, que seria pretensão sempre positiva do réu: o réu poderia reconvir com cobrança, ao fundamento, a sua vez, de validade, de vício do pagamento, de mora, por prévia notificação. Sua explicação agora servirá para reconfirmar a suficiência da contestação, quando se torna a reconvenção integrada à própria contestação (Art. 343, do CPC vigente).

Alcançamos, presentemente, as transformações objetivas da demanda sugeridas pelo magistério de Fairén Guillen, como acolhidas nos Códigos europeus, a exemplo – adiante assinalado – de Alemanha (n. 14 e 15, infra), Espanha (n. 18 e 19, infra) e Portugal (n. 20, infra), não só para *a melhora consistente na eliminação de erros*, como também para situar-se em devida medida o temor do *risco de violação do princípio da preclusão*[59]. Os ajustes do pedido e da causa de pedir (que desde as lições do professor da Universidade Compostelana, não redundariam em transformações vedadas pela preclusão) expressam, mediante a cooperação das partes, o dever de esclarecimento ao Juízo, inteligência útil do Art. 6º, do CPC brasileiro de 2015.

Chega o momento em que se quis deter o curso do direito positivo. A evolução legislativa que se pratica desde 18.03.2016 (início de vigência, conforme o Art. 1.045, do CPC de 2015) seguiu-se, por assim dizer,

---

55. LACERDA, Galeno. Idem-idem, ibidem. E diríamos: nosso auditório não é diverso, nem menores seriam as nossas desculpas.

56. LACERDA, Galeno. *As defesas de direito material, ..., cit.*, p. 166: *Não estou de acordo com a inovação, porque hoje a própria teoria de Chiovenda e Menestrina está sendo muito contestada. (....). Porque ela considera* apenas *como objeto do litígio o pedido do autor, esquecida de que integra o litígio não apenas a pretensão do autor, mas também a defesa do réu.*

57. LACERDA, Galeno. Idem-idem, p. 162.

58. E Galeno Lacerda escreveu, é verdade, para distinguir, no sistema de 1973, a declaratória incidente e a reconvenção, quando referia àquela a matéria de defesa (hoje, de contestação), sempre uma pretensão negativa (ob. e loc. cit.).

59. FAIRÉN GUILLÉN, Victor. *La transformación ...*, cit., p. 88.

a um alto. Após profunda reflexão, procedeu-se a correção de rumos. Penitenciou-se o legislador de ter abandonado antiga tradição e retorna exatamente a instituto clássico, o interrogatório livre (embora cabível na regra do Art. 342, do CPC de 1973). O legislador de 2015 prestigia-o, para permitir-se avanço, depois de identificada, ao longo das reformas do texto juspositivo, a influência do desvio hermenêutico que o fizera ausente da prática, por isso que era confundido com o depoimento pessoal.

A insuficiência da evolução do processo civil, estanque entre atos e fases processuais, por ter tomado curso à deriva de uma disciplina geral da estabilização da lide, embora já concebida e praticada a tutela antecipada no CPC de 1973, torna-se visível com regras legais que se rendem à redefinição do momento decisório – o de desejável encontro entre ação e jurisdição.

Adquire-se, presentemente, o sistema geral de estabilidade do pedido: a estabilização da tutela de urgência antecipada, quando à argumentação posterior (Art. 303, §1º, I) não se associe a interposição de recurso (Art. 304, combinado com o Art. 1º); a estabilização da decisão de saneamento (Art. 357, §1º, com ou sem audiência de cooperação); e a tutela final (de evidência, Art. 311; de julgamento antecipado total do mérito, Art. 355; ou parcial, Art. 356). A estabilização da tutela é alcançada, com ou sem urgência e, se necessário sob diligências, pela estabilidade total ou parcial do pedido[60], técnica matriz de fixação do mérito causal, a serviço da ciência do processo.

O Art. 7º, do CPC, impõe ao juiz zelar pela efetividade do contraditório. Intenta o legislador alcançar o acordo das partes sobre o que deva ser julgado (Art. 329, II e Art. 357,§2º). Intenta alcançar também a revisibilidade do saneamento, mediante os pedidos de ajustes (Art. 357, §1º).

A delimitação consensual da controvérsia, assim como a audiência de saneamento em cooperação (respectivamente §§2º e 3º, do Art. 357, do CPC), porque, em si, inovações milenares, ultimam a retomada evolutiva da *litis contestatio* do *ordo* (acordo das partes). E as complementações das peças da fase postulatória, nos pedidos de ajustes (do §1º, do mesmo Art. 357), inovação igualmente clássica, a *litis contestatio* da *extraordinaria cognitio* (excludente, desde a nomenclatura, de *cognitio* entre[61] o *libellus conventionis* e o *libellus contradictionis*).

60. Mais rapidamente atingida, nos procedimentos sumários.

61. Informa-o, precisamente, Scialoja (*Procedimiento civil romano*, trad. de Santiago Sentis Melendo e Marino Ayerra Redin, Buenos Aires: EJEA, 1954, p. 374).

No referido movimento de retorno histórico pelas influências jusromanistas, desde o CPC de 1973, passando pelo de 1939 e pelo processo comum medieval português, de que era exemplo o processo das Ordenações (nosso processo colonial[62]), alcançam-se duas interseções do *formulario* e da *extraordinaria cognitio*[63], quebrada a irrevogabilidade do ato constitutivo da relação processual, a *litis contestatio*, exatamente para a fixação dos pontos controvertidos. *Uma parte dos princípios do 'ordo' penetrou (...) na 'cognitio' e vice-versa, se admitiu 'extra ordinem' a revisão da sentença pronunciada pelo juiz formulario*[64].

Recorda-se a cognição da *qualitas* (o instruir-se sobre o objeto litigioso) e não da *veritas* (própria da instrução processual, inclusive o depoimento pessoal), no que o Art. 139, VIII, do CPC vigente revive as *interrogationes in iure*, as quais também interessavam à solução quanto à legitimação das partes, à eliminação da *pluris petitio* (daquele que, na *intentio* viesse a pedir mais do que aquilo a que tivesse direito) e o alimpamento das questões prejudiciais[65].

Como esclarece Elicio de Cresci Sobrinho[66], o interrogatório *ad clarificandum* do processo moderno [a exemplo do Art. 139, VIII, do CPC vigente] tem antecedentes históricos remotos no processo formular romano e naquele da *extraordinaria cognitio*, quando, sob Diocleciano, talvez uma *formula* análoga àquela *per formulas* vivesse na *cognitio extra ordinem*. O interrogatório evoluíu para tornar-se meio de prova, mas também se conservou para esclarecimento e complementação, com o que o processo pós-clássico conservou as *interrogationes*, passando-as, mediante Justiniano e os mestres bizantinos, ao processo romano-canônico e, das *Siete Partidas*, para as Ordenações[67].

O CPC brasileiro de 2015 – e a justificativa é propriamente a jusromanista, que haveria presidido às reformas do processo português,

---

62. LIEBMAN, Enrico Tullio. *Istituti del diritto comune nel processo civile brasiliano*, In Problemi del processo civile, Napoli: Morano, 1962, pp. 490/516.

63. Não se trata de colher ao acaso uma passagem jusromanista. Os direitos nacionais são tentames, em seu surgimento, da reorientação do direito comum pelo arquétipo romano, pelo que o expediente de se recorrer à história revela o costume legislado – em regeneração daquilo que é do povo e não do legislador por mera vontade (cf. J.M. Othon Sidou – *A literatura jurídica através dos tempos*, In Direito aplicado, 1ª. ed., São Paulo/Rio de Janeiro: Forense Universitária, 2003, pp. 38 e 40).

64. BISCARDI, Arnaldo. *Temas de derecho romano*. Barcelona: Bosch, 1987, p. 33.

65. CRESCI SOBRINHO, Elicio. *Dever de esclarecimento...*, cit., p. 99/100.

66. CRESCI SOBRINHO, Elicio de. *Dever de esclarecimento...*, cit., pp. 27 e 118.

67. CRESCI SOBRINO, Elício. Idem-idem, pp. 29/83.

mormente as que antecederam ao Código de 2013 – opera a aliança entre os princípios dispositivo e inquisitivo.

De alguma forma o processo comum medieval serve de parâmetro à prática do princípio da cooperação (Art. 6º, CPC brasileiro). O Livro III, das Ordenações Filipinas, de 1603, dedicado ao processo civil, romano-canônico e principalmente canônico – sem a instantaneidade das preclusões do processo moderno – estendia a fase postulatória, que abrangia o libelo, a contrariedade, a réplica e a tréplica. E isto se deu até o Regulamento 737, de 1850 e, mais exatamente, até a Consolidação Ribas, de 1876[68], já que a aplicação daquele (que alteraria o processo) só se daria pelo Decreto 763, de 1890, sendo ainda as Ordenações o direito subsidiário, além de aplicáveis aos processos não regulados, isto é, vários dos especiais e os de jurisdição voluntária.

Ascarelli[69] enumera fortes razões para a subsistência, na prática, do processo comum, mesmo sob os Códigos estaduais, bem mais pela tradição do que pela doutrina, dada a enorme vigência das Ordenações – porque o Brasil passou do direito comum ao Código Civil de 1916, enquanto a Europa vivia o eclodir do direito e do processo modernos. Assim, a característica de que cada parte se dirija sempre ao juiz, que, após conhecer de seus pedidos (veja-se, mesmo hoje, o Art. 490, do CPC, que desdobra o mérito nos pedidos formulados pelas partes), ordena vista à parte contrária, inserido o juiz no contraditório.

O processo moderno seria o da *ratio* matemática de um direito sem jurisdição, cujo fundamento de legitimidade remontava ao Estado (e ao soberano). Ao contrário, considere-se que a visão medieval do direito, como interpretação do *Corpus Iuris Civilis* que procedia do *studium* de Bolonha, fixou-se mediante a argumentação – revivida pelo Art. 489, §1º, IV, do CPC brasileiro vigente – pela *communis opinio doctorum* e pelo diálogo, do *ordo iudiciarius* sob modelo isonômico de descoberta do direito, este a verdade provável, a que imprescindível o contraditório.

As Ordenações Filipinas (no Livro III, Tít. 72), como observa Paula Batista[70], admitiam a ampliação dos poderes do juiz, mediante quaisquer

68. LOBO DA COSTA, Moacyr. *Breve notícia histórica do direito processual civil brasileiro e de sua literatura*. São Paulo: RT, 1970, p. 33. Igualmente, Elício de Cresci Sobrinho, *Dever de esclarecimento e complementação no processo civil*, Porto Alegre: Fabris, 1988, p. 83.

69. ASCARELLI, Tullio. *Notas de direito comparado privado ítalo-brasileiro*, In Ensaios e Pareceres. Campinas: Red Livros, 2000, pp. 13 e 18.

70. PAULA BATISTA, Francisco. *Compendio de teoria e prática do processo civil e comercial*, 7ª.ed., Rio de Janeiro: Garnier, 1907, §231, nota 2. E aí refere o Art. 348, do CPC da Holanda, com a

atos ou diligências tendentes a esclarecer sua consciência antes de julgar a final. À sua época, o processo comum medieval representava uma coincidência com a criação do direito experimentada na *jurisdictio*[71] do pretor romano, em que a *formula* decorria do caso concreto.

É, portanto, perfeitamente compreensível como clássica, a técnica com que o legislador de 2015, a exemplo de outras legislações da atualidade, revive a *elaboração dogmática da 'litis contestatio', (...) centro de todo o processo (...) tanto no acordo das partes no procedimento formulario, como* [n]*a instauração do contraditório na 'cognitio extra ordinem*[72].

O juiz, ao aplicar o Art. 139, VIII, do CPC, poderá vislumbrar a necessidade de alteração da *qualificação jurídica* dos fatos, levando as partes a reformularem suas alegações a ponto de ser definido, em comunidade de trabalho, outro objeto litigioso[73].

Como veremos adiante[74], pelo Art. 139, VIII, do CPC vigente, o juiz pode, a qualquer tempo, ordenar o comparecimento pessoal das partes, a fim de interrogá-las sobre os fatos da causa, o que, em conjunto com os Arts. 10 e 357, §3º, aprofunda a cognição, já que o interrogatório, diversamente do depoimento pessoal, é amplo. Revive as *interrogationes in iure,* do direito pretoriano[75], que poderiam recair sobre os fatos que bem aprouvessem ao juiz[76].

Justifica-se o regresso pelo percurso histórico com que o processo romano influenciara o processo comum medieval lusitano e, por este, o processo dos CPCs de 1939, o português e o brasileiro. O recuo a hibridismos jusromanistas é velho hábito de reforma de leis de processo, não o fruto de pura coincidência. Nem o desmente a circunstância de o processo civil português do CPC de 2013, por outro movimento cíclico, ter atenuado as regras da fase postulatória do CPC de 1961.

---

nova defesa remota (Nieuwe verweweren), admitida em apelação.

71. BETTI, Emilio. *La creazione del diritto nella iurisdictio del pretore romano.* In Studi in onore di Giuseppe Chiovenda, Padova: CEDAM, 1927, p. 65 e ss., sobretudo §5, pp. 90/95.

72. BISCARDI, Arnaldo. *Temas de...,* cit., p. 33.

73. CRESCI SOBRINHO, Elicio. *Dever de esclarecimento...,* cit., p. 100. Do mesmo autor, *Objeto litigioso no processo civil,* Porto Alegre: Fabris, 2008, n. 63, 64 e 65, p. 73.

74. V. n. 29, infra, sobre o interrogatório livre.

75. Como faz notar Moacyr Amaral Santos. *Da prova judiciária no cível e no comercial,* Vol. II, São Paulo: Max Limonad, 1971, p. 131/132.

76. CÂMARA LEAL, Antonio Luiz da. *Do depoimento pessoal,* São Paulo: Saraiva, 1923,

Evitamos exatamente o *modelo processual autoritário* (a classificação é de Cruz e Tucci[77]) próprio do CPC português de 1939, que decorreu da influência da *cognitio extraordinem* sobre o processo comum medieval português: de fazer exaurir, em um só momento, em processo escrito, toda matéria de ataque e de defesa. Tal modelo de rígidas preclusões fora afastado pelo CPC português de 1961, mediante a técnica de flexibilização das preclusões da fase postulatória (que seria atenuada pelo CPC português de 2013).

7. MÉRITO E INTEGRALIDADE.

Alcançamos, afinal, o apontado encontro entre ação e jurisdição, tal o *estado* (de mérito) *do pedido*, resultado da estabilização da (e para a) tutela jurisdicional e necessário à formulação da coisa julgada, como determinador do objeto respectivo: a coisa litigiosa não se trata de um dado *a priori*. Pelo contrário, dá-se a conhecer da tramitação processual, no desdobramento ontológico do que repetidamente se tem chamado o processo de conhecimento.

Cuida o legislador de exigir que o julgado verse os argumentos hábeis a infirmar a solução alvitrada (Art. 489, §1º, IV, do CPC)[78]. A fundamentação qualificada é garantia de identificação do bem jurídico tutelado, não sendo suficiente a exposição dos *tria eadem*, com o que se impede a reprodução de ação já julgada (v. n. 59, infra).

Por outro lado, a regra do Art. 4º, do CPC, que proclama o direito das partes à *solução integral do mérito*, não tem incompatibilidade com a do Art. 503, do mesmo Código, que se refere à decisão que *julgar total ou parcialmente o mérito*. Os dois dispositivos legais instituem, ao lado do direito da parte de deduzir a lide integral ou parcial, o poder do juiz de enfrentar, sob o imperativo da duração razoável, a parcela madura do objeto litigioso (que deve ser tutelada, *ex vi* do disposto no Art. 356, do CPC). Sempre a decisão ou a sentença há de deduzir e solucionar o problema jurídico, fracionável, no que integrados o contraditório e a prova. Vale dizer, a delimitação de cada problema jurídico inclui a atribuição,

77. CRUZ E TUCCI, José Rogério. *A 'causa petendi' no novo CPC português*. In Causa de pedir e pedido no processo civil (questões polêmicas). São Paulo: RT, 2002, p. 265.

78. Entre eles, os relativos aos fatos impeditivos, modificativos ou extintivos, hábeis ou não a constituir direito do réu, isto é, exceções materiais ou objeções.

em cooperação com as partes, de o julgador impedir o fracionamento abusivo da causa de pedir (da mediata, propriamente).

E o que é o problema jurídico? Ao relatar Biscardi[79] a progressão histórica do processo romano (com que evoluiu para poder a todo tempo oferecer a solução dos problemas jurídicos, em sua crescente complexidade), traz a demonstração do ideal performativo da coisa julgada – resultante da *osmose entre 'ordo' e 'cognitio' (...) tanto do ponto de vista objetivo da norma, como do subjetivo da pretensão.* O problema jurídico é soma de proposições racionais, a ser resolvido – determinadamente – com a *ratio decidendi*[80].

Assim, do ponto de vista objetivo da norma, nada obstante possa a parte ter trazido para os autos apenas uma porção da lide, o conhecimento há de ser integral, ao dizer de sua possível relação com outros possíveis efeitos jurídicos, a fim de evitar-se o risco de julgamentos contraditórios sobre matéria normativa derivada da exposição fático-jurídica. Daí, o confronto argumentativo: em que se surpreende (como, afinal, reconhece o novo Código de Processo Civil brasileiro) a relevância da exceção (o velho contradireito) para a própria delimitação dos fatos jurídicos, sem o que a sentença não estará autorizada a restabelecer a eficácia do fato jurídico, tal a consistência da composição da lide, fenômeno fraturado da vida do direito.

E, de outro lado, do ponto de vista subjetivo da pretensão, a transição do sujeito processual pelo contraditório, como trâmite indispensável à coisa julgada (e mesmo à eficácia sentencial), encontra exata oportunidade de se fazer objeto de análise. Subsiste a restrição da extensão da coisa julgada em prejuízo de terceiros[81], observada pela doutrina liebmaniana[82], com a superação dos problemas de comunhão de direitos pelo conceito de parte processual.

E, ao se falar do conceito processual de parte, uma síntese se impõe. Para Chiovenda, partes são *aquele que demanda em seu próprio nome (ou em cujo nome é demandada) a atuação duma vontade de lei, e aquele em face de quem essa atuação é demandada*[83]; para Liebman, *são partes*

79. BISCARDI, Arnaldo. *Temas de...*, cit., p. 32.a
80. Confira-se adiante, n. 35, com a referência aos precedentes e às demandas repetitivas.
81. Como tais, os não substituídos processualmente.
82. LIEBMAN, Enrico Tullio. *Eficácia e autoridade... e outros escritos...*, cit., §5º, pp. 79 e ss.
83. CHIOVENDA, Giuseppe, *Instituições de direito processual civil*, Vol. II, São Paulo: Saraiva, 1943, p. 320/321.

do processo os sujeitos do contraditório instituído perante o juiz (noção que engloba o entendimento chiovendiano e o amplia, abrangendo, como parte processual, o assistente simples)[84]; para Fazzalari, partes são os sujeitos que, *enquanto potenciais destinatários da eficácia do provimento jurisdicional, participem do 'iter' de formação do mesmo,* ou seja, cada um dos legitimados conforme o resultado sentencial[85]. Não que Fazzalari apenas se refira a uma legitimação conforme os efeitos da sentença, mas, no que tange às partes propriamente ditas, em sentido substancial e processual, à legitimação conforme a coisa julgada, porque, do contrário, o conceito abrangeria terceiros.

É excelente, a propósito, a conceituação oferecida por Ribeiro de Vilhena[86], com a duplicação do conceito, em provisório e definitivo, este após a sentença (e, mais exatamente, após a coisa julgada).

A parte (e os ditos 'terceiros' equiparados) pode ser prejudicada pela coisa julgada.

Releva considerar que, para efeito da coisa julgada, o conceito liebmaniano oferece o problema de o assistente simples não estar a ela sujeito. O terceiro equiparado a parte, sim, ainda que, quando beneficiado, lhe falte interesse de intervir ou de recorrer, como veremos no n. 71, infra.

Já o conceito fazzalariano abrange o substituto e o substituído processuais e o assistente litisconsorcial, este que, como veremos (mesmo n. 71, infra), é parte material e apenas equiparada a processual, não autorizado a inovar no processo e sujeito à coisa julgada como equiparado (materialmente) a litisconsorte.

No CPC de 2015, por força das regras do Art. 18 (da substituição processual) e do Art. 115 (da eficácia sentencial perante as figuras do litisconsórcio)[87], tanto quanto do Art. 506 (que admite possa a coisa julgada beneficiar terceiro), tem-se o sistema geral de legitimação conforme o efeito da sentença.

---

84. LIEBMAN, Enrico Tullio, *Manuale di diritto processuale civile. Principi.* 5ª. ed.,Milano: Giuffrè, 1992, p.81. *Manual de direito processual civil,* Vol. I, trad. e notas de Cândido Rangel Dinamarco, São Paulo: Malheiros, 2005, p. 123.

85. FAZZALARI, Elio. *Istituzioni di diritto processuale,* Padova: CEDAM, 1975, p. 134 e VIII ediz., Padova: CEDAM, 1996, p. 306.

86. RIBEIRO DE VILHENA, Paulo Emílio. *As partes no processo civil,* In Revista Brasileira de Direito Processual, Uberaba, v. 12, São Paulo: LEUD, 1977, p. 109/121.

87. Cf. n. 13, infra, na alusão ao *allargamento* do julgado e n. 71, infra.

O contraditório prévio e efetivo pode dar-se por extensão, mediante a atuação do substituto em lugar do substituído, de igual modo se verificando a atuação do litisconsorte de interesse idêntico, na unitariedade, haja litisconsórcio necessário ou facultativo. A ideia de prejuízo convalesce ante a identidade do interesse e recrudesce em hipótese contrária. A efetividade[88] do contraditório, irrelevante o sujeito intra-autos, exige igual situação jurídica substancial, quer para o acolhimento, quer para a rejeição da tese de mérito.

A expansão, objetiva ou subjetiva, da coisa julgada deriva da circunstância de se ter erigido a exame de mérito uma verdadeira *questão*[89], como tal a que pelo justo processo se equipare de prejudicial a principal: objetivamente, de defesa a pedido; subjetivamente, de alheia a própria.

Levantaremos hipóteses de trabalho e não adotaremos um único ponto de partida, em imperativo de prudência ante a variedade de critérios que se enfrentam (e a incerteza conceitual que se manifesta) na matéria (cf. n. 50, infra). Em resultado, alcançaremos o comum enfoque da remoção de obstáculos à solução determinante essencial, quer no âmbito objetivo das questões principais – propriamente tais ou equiparadas –, quer no âmbito subjetivo do gênero processual da legitimação – ordinária ou extraordinária (cf. ns. 68 e 71, infra).

Esta a tarefa que nos impomos provar (isto é, submeter a prova) e sugerir ao exame dos Doutos.

Para os textos dos Códigos estrangeiros, de línguas neolatinas, utilizaremos tradução livre. No alemão, conjugaremos traduções de língua espanhola (não citadas em bibliografia, por entendermos que lei não é referência bibliográfica).

A jurisprudência, sobretudo a de nossa lavra, ora alinhada ao Novo CPC, após quatro anos de vigência, merecerá referências (ao contrário do que ocorrera na primeira edição).

---

88. Em procedimentos sumários que não recaiam, em alguma fase, no comum, poderá haver contraditório não efetivo, para efeito de sentença de improcedência, por não propiciar a certeza (v. Nota 3, supra), o que põe em destaque a regra do §2º, do Art. 503, do CPC.

89. Aqui, ampliamos a observação de Bruno Vasconcelos Carrilho Lopes (*Limites objetivos*, cit., p. 40).

COISA JULGADA: REGRAS DE CÓDIGOS ESTRANGEIROS E COMPARAÇÃO DOS CÓDIGOS BRASILEIROS DE 1939, 1973 E 2015

8. METODOLOGIA COMPARATIVA.

Examinemos algumas regras de legislação estrangeira que possam ter influenciado o CPC brasileiro de 2015, no tema da coisa julgada. Poderá ocorrer que a legislação atual estrangeira não seja a mais próxima, mas mesmo alguma revogada em seu país de origem.

Cabe a tarefa de pesquisar, de modo crítico (com os olhos permanentemente postos no ordenamento jurídico processual pátrio) as lições que se possam extrair dos processos civis estrangeiros.

Cabe, antes e principalmente, o confronto dos dois anteriores Códigos brasileiros de processo civil, pelo muito que o de 2015, alertado pela experiência do de 1973, retoma regras e mesmo institutos do CPC de 1939.

Acresce considerar que institutos pontuais de Códigos de processo civil estrangeiros também interessam à explicação de nosso sistema, quer pela comum origem ou influência jusromanista, quer pela globalidade da era atual.

9. ITÁLIA – O "MEDÍOCRE EXPEDIENTE" EXEGÉTICO.

Iniciemos pelo processo civil italiano, de sabida influência em nossas instituições, desde nosso Código de 1939 e, sobretudo, no de 1973.

O Art. 324, do CPC italiano – ao se referir à *sentenza che non è piú soggetta nè a regolamento di competenza, nè ad apelo, nè a ricorso per cassazione, nè a* ['istanza di'] *revocazione*, define a coisa julgada à maneira de nosso Art. 502, do CPC de 2015 (e do Art. 467, do CPC de 1973), sob as características da coisa julgada formal. A essência, porém, da coisa julgada é ditada pelo conhecido Art. 2.909, do *Codice Civile*, com a referência a *l'accertamento* ['che'] *fa stato* – que sugere o *status*, possivelmente o estado de mérito, expressão final do objeto litigioso – *a ogni effetto* (abrangente de qualquer das eficácias sentenciais) *fra le parti, i loro eredi e aventi causa* (partes, sucessores *mortis causa* e adquirentes a título derivado).

Cumpre considerar que não se justifica[90] a dedução feita por Vellani[91], ante o étimo *accertamento*, como exclusivamente de referência à eficácia declaratória, até porque dela adviriam todas as outras eficácias. Não se crê como, se seria forçar a letra da lei (porque fale de *accertamento*, o referido Art. 2.909, do *Codice Civile*) estender-se diretamente a autoridade de coisa julgada ao elemento constitutivo e ao de condenação[92], também não o seja a restrição à eficácia declaratória – apenas por consideradas as correspondentes outras eficácias como acessórias da declaratória[93]. Tal sugestão de acessoriedade também se teria de modo a forçar a letra da lei, fazendo distinção onde a lei não distinguiu.

No sistema italiano, por outro lado, os limites objetivos se resumem ao dispositivo da sentença (segundo o magistério chiovendiano[94], da *afirmação final*), em tanto que o juiz competente proveja *principaliter* (Art. 1.351, *Codice Civile* de 1865) – ao que o Art. 34, do CPC italiano acrescenta a questão prejudicial decidida *principaliter* por exigência de lei ou pela declaratória incidente, cabendo, só na primeira hipótese, até os simples *fatos jurídicos*[95] (v. n. 13, infra).

Note-se que a alusão à exigência de texto de lei autorizador[96] da coisa julgada sobre a prejudicial, alusão repetida pela de *esplicita domanda* (a

---

90. Como salienta Humberto Theodoro Jr, que taxa de acadêmica a tese (Cf. o estudo *Coisa julgada, ação declaratória seguida de condenatória.* In Revista de Processo, v. 21, São Paulo: RT, 1996, p. 94.
91. VELLANI, Mario. *Appunti sulla natura della cosa giudicata.* Milano: Giuffrè, 1958, p. 50.
92. VELLANI, Mario. *Appunti* ..., cit., p. 52.
93. VELLANI, Mario. *Appunti* ..., cit., p. 48.
94. CHIOVENDA, Giuseppe. *Principii di diritto processuale civile.* Napoli: Dott. Eugenio Jovene, 1980, p. 1156.
95. CHIOVENDA, Giuseppe. *Principii* ..., cit., p. 1176.
96. *Per legge* (do Art. 34, *Codice di Procedura Civile*) é expressão que estaria fadada a ser mitigada: a relativização da *riserva di legge* – à maneira da persuasiva interpretação de nossa cláusula

outra fonte indicada no Art. 34, do CPC italiano), no tocante à necessidade de referir-se a relação jurídica autônoma, cederia às flexibilizações acerca da natureza da relação jurídica: alinham-se, na Itália, as obras doutrinárias[97] que desgarraram a prejudicialidade de supostamente necessária desvinculação da relação jurídica fundamental da causa. Termina por ser contrariada, sob o impulso ampliativo às questões da própria causa, a tese de Sérgio Menchini[98], restritiva à relação de prejudicialidade técnica (para o autor, a autônoma) e não também a de prejudicalidade lógica (a fundamental originária). Sobre o tema, desenvolveremos a discussão no n, 26, infra.

Autores há, porém, influenciados talvez pelo *collateral estoppel*, das instituições do *common law*, que já estenderam a coisa julgada ao *giudicato sulle questioni*[99], vale dizer, estenderam a prejudicialidade aos fundamentos, recusando-se a admitir a prejudicialidade necessariamente autônoma.

10. ITÁLIA – A TESE DE EXTENSÃO DA COISA JULGADA A FUNDAMENTOS.

A doutrina italiana explora, hoje, o posicionamento lançado por Giovanni Pugliese[100] (que parece ter sido integralmente acolhido pelo legislador brasileiro de 2015), segundo o qual,

> para excluir uma decisão 'incidenter tantum' não é necessária uma disposição de lei (...), nem uma demanda explícita (...), mas basta que do comportamento processual das partes, do modo em que estas tenham proposto e analisado a questão, do desenvolvimento dado a sua discussão, da eventual assunção de provas, não só do teor da

---

constitucional da legalidade, proposta por Eros Roberto Grau. *O direito posto e o direito pressuposto*. 7ª ed. São Paulo: Malheiros, 2008, n. 14, 16 e 17, p. 244-254 – é acolhida na Itália, desde a cláusula do Art. 111, da Costituzione italiana (*la giurisdizione si attua attraverso il processo regolato dalla legge*). Daí, a interpretação redutiva do significado e do alcance da regra constitucional, que a análise do conceito de *giusto processo* remete à *rifondazione* das garantias constitucionais, que comumente se consideram sua única manifestação, como argui Sergio Chiarloni. *Giusto processo (diritto processuale civile)*. In Revista de Processo, ano 38, n. 219, São Paulo: RT, 2013, p. 132.

97. Por todos, Michelle Taruffo. *Collateral estoppel e giudicato sulle questioni*, In Rivista di diritto processuale, Padova: CEDAM, 1972, parte II, p. 228.

98. MENCHINI, Sérgio. *I limiti oggettivi del giudicato civile*. Milano: Giuffrè, 1987, cap. II, n. 6, p. 87-92.

99. TARUFFO, Michele. *Collateral estoppel e giudicato sulle questioni*, cit., n. 8-9, pp. 282/292.

100. PUGLIESE, Giovanni. Giudicato civile. Diritto vigente. (verbete) In *Enciclopedia del Diritto*, vol. XVII. Milano: Giuffrè, 1968, n. 25, p. 867-869.

> sentença, resulte que a questão foi debatida e resolvida com a seriedade e o razoável aprofundamento das normais decisões jurisdicionais, e não em modo sumário e marginal.

No mesmo sentido, Comoglio[101] e Volpino[102], além de Ferri[103].

A coisa julgada das questões prejudiciais resta sufragada pela doutrina, porventura ainda minoritária, mas relevantíssima e crescente, desde Satta[104] e Denti[105], além de Pugliese, já citado linhas acima.

Trata-se de sustentação de tese que se fez cabível na vigência do CPC brasileiro de 1939, embora naquela época não fosse sufragada por Barbosa Moreira[106], no estudo que se tornaria clássico sobre a matéria. A tese ainda não é convertida em regra legal na Itália, o que revela o arrojo do CPC brasileiro de 2015, perante cuja orientação estariam rejeitadas doutrinas (italianas) de Attardi, Consolo, Ricci, Fazzalari, Garbagnati, Heinitz, Liebman, Menchini, Micheli, Montesano, Proto Pisani, Zanzucchi e Monteleone[107].

Exatamente esta, de que *idôneas à formação do julgado são só aquelas* [questões prejudiciais] *aptas a constituir objeto de autônoma controvérsia*[108] fora a conclusão de Ada Pellegrini Grinover[109], em estudo (publicado às vésperas do CPC brasileiro de 1973, diploma que incorporaria a ação declaratória incidente). O que, ao contrário, não é exigido pelo CPC de 2015, como veremos, para o tratamento *principaliter* da prejudicial,

---

101. COMOGLIO, Luigi Paolo. *Il principio di economia processuale*. Vol. II. Padova: CEDAM, 1982, p. 129 ss.
102. VOLPINO, Diego. *L'effetto del giudicato nell'esperienza americana*. Padova: CEDAM, 2007, n. VII, 8, p. 416-421.
103. FERRI, Corrado; Taruffo, Michele; Comoglio, Luigi P. *Lezioni sul processo civile*. Tomo 1. *Il processo ordinário di cognizione*. 4ª ed. Bologna: Il Mulino, 2006, p. 697,
104. SATTA, Salvatore. *Accertamento incidentale* (verbete), In Enciclopedia del diritto, Tomo I, Milano: Giuffrè, 1958, p. 243 ss.
105. DENTI, Vittorio. *Questioni pregiudiziali* (verbete), In Novissimo digesto italiano, XIV, Torino: UTET, 1967, p. 677 ss./ *Questioni rilevabile d'ufficio e contraddittorio*, In Rivista di diritto processuale, Padova: CEDAM, 1968, p. 217 ss./ *Sentenze non definitive di merito e cosa giudicata*, In Rivista di diritto processuale, vol. XXIV, Padova: CEDAM, 1969, p. 217/*L'Oralità nelle riforme del processo civile*, In Rivista di diritto processuale, 1931, p. 438.
106. BARBOSA MOREIRA, José Carlos. *Questões prejudiciais e coisa julgada*. Rio de Janeiro: Borsoi, 1967, p. 113-114.
107. A relação é apresentada por CARRILHO LOPES, Bruno Vasconcelos. *Limites objetivos e eficácia ...*, cit., nota 64, p. 39.
108. MONTELEONE, Girolamo. *I limiti soggettivi del giudicato civile*. Padova: CEDAM, 1978, p. 88.
109. GRINOVER, Ada Pellegrini. *Ação declaratória incidental*. São Paulo: EdUSP/RT, 1972, p. 81-82.

suscitada pelo réu em discussão mesmo sem ação, sem pedido formal declaratório.

Note-se que se propugnava pela exigência da controvérsia autônoma, exatamente contra a economia processual, com a qual queria o legislador evitar que se deixasse para o mérito da ação principal, questão que houvesse de ser enfrentada, por condicionante daquele exame, no saneador. Tornou-se conhecido, neste sentido da economia processual, o comentário de Batista Martins[110] ao Art. 282, do CPC brasileiro de 1939. Hoje, com fundamentação e alcance muito maiores, o problema é resolvido no âmbito de amplo contraditório do procedimento saneador, do Art. 357, do CPC de 2015. E, com este e com a regra dos requisitos do julgamento *principaliter,* estampada no §1º (e no §2º, este a *contrario sensu*) do Art. 503, do nosso CPC, superam-se os obstáculos que a influência da velha doutrina sobre a lei italiana (Art. 34, do *Codice*) exercera contra a evolução autóctone do processo civil brasileiro até a revogação do primeiro Código. E que, determinadora, entre nós, da adoção da declaratória incidental – serviu à mesma suposição (perfilhada por parte ponderável da doutrina brasileira) de necessidade de a questão prejudicial versar relação jurídica diversa e, mais, de existir em demanda autônoma, não bastante a potencialidade de constituí-la.

11. ITÁLIA – COISA JULGADA E EXTENSÃO SUBJETIVA.

Passando agora para os limites subjetivos da coisa julgada, identifica-se, na já citada regra do Art. 2.909, do *Codice Civile*, a imutabilidade dos efeitos da sentença – restrita às partes, seus herdeiros e os *aventi causa*, adquirentes a título derivado (como informa Francesco Luiso)[111]. Esta, aliás, a orientação chiovendiana[112], deixando aos demais terceiros (não equiparados a partes) a eficácia natural, por respeito aos princípios do contraditório e da ampla defesa[113]. Mas não é só. Ocorre que a coisa

110. BATISTA MARTINS, Pedro. *Comentários ao Código de Processo Civil* (de 1939). Vol. III. Rio de Janeiro: Forense, 1942, p. 328.

111. LUISO, Francesco. *Sul concetto di 'avente causa' dell'art. 2909 codice civile*. In Rivista di diritto processuale. Padova: CEDAM, 1982, p. 433 e ss.

112. CHIOVENDA, Giuseppe. *Principii di diritto proessuale civile,* ristampa, Napoli: Jovene, 1980, §34, p. 579. E que, no dizer de Giovanni Pugliese (*Giudicato civile* ..., cit., n. 30, p. 882), perpassa a tradicional doutrina italiana.

113. Do mesmo modo, entre nós, José Rogério Cruz e Tucci (*Limites subjetivos da eficácia da sentença e da coisa julgada*. São Paulo: RT, 2011, p. 39-42).

julgada (v. n. 51, infra) pode prejudicar a parte que se mantenha fora dos autos – e que não é terceiro. É a diretriz adotada pela regra de nosso Art. 506, do CPC, que, diversamente do Art. 472, do CPC de 1973, admite possa a coisa julgada entre as partes beneficiar terceiros.

Trazendo benefício a terceiro, não poderia este opor-se à coisa julgada, por carecedor de interesse de agir ou de recorrer, o que, porém, não basta para excluir a ampliação da coisa julgada, já que o reconhecimento do direito de terceiro não se diferencia do que é produzido entre as partes, eis que não se trate mais de *res inter alios*[114]. Resulta, pois, do Art. 506, do CPC, solução harmonizável com a da tradicional doutrina italiana. Ressalvados os interesses jurídicos coordenados (os de cotitulares, os de sucessores e os sob substituição processual, isto é, dos *aventi causa*), para os quais há extensão de coisa julgada, haverá extensão de eficácia (não da coisa julgada) em prejuízo de terceiro de interesse jurídico subordinado, por prejudicialidade-dependência, na esteira de várias soluções, lembrando-se, por todas, a proposta por Allorio[115]. E é destacada a adesão do CPC de 2015 à evolução doutrinária que flexibilizou a categoria dos *aventi causa*, como demonstraremos (n. 71, infra).

Ressalvados Chiovenda e Liebman[116], os processualistas italianos, na esteira de Betti[117] e de Carnelutti[118] atenuaram (quando não apagaram) a distinção entre eficácia direta (coisa julgada) e eficácia reflexa (expansão subjetiva de eficácia), daí se seguindo a tese de Allorio[119], com a uniformização dos limites da coisa julgada, sempre objetivos – a qual, porém, como percebe Cruz e Tucci[120], apenas exauriria, sob a eficácia reflexa, o problema do terceiro de interesse jurídico subordinado (pela relação de

---

114. Como sintetiza José Rogério Cruz e Tucci (*Limites subjetivos...*, cit., letra 'l', p. 100). Ocorre que essa indistinção de efeito, como averba Antonio Segni (*Regiudicata civile*, cit., p. 616), vem a confirmar a coisa julgada mesma, não algo diverso, pois *a sentença não pode ter senão a mesma eficácia com respeito às pessoas entre as quais pode ser invocada.*

115. ALLORIO, Enrico. *La cosa giudicata rispetto ai terzi.* Milano: Giuffrè, ristampa, 1992, p. 67 ss.

116. CHIOVENDA, Giuseppe. *Instituições...*, Vol. II, cit., Nota "83". LIEBMAN, Enrico Tullio. *Eficácia e autoridade ...*, cit., p. 194 e ss., que sofreria a crítica de Giovanni Pugliese (*Giudicato civile ...*, cit., p. 879), para quem a tese liebmaniana se valeria de um eufemismo – de que o que vale *erga omnes* é a eficácia, não a coisa julgada.

117. BETTI, Emilio. *Tratatto dei limiti soggettivi della cosa giudicata in diritto romano.* Macerata: Bianchini, 1922, p. 8 e ss., 144 e ss. e 211 e ss.

118. CARNELUTTI, Francesco. *Eficacia direta e eficacia refleja de la cosa juzgada.* In Estudios de derecho procesal. V. II. Buenos Aires: EJEA, 1952, p. 345 e ss.

119. ALLORIO, Enrico. *La cosa giudicata ...*, cit., p. 67 e ss.

120. CRUZ E TUCCI, José Rogério. *Limites subjetivos ...*, cit., p. 82-84.

prejudicialidade-dependência), não o do "terceiro" juridicamente prejudicado, sob a coisa julgada. No âmbito desta (sob o restrito conceito de parte, que ambos adotam – de contraditor presente) sempre restaria o contraditório *a posteriori*, em recurso, em embargos de terceiro e na oposição de terceiro ordinária[121] (por isso sugerida, *de lege ferenda*, pelo professor paulista, para o processo brasileiro).

Precisamos estabelecer precisão de raciocínio. Não podemos arrazoar tão-somente com a doutrina estrangeira. Como a intervenção no processo pendente torna parte o terceiro, ponderável parcela da doutrina italiana faz daí derivar que só mediante intervenção o terceiro se torna parte. Cuida-se, porém, no sistema brasileiro, de considerar o terceiro não interveniente e sua possível equiparação a parte e sujeição, de conseguinte, à coisa julgada.

A *opposizione di terzo ordinaria,* que não é dada a quem haja intervindo no processo pendente, assim como no processo francês a *tierce opposition,* não resolveriam os problemas do processo civil brasileiro – que assumiu, explicitamente (Art. 996 e §ún.) a ampliação da coisa julgada a terceiros (ou por outra, não assumiu a ampliação da só eficácia sentencial).

A regra do Art. 996, do CPC de 2015, reproduz a do Art. 499, do CPC de 1973, porém lhe modifica o parágrafo único, acrescendo-lhe, de modo analítico, as características do terceiro que mantenha o estreito nexo de identidade com a demanda originária – tal a possibilidade de ter atingido direito de que se afirme *titular ou* possa discutir como *substituto processual* (eis a sintética expressão brasileira dos *aventi causa*). Eis o terceiro equiparado a parte – o qual, intervenha ou não, é de ser atingido pela coisa julgada. Note-se o verbo *poder: possa discutir em juízo.* No processo civil brasileiro, ao contrário do italiano, o estar fora dos autos quem vinculado à *causa petendi* não induz, por si só, a condição de terceiro.

12. ITÁLIA – TERCEIROS E A COISA JULGADA.

O novo CPC brasileiro adota a figura de específico interesse jurídico de terceiro, quer pela titularidade (incluída a sucessão), quer pela substituição processual (como substituído ou como assistente litisconsorcial do substituto), suscetível de tutela recursal consoante o §ún., do Art.

121. Anteriormente sugerida por Alfredo Buzaid. *Deverá introduzir-se no processo civil brasileiro a oposição de terceiro?*, In Estudos de direito, Vol. I, São Paulo: Saraiva, 1972.

996, combinado com o §ún., do Art. 18 e, portanto, terceiro confirmadamente submisso à coisa julgada a se formar. Repudia o CPC brasileiro a indistinção carneluttiana[122] referente a *todos aqueles cuja posição jurídica tenha uma qualquer conexão jurídica com o objeto do juízo* e a quem se estenderiam tanto a coisa julgada, quanto a eficácia reflexa. Poder-se-ia, sim, admitir naqueles casos, dos *aventi causa*, a coisa julgada, nos demais, a eficácia reflexa (*riflessione*) – o que solução diversa.

É certo que *o substituído ficará atingido pela coisa julgada decorrente do processo de que participou apenas o substituto*[123], porque o ordenamento jurídico brasileiro impõe o contraditório prévio e efetivo para a produção da coisa julgada e, ao fazê-lo para as questões prejudiciais, o faz também para as prejudiciais equiparadas, a teor do §1º, do Art. 503 do CPC, entre as quais se insere (como será visto no n. 48) a lide de terceiro em processo outro.

Cumpre considerar, por outro lado, que o processo coletivo (a caminho de ampliação no processo italiano, dogmaticamente refratário a seus termos de coisa julgada *ultra partes* ou *erga omnes* benéfica) não fere a regra do Art. 2.909, do *Codice Civile* dos limites subjetivos da coisa julgada, como não fere o Art. 506, do CPC de 2015 – como já advertia Cruz e Tucci[124] ao interpretar o Art. 472, do CPC de 1973.

No processo italiano fora mais difícil a assimilação da figura das *class actions*, pelo rigor da distinção liebmaniana entre coisa julgada e eficácia natural, tendo como geral a extensão subjetiva da eficácia da sentença e excepcional a extensão subjetiva da coisa julgada.

Entre nós, ao contrário, a convivência com as *class actions* é aperfeiçoada, ante o regramento do Art. 506, do CPC. É que atua a excludente do §2º, do Art. 503, do CPC brasileiro.

Considere-se, pois, a limitação subjetiva da coisa julgada coletiva: *inter partes* (a comum dos processos individuais); *ultra partes* (a concernente aos direitos coletivos *stricto sensu*) e *erga omnes* (a que é própria para os direitos difusos e os individuais homogêneos, além das ações do contraditório abstrato de constitucionalidade). Nos direitos difusos e coletivos, produz-se a coisa julgada *pro et contra*, apenas ante a suficiência probatória, fora daí, dando-se excepcional exclusão *secundum eventum probationis*. Nos direitos individuais homogêneos, produz-se a coisa

---

122. CARNELUTTI, Francesco. *Eficacia direta ...*, cit., p. 345 e ss.

123. TALAMINI, Eduardo. *Coisa julgada e sua revisão*. São Paulo: RT, 2005, p. 114.

124. CRUZ E TUCCI, José Rogério. *Limites subjetivos...*, cit. pp. 349/350.

julgada *secundum evetum litis*, ressalvada a hipótese de intervenção do indivíduo, em que a coisa julgada será *pro et contra*.

Assim, no processo coletivo a coisa julgada pode beneficiar terceiro – de modo similar ao que se dá no litisconsórcio unitário[125], caso da cotitularidade do direito de que fala Barbosa Moreira[126] ou de substituição processual. Além disso, um tanto estéril a distinção entre legitimados ordinários e extraordinários nos litígios coletivos, para efeito da liquidação individual de sentença coletiva, que cabe aos associados e aos não associados ao ente legitimado. A regra geral do Art. 506, associada à do Art. 503, §2º, do CPC, também é compatível com a coisa julgada *secundum eventum probationis* apenas a benefício dos substituídos ou cotitulares ausentes.

Parece que o direito brasileiro supera a dificuldade derivada do julgado que possa prejudicar o direito de terceiro, no que estaria a salvo da reprimenda de Pugliese[127] à falível equiparação carneluttiana[128] de todos os terceiros, formulada diante da sugestão de alinhamento das classes no Art. 2.909, *Codice Civile* (*le parti i loro eredi o aventi causa*). Isto, porque temos regras mais claras no sistema instituído pelo §ún., do Art. 996 e pelo Art. 506, ambos do CPC de 2015.

Ao mesmo tempo, advertidos da não admissão da coisa julgada *secundum eventum litis*, vale dizer, uma coisa julgada apenas da procedência (a não ser em suas exceções legais, dos Arts. 274 e 281, do Código Civil, além das regras do processo coletivo), pudemos estruturar a legitimação conforme a sujeição aos efeitos da sentença.

13. ITÁLIA – FATO JURÍDICO E CAUSA DE PEDIR.

De outro lado, o processo civil brasileiro se aproxima da revogada técnica italiana da *udienza di prima comparizione*, para, à maneira do

125. Cf. n. 48, infra.

126. BARBOSA MOREIRA, José Carlos. *Litisconsórcio unitário*. Rio de Janeiro: Forense, 1972, p. 174.

127. PUGLIESE, Giovanni. *Giudicato civile...*, cit., p. 844: quando retoma a distinção carneluttiana entre eficácia direta e eficácia reflexa no tocante a terceiros, para averbar que formulada *apenas para salvar a aparência da máxima tradicional que limita a coisa julgada às partes*.

128. CARNELUTTI, Francesco. *Eficacia direta...*, cit., p. 162 e ss., que, todavia, recua, ao distinguir a eficácia direta (equiparando-a à coisa julgada) da eficácia reflexa. Segundo observa Liebman (*Eficácia e autoridade...*, cit., p. 84, nota "11"), Carnelutti *admitiu rigorosamente que a eficácia reflexa da coisa julgada se comunica a todos os terceiros indistintamente, negando ao fenômeno toda diferença de qualidade, qualquer que seja a relação entre o terceiro e a relação jurídica das partes*.

sugerido por Federico Carpi[129], de trazer a imutabilidade para a eficácia própria da sentença e não para os efeitos externos, exige o contraditório sobre a mutabilidade da demanda - para produzir o *allargamento* do julgado e não só *ultra partes*, como da lição do doutrinador, mas mediante transformação ampliativa à questão ou à lide prejudicial[130].

Na forma do CPC italiano de 1865 (em que, aliás, na segunda instância se nutria um *novum judicium*), admitiam-se, na *udienza di prima comparizione*, não só as complementações de exceções já opostas, mas novas exceções.

E embora o CPC de 1940 (Art. 163, IV) viesse a exigir o exaurimento da causa de pedir na inicial, a reforma decorrente da *Legge 14.07.1950, n. 581*, devolveria o tratamento da fase postulatória à flexibilidade anterior - com a possibilidade de *formulação de novas alegações, pedidos e exceções pelas partes na primeira audiência de debates (Art. 183), assim como a modificação da demanda, exceções e conclusões (...). Ademais, embora vedado no juízo de apelação o aforamento de novas demandas, as partes poderiam propor aí novas exceções (..., Art. 345)*[131].

De tal flexibilidade se avizinha o sistema do CPC brasileiro de 2015 - em que, como a exceção substancial na defesa é equiparada a pedido - a fixação do objeto litigioso pode seguir-se ao interrogatório livre - como será visto nos ns. 29 e 30, infra.

E, de fato, a rigidez das preclusões (sobretudo quanto à estabilização do objeto litigioso) já merecera, de há muito, a crítica de Cerino Canova[132], que recomendava a adequada admissão do *jus novorum*, para se evitar a ampla repetibilidade de demandas futuras acerca da mesma controvérsia entre as partes.

Do mesmo modo como no vigente processo civil português, o Art. 183, do CPC italiano, só autoriza as complementações consequenciais dos fatos jurídicos debatidos. Assim, há possibilidade da réplica do autor (às exceções) e de contestação da reconvenção.

De tal técnica, ainda assim, se detrai o regramento, mais limitado após a *Novella del Novanta*, do poder do juiz de exigir esclarecimentos

---

129. CARPI, Federico. *L'efficacia 'ultra partes' della sentenza civile*. Milano: Giuffrè, 1974, n. 1, p. 5.
130. Sobre a lide prejudicial, v. n. 48, infra.
131. OLIVEIRA, Carlos Alberto Alvaro de. *Do formalismo no processo civil*, 2ª. ed., São Paulo: Saraiva, 2003, p. 174.
132. CANOVA, Augusto Cerino. *La domanda giudiziale ed il suo contenuto*, Padova: CEDAM, 1980 p. 136/137.

sobre as alegações de fato e suscitar questões *ex officio*. Com o que se precipita a definição do objeto litigioso e mesmo o ajuste, pelas partes, dos pontos controvertidos.

Como informa Theodoro Jr[133], já o processo italiano hodierno revaloriza a coisa julgada, que passa a abarcar a relação jurídica básica (pedido e causa de pedir), isto é, a que forma a *causa petendi* e expressa a *ratio decidendi* – como se pode ver dos arestos da *Cassazione* e da doutrina afinada ao processo justo (implantado pela *Legge di Revisione Costituzionale 23 novembre 1999*). No mesmo sentido leciona Chiarloni[134], propondo a conjugação dos postulados de *ragionevole durata* e *gistizia del risultato*.

A tal propósito, Ernesto Heinitz[135] começara por identificar, em face do processo italiano, a possível superação das doutrinas de substanciação e individuação da causa de pedir, ao aduzir que *quem usa a expressão 'fato jurídico' no sentido de 'estado' ou 'relação jurídica' adota um conceito bem diverso de 'causa petendi' (...), mas a coisa julgada cobre todas as possíveis consequências deste fato com respeito à demanda*. É de tal porte, também, a exaustão argumentativa ditada pelas nossas regras dos Arts. 489, §1º, IV e 357 e §§ (salvo o termo de autocomposição homologado em audiência de conciliação, conforme Art. 334, §11, do CPC).

Afinal, o processo italiano terminou por adotar (via jurisprudência) a coisa julgada não mais apenas do pedido, mas das razões de fato e de direito com que definida a relação jurídica – as quais se transformam em ponto fundamental para as diferentes causas que venham a versá-la. Assim, o *giudicato sul punto di diritto* permite a revisão da tese de não integrarem a coisa julgada quaisquer dos fundamentos. E mesmo o *giudicato sul punto di fatto*[136] pode adquirir foros de coisa julgada – tanto que

---

133. THEODORO JR., Humberto. *Curso de direito processual civil*. Vol. I. 56ª. ed. Rio de Janeiro: Forense, 2015, p. 1.118.

134. CHIARLONI, Sergio. *Giusto processo, garanzie processual, giustizia della decisione*. In Rivista trimestrale di diritto e procedura civile, Vol. 62, n. 1, 2008, pp. 129-152

135. HEINITZ, Ernesto. *I limiti oggettivi della cosa giudicata*. Padova: CEDAM, 1937, p. 149/150. A L. 18.06.2009, n. 69, acrescentou novo parágrafo ao Art. 101, do CPC italiano, sobre as questões suscitadas de ofício, as quais deverão ser submetidas ao contraditório também dos argumentos de prova extraídos pelo julgador. No Art. 132 é substituída a palavra *motivi* por *raggioni* – linha que se universaliza, de projeção da coisa julgada aos fundamentos principais.

136. CHIARLONI, Sergio. *Giusto processo...*, cit., pp. 125/126, reclama a solução justa das questões de fato e das questões de direito, como garantia de resultado justo. No mesmo sentido e mais abrangentemene, Stefano Cardinalli (*Commento giurisprudenziale critico*. In NICOLETTI, Carlo Alberto. Profili istituzionali del processo civile, 2ª. ed., Milano: Giuffrè, 2003, p. 126 ss.): abrange a coisa julgada não só o dispositivo, mas a motivação, salvo na improcedência

indispensavelmente o *accertamento* da situação fático-jurídica sustente a situação jurídica resultante.

Considere-se, por fim, a equiparação brasileira das exceções substanciais a pedidos de mérito, prejudiciais. Ora, a prejudicialidade impõe tratamento antecedente, se incompatível com o julgamento do pedido principal e sem perda dos meios inerentes à instrução processual no procedimento comum.

De modo simétrico ao ônus de alegação no procedimento da tutela antecipada requerida em caráter antecedente, que se contenta com os limites de indicação, mediante protesto por complementação dos fundamentos (Art. 303, *caput*), a contestação – em que se exaure o atendimento do ônus de suscitar a prejudicial (§1º, do Art. 503) – rende ensejo à formulação de todo o conjunto das exceções substanciais conexas. Ainda que à espera de melhor definição em face da prova, o réu, para forrar-se de preclusão, que de outro modo atingiria as *exceptiones* não suscitadas, exerce a eventualidade (Art. 336), arguindo-as todas, para precisação ulterior. Há uma urgência processual, de desincumbência imediata do ônus da completude das alegações, o que se justifica pelo direito à solução integral da lide (que é de ambas as partes, pelo art. 4º, do CPC). Implícito, aliás, o protesto por especificações, dado o direito aos ajustes de que trata o §1º, do Art. 357, do CPC brasileiro. Tal procedimento das exceções substanciais resta legitimado, *ad instar* do que prescreve, para o autor, o §1º, do Art. 303, ante a regra de paridade de tratamento das partes, do Art.7º, do CPC brasileiro.

Mais. Pelo princípio da cooperação (Art. 6º), diante do complexo de exceções substanciais (de verdadeiras exceções, diga-se), quando ainda não tenha o réu, ao tempo da contestação, plena possibilidade de singularizá-las, há de o juiz reabrir o contraditório, para as contraexceções e subsequente delimitação. Tanto quanto diante de réplica à exceção, porventura já singularmente oposta[137]. Em qualquer de tais situações,

---

(Cass. Civ., 29.3.1989, n. 1526); (ou) as afirmações e acertamentos contidos na motivação, por serem parte da decisão, enquanto resolvem questões integrantes do *thema decidendum* e especificamente debatidas entre as partes, assim como a renúncia tácita da exceção de compensação equivale a uma rejeição no mérito da causa (Cass. Civ., 27.10.1994, n. 8865). Cf. julgados citados por Virginia Petrella (*Note problematiche sul giudicato in punto di fato alla luce dei principi del giusto processo civile.* In Studi in onore di Carmine Punzi. Vol. I, Torino: Giappichelli, 2008, p. 424).

137. TARZIA, Giuseppe. *Lineamenti del nuovo processo di cognizione,* Milano: Giuffrè, p. 70: conforme a prática da *Novella del Novanta, o risco de que a 'comparsa di risposta' se transforme, poresta*

subsista dúvida do juiz quanto à determinação dos fatos impeditivos, modificativos ou extintivos (como será visto no n. 35, infra), deverão estes ser fixados em audiência de cooperação (Art. 329, II, combinado com o Art. 357, §3º, do CPC brasileiro), como na *udienza di prima trattazione* do Art. 183, do CPC italiano.

E aqui gostaríamos de insistir no tema. Giuseppe Tarzia elimina, destarte, com a genericidade da contestação em que exauridas as exceções, o espaço que poderia separar o ato processual e a intenção da parte – no plano de pertinência da conduta do advogado do réu e sua responsabilidade profissional por comissão ou omissão.

Ainda assim, excepcionalmente, pode o juiz (v. n. 38, infra) sentir-se desconfortável, jungido a julgar, quando vislumbre fato jurídico não alegado pelo réu e contraeficacial do fato jurídico alegado pelo autor. Pergunta-se: nada mais poderia fazer o juiz que dar força ao fato alegado pelo autor, se superada a defesa de mérito direta e inexistente matéria de objeção?

A propósito, Alvaro de Oliveira[138], depois de invocar disciplina dos processos italiano, alemão, francês, austríaco e português, recomenda a modificabilidade da demanda na primeira audiência dos debates – após esclarecidos os fatos relevantes e isto, independentemente da concordância do adversário, observado o contraditório.

Seria bem frágil o sistema jurídico processual que se contentasse com o impasse entre os ônus recíprocos (de veracidade e de resposta), não concertados processualmente os fatores intereficaciais. Se, pois, resvalasse o julgador, desde logo, para o apelo à verdade formal, mediante aplicação da regra de distribuição do ônus da prova, teria abandonado o exame da origem do litígio, embora o campo propício ao exame de intercorrências no saneamento compartilhado.

Assim, se o julgador não logre explicação coerente para o pretendido efeito jurídico derivado do só fato constitutivo alegado, ante o limite posto pela boa-fé; se não consiga distinguir os efeitos de atos processuais de abdicação de direito processual, quando até a confissão

---

parte,na reprodução de um estereótipo 'prontuário das exceções' não é certamente remoto. Mas certamente não seriam consentidas censuras, sob nenhum aspecto, à parte ré (ou ao seu defensor), constrita a aprestar em breve tempo – e sob a ameaça de mui celebradas preclusões 'fortes' – todas as suas exceções.

138. OLIVEIRA, Carlos Alberto Alvaro de . *Do formalismo...*, cit., p. 207.

ficta tem possibilidade legal de exclusão, *ex vi* do disposto no Art. 345, IV, do CPC; deve determinar o interrogatório livre (Art. 139, VIII), para eventual improcedência do pedido do autor.

É ainda sensato o magistério de Giuseppe Tarzia[139], quando rebate o *favor actoris*, porquanto *a vontade de que o 'thema decidendum' (...) seja completamente definido antes da audiência, e a sugestão que oferece o exame do processo do trabalho* [em que nenhuma consequência deriva da omissão ou genericidade da manifestação sobre os fatos da inicial] *induziram o legislador a (...) um modelo, não oposto, mas diverso (...), consentindo, portanto, o complemento, ou ainda a modificação daquelas alegações, depois do interrogatório livre das partes e ao vivo no diálogo processual, seja embora dentro de um esquema de sequência de atos processuais predeterminado pela lei.*

Ora, assim como o juízo de verossimilhança é de ser exercido pelo juiz por sobre a confissão ficta, assim pode ser atenuada a omissão de exceção substancial, nas respostas a perguntas no interrogatório de que trata o Art. 139, VIII, que pode ter lugar na própria audiência de que trata o Art. 357, §3º do CPC brasileiro (de saneamento e de organização).

Merece referência o judicioso exame posto por Proto Pisani[140], quando analisa as declarações das partes *pro se* e aduz *que (...) em sede de interrogatório livre as declarações 'pro se' são destinadas a emergir - se não sempre, quando menos muito frequentemente - na forma complexa* [mesclada a declarações *contra se*] *do Art. 2.734, do Codice Civile e (...) dotadas de uma inferência probatória anos luz superior àquela abstrata declaração 'pro se' pura.*

Também o *interrogatorio libero* pode dar-se com perguntas e reperguntas a ambas as partes e pode ter a mesma oportunidade, no processo italiano: da *udienza di prima trattazione.*

14. ALEMANHA - IMPULSO PROCESSUAL MATERIAL.

Há um gênero, *Entscheidung*, que abrange tanto as decisões quanto as sentenças. Estas, *Urteile*, podem resolver todo o pedido (*Volenurteil*) ou parte dele (*Teilendurteil*). Acolheu-o (dizendo da *decisão que julgar total ou parcialmente o mérito*) o Art. 503, *caput*, do CPC brasileiro de 2015.

139. TARZIA, Giuseppe. *Lineamenti...*, cit., p. 68/69 e 72.

140. PROTO PISANI, Andrea. *Lezioni*, cit., p. 106.

Há no §56, da ZPO, previsão de saneamento em cooperação *(as partes podem ser admitidas à direção do processo, com a reserva de se sanearem os defeitos, quando uma demora implique perigo para a parte).*

Tem-se grande aproximação com o sistema do Código brasileiro de 2015, a qual ainda mais se insinua ante o §139, da ZPO, que cuida do chamado impulso processual material (*O tribunal deve esclarecer a relação de fato e a lide e, se necessário, juntamente com as partes examinar as questões de fato e de direito, aclarando-as e formulando perguntas. Ele tem que providenciar para que as partes se pronunciem amplamente sobre todos os pontos de fato relevantes para a causa, completando as petições com as indicações que tornem úteis os fatos invocados e com os meios de prova com que pretendam prová-los*).

De há muito, Lopes da Costa[141] se pronunciava sobre o referido §139, da ZPO alemã, que o teriam Gaup e Stein classificado como *centro de gravidade da direção processual.* Não por acaso, desde a Introdução (n. 6, supra), destacamos o relevo do saneamento em cooperação, que lhe é correspondente.

Ainda sobre o §139, da ZPO, importa registrar a afirmação de Renato Beneduzi[142], de que a imediatidade e a concentração ensejam o debate da causa entre as partes e os juízes, debate cuja *importância é tamanha, que a ausência injustificada de uma das partes faz dela revel, independentemente do seu comportamento pretérito (...)* [ou de que], *embora vá à audiência, se recuse a participar ativamente ('verhandeln'), conforme §333, ZPO.*

Barbosa Moreira[143] confere destaque ao *Hinweispflicht*, o dever judicial de indicação, que não recai apenas sobre os pontos cognoscíveis de ofício (ao contrário da visão italiana da *trattazione*), mas alcança os cognoscíveis a requerimento, com o que se amplia o dever de esclarecimento (Aufklärungpflicht) ao que precisamente deva ser trazido pela parte[144].

O §139, da ZPO, é integrado, ainda, do seguinte preceito: *quando haja um ponto de vista não reconhecido ou considerado irrelevante por*

---

141. LOPES DA COSTA, Alfredo de Araújo. *Direito processual civil brasileiro*. Vol. III. São Paulo: RT, 1945, p. 106.

142. BENEDUZI, Renato. *Introdução ao processo civil alemão.*, cit., p. 94 e Nota "49".

143. BARBOSA MOREIRA, José Carlos. *Breve notícia sobre a reforma do processo civil alemão* In Temas de direito processual, oitava série, São Paulo: Saraiva, 2004, p. 201.

144. MITIDIERO, Daniel. *Colaboração no processo civil*, 3ª. ed., São Paulo: RT, 2015, p. 69.

uma das partes, o tribunal pode sobre ele fundar a sua resolução, sempre que advirta disso às partes e lhes permita expressar-se a respeito (...), bem como chamar [-lhes] *a atenção sobre considerações que, por seu conteúdo, sejam de se conhecer de ofício.* Identicamente, nosso Art. 10, do CPC.

O §139, da ZPO é, portanto, visivelmente inspirador de nosso Art. 357, do CPC de 2015, para a precisação dos pontos controvertidos, mediante fixação dos pedidos, incluída a submissão ao contraditório, dos fundamentos suscitados *ex officio.*

Como esclarece Renato Beneduzi[145], o juízo tem o dever de cooperar com as partes e esta pode ter sido a fonte dos Arts. 6º e 10, do CPC brasileiro vigente. A *Kooperationsmaxime* tem, quando menos, a utilidade[146] de obrigar o juízo ao debate, isto é, deve o tribunal se esclarecer quanto às dúvidas que tenha sobre as alegações, *formulando indagações, com a finalidade de que as partes esclareçam de modo completo e em tempo suas posições concernentes ao material fático, especialmente para suplementar referências insuficientes sobre fatos relevantes*[147]. Chegará mesmo o tribunal à discussão das questões da causa com as partes[148].

Averbam Mathias Reimann e Joachim Zekoll[149] que o tribunal tem o poder de exigir que as partes elaborem por completo todos os fatos relevantes alegados, de modo a assistir a parte que haja falhado, por superficial, inadvertida ou errônea – todavia sem perder o dever de imparcialidade, tanto que, se a parte não quiser suplementar suas alegações, o julgamento recairá sobre os fatos tais como apresentados originalmente, o que faz o processo civil alemão diverso do *pretrial discovery.*

Alvaro de Oliveira[150] chama a atenção para a *experiência histórica mais moderna* [que] *tem estabelecido brechas* no *rigorismo formal, procurando coordená-lo com o princípio da economia processual,* do que é

145. BENEDUZI, Renato. *Introdução...*, cit., p. 80.

146. KOCHEM, Ronaldo. Introdução às raízes históricas do princípio da cooperação (Kooperationsmaxime), In *Revista de processo,* n. 251, São Paulo: RT, 2016, p. 75.

147. Servimo-nos da tradução espanhola do §139, da ZPO, In *Codigo Procesal Civil Alemán,* tradução com estudo introdutório ao processo civil alemão contemporâneo. Montevidéu: Konrad Adenauer Stiftung, 2006, pp. 50.

148. PRÜTTING, Hans. *Presentación de documentos y dirección del proceso* (estudio introductorio), In Codigo de Proceso Civil Alemán, trad. espanhola, Montevidéu: Konrad Adenauer Stiftung, 2006, p. 52.

149. REIMANN, Mathias e ZEKOLL, Joachim. *Introduction to german law,* München: C.H. Beck, 2005,p. 370.

150. OLIVEIRA, Carlos Alberto Avaro de. *Do formalismo...*, cit., p. 143.

exemplo o §263, da Ordenança Processual alemã, na redação de novela de 1933, ao permitir a modificação da demanda, independentemente de anuência do adversário, se entendido pelo Tribunal estar atendido o requisito da 'oportunidade' (*Sachdienlichkeit*). Tal alteração subsiste no processo alemão hodierno, como informa Renato Beneduzi[151], em que a citação cria apenas a estabilização relativa da demanda.

Acrecente-se. No processo alemão atual, o princípio da preclusão cedeu passo à unidade processual, quebrada pela forte influência do chamado Modelo de Stuttgart (reforma de 3.12.1976, de comparticipação processual) a tradicional divisão em fases.

Em contrapartida, ressalte-se, com Chiarloni[152], que o processo tedesco apresenta a vantagem de também legitimar sistema de preclusões judiciais, consentidas na adequação da disciplina peculiar de cada causa. Nosso processo de 2015, note-se, adotou a flexibilização procedimental (Art. 139, I a X e §ún.), em cada caso sob a direção do juiz (Art. 191 e §§).

15. ALEMANHA – COISA JULGADA E EXCEÇÃO DE COMPENSAÇÃO.

Apresenta o processo civil alemão, a propósito da coisa julgada, três regras: a da preclusão *pro iudicato* (§318, ZPO, correspondente ao Art. 505, do CPC brasileiro); a da coisa julgada formal, *formelle Rechtskraft* (§705, ZPO, correspondente ao Art. 502, do CPC brasileiro); e a da coisa julgada material, *materielle Rechtskraft* (§322, ZPO, correspondente ao Art. 503, do CPC brasileiro de 2015). A coisa julgada material remonta ao elemento declaratório da sentença, dotando-o (inclusive quanto a sentenças terminativas) de imutabilidade, de modo que incide sobre a declaração (*Feststellung*) da existência ou inexistência (*Bestehen* ou *Nichtbestehen*) de um pretendido efeito jurídico (*Rechtsfolge*), isto é, de qualquer das eficácias sentenciais[153].

O texto do §322, da ZPO alemã, merece transcrito: *as sentenças têm qualidade de coisa julgada sobre a pretensão decidida na demanda ou na contrademanda. Se o demandado tiver oposto compensação e a sentença der pela sua inexistência, fará coisa julgada até o valor concorrente.*

151. BENEDUZI, Renato. *Introdução...*, cit., p. 85 e nota "10".

152. CHIARLONI, Sérgio. *Giusto processo ...*, cit., p. 134-135.

153. BENEDUZI, Renato. *Prozessurteile e materielle Rechtskraft: sentenças terminativas e coisa julgada no processo civil alemão.* In Revista de processo, n. 229, São Paulo: RT, 2014, p. 361 ss.

Devem ser lembradas as advertências de Rosenberg[154] e de Schwab[155], no sentido da referida excepcionalidade da exceção (*Einrede*) de compensação, única afeita à coisa julgada material, já que a coisa julgada só possa recair sobre a conclusão sentencial e não sobre os seus componentes.

Nota-se que o destaque à compensação, no processo germânico, uma, embora, entre as exceções substanciais, influenciou, como visto, o processo italiano, hoje, porém, revisto pela crítica doutrinária, a exemplo da obra de Elena Merlin, que sugere (v. n. 38, infra) o tratamento ampliativo do mesmo critério às demais exceções substanciais. O que se dá, de maneira excepcional, a coisa julgada sobre uma única das exceções substanciais (a compensação), é ampliado no CPC brasileiro (Art. 503, §§1º e 2º), que, como visto, institui para todas a coisa julgada, como prejudiciais equiparadas a principais, transposta a pretensão declaratória incidente para a própria defesa de mérito indireta (Art. 503, §§1º e 2º).

A ZPO alemã, por outro lado, adota ainda hoje a tese de Hellwig[156], da coisa julgada apenas do dispositivo, confundida a determinação sentencial com a eficácia declaratória.

Há ainda uma razão formal para tal restrição: a de o dispositivo da sentença ter de ser completo, no ditame do §313, da ZPO, que impõe seja sempre lançado *de modo a ser entendido sem necessidade de recorrer-se a outros elementos*, no que cabe lembrar a crítica de Lopes da Costa[157], no sentido de que, insuficiente a simples exigência legal, não haja como se impor que a coisa julgada tenha de ser necessariamente procurada em determinado ponto da sentença. O que justifica e confirma perfeitamente a interpretação contrária, em nosso direito processual, que não contém exigência assemelhada, sequer no Código de 1973, como não a continha no Código de 1939. Resta, todavia, a preocupação do legislador de 2015, de que o dispositivo (ou súmula) contenha expressamente a solução de mérito, isto é, quanto às questões principais (Art. 489, III), temperada, todavia, pela regra de interpretação da sentença, do Art. 489, §3º.

---

154. ROSENBERG, Leo. *Tratado de derecho procesal civil*. Vol. II. Tradução de Angela Romera Vera. Buenos Aires: EJEA, 1955, p. 474.

155. SCHWAB, Karl Heinz. *El objeto litigioso en el proceso civil*. Tradução de Tomas A. Banzhaf. Buenos Aires: EJEA, 1968, p. 198.

156. HELLWIG, Konrad. *Wesen und subjektive Begrenzung der Rechtskraft*. Published by Aalen, Scientia, 1967 (reimpressão da ed. De 1901), p. 1 e ss.

157. LOPES DA COSTA, Alfredo de Araújo. *Direito processual civil*. Vol. III, cit., p. 124.

Entre nós, pois, de modo expresso, a questão prejudicial equiparada pode ser decidida incidentemente no processo, o que exclui a obrigatoriedade de transposição para o dispositivo sentencial.

Assim, o §640, da ZPO trata da coisa julgada *erga omnes* das sentenças de paternidade – sem o desnecessário adendo de nosso §ún., do Art. 472, do CPC de 1973, da citação de terceiros em litisconsórcio necessário – suprimido no Art. 506, do CPC de 2015 (que também afasta o prejuízo a terceiros, pelo mesmo respeito ao contraditório).

Pelo §325, da ZPO, ocorre a extensão da coisa julgada aos herdeiros, bem como, se de boa-fé, aos sucessores a título particular: estes sucessores são os adquirentes anteriores à averbação da litispendência, no registro do imóvel ou, de qualquer modo, não cientes da demanda reipersecutória[158].

O caso das obrigações solidárias era, entre nós, controvertido, antes do Art. 274, do Código Civil de 2002. Hoje, há no processo civil brasileiro a eficácia *ultra partes* (preferimos entender que excepcional coisa julgada *secundum eventum litis* da sentença benéfica), o que é contrário à regra do § 425, 2ª parte do BGB, que cuida dos efeitos de fatos distintos do adimplemento, da remissão e da mora: favoráveis (tal como na iniciativa da notificação) e contrários (tal como na mora e na culpa pelo inadimplemento) apenas àquele dos devedores solidários a que se refiram.

Na verdade, pode-se dizer que o que exigimos é o respeito ao contraditório – quanto aos terceiros – como assinalam Talamini[159] e Cruz e Tucci[160]. O que, se verdadeiro quanto à eficácia reflexa, supõe, antes a adequada conceituação de parte.

No processo civil alemão, ao lado da tradicional regra de vinculação da coisa julgada às partes, admite-se, em diversas hipóteses legais[161], sua extensão a terceiros (*Rechtskrafterstreckung auf Dritte*): 1) a ação da minoria acionária de 10%, substituta processual da sociedade, por perdas e danos contra membros da diretoria ou conselho (§147, AktG), *Geltendmachung von Ersatzansprüchen* (correspondente ao nosso art.

158. Decidimos, como Relator, o A.I. n. 1.0000.18.004825-8/001, j. 09.05.2018 – Uberlandia, restaurando garantia impediente de fraude à execução, embora antes desconstituída em liminar de tutela de urgência, por já averbada a litispendência, de forma que, em acréscimo de risco, somadas a objetividade e a inexistência de boa-fé dos adquirentes.

159. TALAMINI, Eduardo. *Coisa julgada e sua revisão*, cit., p. 114.

160. CRUZ E TUCCI, José Rogério. *Limites subjetivos ...*, cit., p. 27-28.

161. REIMANN, Mathias e ZEKOLL, Joachim, *Introduction ...*, cit., p.

159 e seus §§, da Lei das S.A.); 2) os casos de sucessão por ocorrência de aquisição de coisa litigiosa; 3) os casos de legitimação extraordinária, legal ou convencional; 4) os casos em que a posição jurídicomaterial do terceiro esteja visceralmente ligada à de alguma das partes, como quando, nas demandas entre vítima e segurado (ou entre vítima e segurador), a improcedência da pretensão beneficie o terceiro (segurador ou segurado, respectivamente), §124, VVG[162].

Por fim, o §280, da ZPO, cuida da questão prejudicial em pedido incidente, sob audiência especial, seja para a suspensão, seja para o julgamento da causa principal e da prejudicial sob ampliação objetiva do juízo[163]. Saliente-se que mediante pedido. É a conhecida *Feststellugsschutzanspruch*, de Adolph Wach[164]. E que do *Anspruch* (pretensão) vai à *Klage* (ação processual).

Nota-se que o tratamento do tema das questões prejudiciais confirma a rejeição da tese de Savigny (de a coisa julgada recair também sobre alguns dos fundamentos, os chamados motivos objetivos), em continuidade histórica que vem desde antes da codificação, como já advertia Lopes da Costa[165].

16. FRANÇA – CONEXÃO AMPLA.

A coisa julgada material se atém ao dispositivo da sentença, quer no exame de mérito, quer no de alguma exceção processual e, naquele, no todo ou em parte. Cuida-se do Art. 480, do *Code de Procédure Civile*[166], regra legal em que é distinguido *o julgamento que tranca em seu dispositivo a totalidade ou parte do principal, ou aquele que estatui sobre uma exceção processual, um 'fin de non récevoir' ou qualquer outro incidente, a que se atribui a autoridade de coisa julgada relativamente à contestação trancada.*

A segunda parte do Art. 480, do CPC, remete ao Art. 4º o tratamento do objeto do litígio, ali definido como *determinado pelas pretensões respectivas das partes, a sua vez fixadas pelo ato introdutivo da instância e pelas conclusões da defesa.*

---

162. Lei de Seguros (*Versicherungsvertagsgezetz*, de 02.04.1908).

163. NEVES, Celso. *Contribuição ao estudo da coisa julgada civil*. São Paulo: RT, 1971, p. 196.

164. WACH, Adolph. *La pretensión de declaración*. Buenos Aires: EJEA, 1962, p. 71.

165. LOPES DA COSTA, Alfredo de Araújo. *Direito processual civil brasileiro*. Tomo III, cit., p. 146.

166. Por força da *Loi nº 2007-l787*,de 20 décembre 2007 relativa à simplificação do direito (Art. 26, inc. III), o *Nouveau Code de procédure civile*, instituído pelo decreto nº 75-1123 de 5 de dezembro de 1975, passou a chamar-se simplesmente *Code de procédure civile*.

Prosségue, porém, o referido Art. 4º (sepultando a visão da coisa julgada como presunção – que esteve presente no Art. 1.351, do *Code Civile*[167], com sua histórica redação napoleônica[168], até que abrogada pela Ord. N. 2016-131, de 10.02.2016), acresce: *todavia o objeto do litígio pode ser modificado pelas demandas incidentes quando se vinculem às pretensões originárias por um liame suficiente* (conexão ampla).

Por sua vez, o Art. 63, do CPC, menciona as demandas incidentes, que são a reconvencional (Art. 64), a adicional (modificativa, restringindo ou ampliando a demanda inicial, conforme Art. 65) e a intervenção (de terceiro, Art. 66), espontânea ou provocada. E o Art. 68 assinala a suficiência da forma em que deduzidos os meios de defesa, para as demandas incidentes, salvo as contra revéis, que terão de ter a forma da introdução de instância.

Seria um avanço, não fosse apenas uma possibilidade em tese: a aparente suficiência das conclusões de defesa, como forma bastante para as demandas incidentes, se esvai ante a regra do Art. 70, do *Code*, que só dispensa formalidades no caso de compensação, bem assim ante a do Art. 753, do *Code*, que exige a dedução das pretensões acrescidas. Nem mesmo o juiz da *mise en état* concretiza a cogitada suficiência da forma da defesa (para as exceções prejudiciais, diga-se), embora amplos os seus poderes, a exemplo do Art. 764, para o regulamento (especial) do litígio (o que lembra a nossa flexibilização de procedimento, do Art. 139, VI e §ún., do CPC de 2015), por causa da regra do Art. 765, do *Code*: que, embora o autorize a obter as explicações de fato e de direito necessárias à solução do litígio, bem como a reformulação dos escritos, na conformidade do Art. 753, somente o faz – ressalte-se novamente – para dedução expressa das pretensões, pena de serem consideradas abandonadas.

17. FRANÇA – FUNDAMENTOS E COISA JULGADA.

Merece, porém, todo relevo o Art. 16, do *Code*, que exige que o juiz submeta ao contraditório as questões que suscite de ofício – regra acolhida no Art. 10, de nosso CPC de 2015.

---

167. Se bem que reduzida, segundo faz notar a doutrina espanhola, a uma opinião do legislador, cf. Victor Fairén Guillén. *La giustizia civile in Spagna*. In FAZZALARI, Elio (Coord.). La giustizia civile nei paesi communitari. Padova: CEDAM, 1994, p. 402.

168. Aqui, procedemos ao confronto do texto vigente com o Code Napoléon (cujo art. 1.351, sobre a coisa julgada, era seguido do art. 1.352, sobre a presunção legal, ambos sob a epígrafe do §1. (Das presunções estabelecidas pela lei) da Seção III (Das presunções), do Cap. VI, do Tít. III, do Liv. III: *Code Napoléon*, Paris: Teulet, 1866.

O Art. 1.351, do *Code Civile*, trata dos limites objetivos da coisa julgada. A partir de sua conjugação com o Art. 4º, do CPC, a Cassação francesa relativizou os limites da coisa julgada, atingindo todas as *causae petendi* passíveis de ser invocadas na demanda (tese ampliativa da eficácia preclusiva da coisa julgada)[169]. Há que considerar, em meio aos esforços ampliativos da coisa julgada, tolhendo-os, todo o peso da tradição napoleônica da declaratória incidental (v. Nota 293, infra).

Diríamos que, pela exigência de forma (pedido escrito) para a produção de coisa julgada sobre as exceções materiais, seu exercício em sede de defesa não pode transcender, no processo francês, à eficácia preclusiva. O avanço, ao contrário, caminha pela jurisprudência, como igualmente ocorreu na Itália – em que a doutrina crítica da tradicional exegese do Art. 34, CPC, não logrou o papel persuasivo que teria alhures, quando acolhida pelas novas instituições processuais brasileiras

O processo civil brasileiro, sobretudo ante o Código de 2015, quer, ao contrário, do francês, restringir a abrangência da eficácia preclusiva da coisa julgada em favor do espaço atribuído à coisa julgada, mercê do saneamento em cooperação, com o qual se alcança a justa delimitação das questões da lide (hábeis a definir o litígio) e se dá autoridade à solução de questões, incluída a discussão dos próprios fatos jurídicos.

Quanto aos limites subjetivos, doutrina e jurisprudência francesas têm interpretado os elementos constitutivos da coisa julgada como impeditivos de sua extensão a terceiros que não hajam figurado no contraditório, nem sequer em apelação, com exemplos em Serge Guinchard[170], ressalvadas as ações de estado[171].

Em sentidos antagônicos, finalmente, doutrina e jurisprudência, aquela, admitindo coisa julgada dos fundamentos necessários, tanto quanto dos julgamentos implícitos[172], e esta resistente em admiti-la, quando muito aceitando a existência do julgamento implícito[173].

---

169. Como informa Roger Perrot. *Chose jugée – sa relativité quant a cause: qu'en reste-t-il?*. In Revue Trimestrale de Droit Civil. Paris: Dalloz, 2006, p. 825/827.

170. GUINCHARD, Serge (Direction). *Droit e pratique de la procédure civile* . Paris: Dalloz, 2004, n. 421.161, p. 837.

171. COUCHEZ, Gérard. *Procédure civile*. 11ème edit. Paris: Armand Colin, 2000, p. 165.

172. GUINCHARD, Serge. *Droit e pratique de la procédure civile*. cit., p. 175.

173. CADIET, Löic; JEULAND, Emmanuel. *Droit judiciaire privé*. Paris: Lexis Nexis, 5ème. édit. 2006, p. 464-465.

18. ESPANHA – OBJETO VIRTUAL DO PROCESSO.

Classificam-se os atos decisórios em *providencias* (para questões processuais), *autos* (para as interlocutórias, de modo geral e as questões incidentais previstas em lei) e *sentencias*. Tanto os *autos*, quanto as *sentencias*, devem ter fundamentação exauriente, fática e jurídica (Art. 208.2, *Ley de Enjuiciamiento Civil* de 2000).

As questões incidentais previstas em lei (a que se refere o Art. 206.1, da LEC de 2000) incluem as prejudiciais, definidas no Art. 391, sem cuja decisão o processo não pode prosseguir.

A coisa julgada formal (Art. 207.4, LEC) se distingue da material (Art. 222.1), que, observe-se, não é admitida *secundum eventum litis*. A coisa julgada material impede processos idênticos (como tais, ainda sob a tríplice identidade, que, segundo o magistério de Guasp e Aragoneses[174], já era considerada insuficiente desde antes da *Ley de Enjuiciamiento Civil* de 2000): encarados para tal fim os sujeitos, o objeto e a atividade em que o pronunciamento consista[175].

Importante considerar que, ainda que afeito à tríplice identidade, aos *tria eadem*, De la Oliva Santos[176] ressalva os fatos novos e distintos, de que trata o Art. 222.2, LEC, fazendo sua interpretação conjunta com o Art. 400.2, introdutivo de critério temporal e de eficácia preclusiva da coisa julgada: o doutrinador converte a eficácia preclusiva naquilo que chama de objeto virtual do processo, atinente ao que *hayan podido deduzir* as partes.

Não há, no processo espanhol, o que estabelece a regra do Art. 506, do nosso CPC. Porém a *Ley de Enjuiciamiento Civil*, que deixou sem teor algum o nominado Art. 223 (por erro de técnica legislativa), situa no Art. 222.3 e 4 a introdução no processo civil em geral, da substituição processual, concebida para os titulares das ações consumeristas e atenta à regra milenar do *res inter alios*.

Sensível é a influência sobre o CPC brasileiro de 2015, da chamada *Nueva Ley* processual espanhola (o adjetivo não se insere no título legal, ao contrário do que ocorreu na nomenclatura francesa do *Code* de

174. GUASP, Jaime; ARAGONESES, Pedro. *Derecho procesal civil*. T. 1. Madrid: Civitas, 1998, p. 521.

175. GUASP, Jaime; ARAGONESES, Pedro. *Derecho procesal ...*, cit., p. 521.

176. DE LA OLIVA SANTOS, Andrés. *Objeto del proceso y cosa juzgada en el proceso civil*. Madrid: Thomson Civitas, 2005, p. 91.

1975, até 2007). Primeiramente, a regra do Art. 400, da LEC, estabelece, por assim dizer, a ruptura eventual do sistema de correlação necessária entre objeto da sentença e pedido, constante dos Arts. 218.1, 412.1 e 2 e 426, da LEC, que fixa (para inalterabilidade da *causa petendi*) os limites objetivos da demanda.

Eis o Art. 400, da LEC de 2000:

> Art. 400 – Quando o que se peça na demanda possa fundar-se em diferentes fatos ou em distintos fundamentos ou títulos jurídicos, dever-se-ão aduzir nela quantos resultem conhecidos ou possam ser invocados ao tempo da propositura, sem que seja admissível reservar sua alegação para um momento posterior.
>
> O ônus da alegação a que se refere o período anterior entender-se-á sem prejuízo das alegações complementares ou de fatos novos ou de nova notícia permitidas nesta lei em momentos posteriores à demanda e à contestação.
>
> 2. De conformidade com o disposto no período anterior, para efeitos de litispendência e coisa julgada, os fatos e os fundamentos jurídicos aduzidos em um litígio considerar-se-ão os mesmos que os alegados em outro juízo anterior se tivessem podido ser neste alegados.

E, aí se observe, a coisa julgada pode recair sobre os fatos. O que é relevantíssimo em termos de modernidade da delimitação do bem jurídico tutelado. Isto, a fim de que não se negue o fato fundamental da relação jurídica, noutro processo, embora diversos pedido ou causa de pedir. Vê-se, afinal, o fato jurídico como suporte do direito subjetivo reconhecido e com este abrangido na imutabilidade.

19. ESPANHA – INTERPRETAÇÃO DA CAUSA DE PEDIR E EXTENSÃO SUBJETIVA.

Isabel Tapia Fernández[177] observa a tendência jurisprudencial ampliativa da interpretação da causa de pedir. Todavia, o mesmo não se dirá dos limites subjetivos, em que a interpretação dos Arts. 11 e 222, da LEC 2000 é estrita, ainda que afeita à processualização do conceito de parte.

177. TAPIA FERNÁNDEZ, Isabel. *La cosa juzgada (Estudio de jurisprudencia civil)*. Madrid: Dickinson, 2010, p. 117-123. A autora se refere (ob. cit., p. 72), ao julgado da STS de 15.11.2001 – na moderna linha de extensão da coisa julgada a fundamentos – em que a declaração do inadimplemento, fato impeditivo acolhido em ação de resolução de contrato de compra e venda, serviu para fins de coisa julgada em processo posterior em que demandado o cumprimento da obrigação.

Vejam-se os Arts. 222.3 e 11 (a que faz remissão o primeiro).

> Art. 222. Coisa julgada material. (...).
>
> 3. A coisa julgada afetará às partes do processo em que seja ditada e a seus herdeiros e sucessores, assim como aos sujeitos, não litigantes, titulares dos direitos que fundamentem a legitimação das partes conforme o previsto no artigo 11 desta lei.
>
> Art. 11. Legitimação para a defesa de direitos e interesses de consumidores e usuários.
>
> 1. Sem prejuízo da legitimação individual dos prejudicados, as associações de consumidores e usuários legalmente constituídas estarão legitimadas para defender em juízo os direitos e interesses de seus associados e os da associação, assim como os interesses gerais dos consumidores e usuários.

Neste passo, um parêntese: o Art. 222.3, da LEC de 2000, atende à exigência do §3º, do Art. 1.252, do Código Civil espanhol, que, por estender a coisa julgada a uma gama variada de sujeitos, levou De la Oliva Santos[178] a recriminar-lhe o excesso.

Veja-se o teor do Art. 1.252, 3º parágrafo, do Código Civil espanhol, na sua parte extensiva da coisa julgada a terceiros, regra derrogada pelo terceiro parágrafo, do Art. 223, da LEC de 2000:

> Art. 1252. (...)
>
> 3. Entende-se que há identidade de pessoas sempre que os litigantes do segundo pleito sejam 'causahabientes' dos que contenderam no pleito anterior ou estejam unidos a eles por vínculos de solidariedade ou pelos que estabelece a indivisibilidade das prestações entre os que têm direito de exigi-las ou obrigação de satisfazê-las.

A regra acima transcrita – derrogada, como visto, pelo terceiro parágrafo, do Art. 222, da LEC de 2000 ao remeter ao Art. 11, da mesma LEC – apenas alude a caso de extensão a titulares dos direitos que fundamentam a legitimação das partes, portanto, sem ensejar problema, quer teórico, quer prático.

Nosso Código Civil (Art. 274) absorveu o ditame acima transcrito.

É assim que De la Oliva Santos[179] verbera o que intitula de *litisconsórcio necessário jurisprudencial*, como ampliação subjetiva desprovida de

---

178. DE LA OLIVA SANTOS, Andrés. *Objeto del proceso y...*, cit., p. 184-187.

179. DE LA OLIVA SANTOS, Andrés. *Objeto del proceso y ...*, cit., p. 200.

técnica, abrangendo indiscriminadamente afetados direta e indiretamente e que se contenta com a simples abertura ao contraditório. Porém, a coisa julgada, segundo o citado Art. 1.252, em seu primeiro parágrafo, é definida como presunção, o que pode explicar a fragilidade de critério, em que a jurisprudência se faz referencial de si própria.

No concernente às questões prejudiciais, a LEC inclui duas normas no Art. 408. A primeira, além de considerar compensáveis entre as partes as nulidades, alude separadamente, com vistas à garantia da plenitude do debate, apenas à compensação e às nulidades absolutas. A segunda regra, reafirmação da primeira, exclui da coisa julgada as defesas outras que não aquelas duas. Adverte, neste sentido, De la Oliva Santos[180] que, à exceção das hipóteses de compensação e nulidade, em que incidem as regras dos Arts. 222.2 e 408, LEC de 2000, não passam em autoridade de coisa julgada os pronunciamentos sobre exceções materiais, ainda que haja de se reconhecer alguma resistência doutrinária. Menos rígida, porém, a interpretação de atualizada parte da doutrina espanhola[181], que amplia a coisa julgada aos demais casos de exceção material.

Mesmo porque o sistema processual civil espanhol acha-se inteiramente reformulado pela nova *Ley* (de 2000), cuja Exposição de Motivos, ao lado da *seguridad jurídica*, alude à necessidade de *não submeter os jurisdicionados a diferentes processos e de não provocar a correspondente atividade dos órgãos jurisdicionais.*

Veremos a similitude de tal solução, entre nós, legal, no CPC de 2015.

20. PORTUGAL – FATOS NECESSÁRIOS.

O recente CPC de 2013 adota a teoria da individualização aperfeiçoada[182], disciplinada em seu Art. 5º.

Cuida-se de aplicação da distinção entre: a) fatos necessários (para assegurar a fundamentação do pedido e cuja falta acarreta a inépcia); b) fatos complementares – a que corresponderiam, em nosso sistema do CPC de 2015, os §§1º e 3º, do Art. 357 – isto é, aqueles cuja falta acarreta

---

180. DE LA OLIVA SANTOS, Andrés. *Objeto del proceso y ...*, cit., p. 233.

181. V. n. 36, infra e Nota 354.

182. SOUZA, Miguel Teixeira de. *Algumas questões sobre o ônus de alegação e de impugnação no novo processo civil português.* In Revista de processo, RT, São Paulo, ano 39, n. 228, 2014, p. 314.

o convite ao aperfeiçoamento da petição)[183]; e c) instrumentais, aqueles cuja falta não determina consequências, de vez que indiciários[184].

No atual CPC português (2013) estão presentes o dever de gestão processual sem prejuízo da iniciativa das partes (art. 6º), o princípio da cooperação (Art. 7º) e o dever de recíproca correção (Art. 9º), dos quais decorre a possibilidade de esclarecimentos e ajustes, mediante a ouvida, a qualquer tempo, das partes e advogados. Similarmente, o CPC brasileiro de 2015 consagra o dever judicial de prevenção (Art. 76, *caput*, 317, 321, 932, §ún., 1.017, §3º e 1.029, §3º). Assim como o dever do juiz de apontar as deficiências das postulações das partes, para que possam ser supridas, por exemplo, quanto ao caráter lacunoso no que respeita aos fatos relevantes. Ainda comparativamente, o dever judicial de consulta (Art. 10, do CPC brasileiro), sobre a necessidade de abertura ao contraditório, do fundamento suscitado de ofício.

Permanece cabível, ante o CPC português de 2013, a crítica de Cruz e Tucci[185] à técnica do CPC português de 1939, reprodutiva da instantaneidade do contraditório da *cognitio extraordinem*, ao proclamar que dela *irrompe um modelo processual autoritário*, crítica tão mais forte quanto se considere, de sua vez, que o CPC de 1961 – apenas admitia, na réplica, a especificação mais minudente da *causa petendi* – *mas cuja reforma* [de 1995/1996, introduzindo a chamada *condensação*] *alarg*[ara] *sensivelmente a possibilidade, mesmo após a citação do demandado, de complementação da causa de pedir e do pedido*[186].

O CPC português revogado admitia, em seu art. 273º, diversas possibilidades de ampliação ou modificação da causa de pedir, do pedido ou de ambos, mormente na réplica, desde que não resultantes em convolação para relação jurídica diversa. E tais alterações, claro, com o respectivo contraditório.

Revivendo, em parte, o revogado Código português, o CPC brasileiro admite, não só a impugnação da exceção prejudicial, a exemplo da alegação de fato interruptivo de prescrição alegada, para declaratividade independentemente de pedido, de ação, vale dizer, na réplica, mas, na

---

183. SOUZA, Miguel Teixeira de. *Algumas questões ...*, cit., p. 315.

184. SOUZA, Miguel Teixeira de. *Algumas questões ...*, cit., p. 315.

185. CRUZ E TUCCI, José Rogério. *A 'causa petendi' no novo CPC português*, cit., p. 265.

186. CRUZ E TUCCI, José Rogério. Idem-idem, pp. 270 e 274. De se notar a coincid~encia do revogado CPC português e o CPC brasileiro de 2015, na ampliação que pode exsurgir da audiência de saneamento e organização, do Art. 357 e seu §3º (V. n. 35, infra).

conjugação do saneamento em cooperação (Art. 357, §3º) ao interrogatório livre (Art. 139, VIII), também a ampliação do debate, conforme será visto no n. 29, infra.

Relevante é que as exceções substanciais no CPC português de 2013 também são consideradas fatos necessários. É o que se tem denominado *o fundamento das exceções*.

Há, pois, que distinguir entre os fundamentos.

De sua vez, o Art. 619º, do mesmo CPC de 2013, adota os termos de ampliação da coisa julgada à relação material controvertida.

Portanto, o Código de Processo Civil português vigente participa da revisão do mito da coisa julgada abrangente apenas do dispositivo sentencial, revisão que se vem generalizando nos sistemas juspositivos europeus.

Ocorre lembrar passagem de doutrina brasileira a respeito. Ovídio Baptista da Silva[187], assinala a prevalência de

> (...) um novo elemento a ser definido para que se possa determinar os limites objetivos da coisa julgada – a 'causa petendi' –, e, particularmente, em que se distinguem entre si a 'causa petendi' e os fundamentos da sentença. (...). Sua essencialidade resulta de uma circunstância óbvia: os 'fundamentos' não transitam em julgado; a 'causa petendi', sim, como parte integrante da demanda (...).

Por outro lado, o processo civil português de 2013 pode ter sugerido a coisa julgada de decisão interlocutória, que surge entre nós exemplificada, sem prejuízo de nossos Arts. 503 e 508 (ambos alusivos ao gênero, *decisão de mérito*), pelo Art. 550, §5º, quanto ao julgamento da primeira fase da ação de exigir contas (v. n. 43, infra): *transitada em julgado a sentença ou o despacho saneador que decida o mérito da causa, a decisão sobre a relação material controvertida fica a ter força obrigatória dentro do processo e fora dele.*

21. ESTADOS UNIDOS – *CAUSE OF ACTION*

A cultura jurídica norte-americana recebeu influências francesa e espanhola, portanto do direito romano – entenda-se, do direito romano antigo (não do romano-germânico), ademais do *common law.*

---

187. BAPTISTA DA SILVA, Ovídio Araújo. *Curso de processo civil.* Vol. 1. 6ª ed. São Paulo: RT, 2002, p. 505-506.

Entrevê-se, pois, na Louisiana, com o seu *Code of Civil Procedure*, a *preclusion by judgment* (a eficácia preclusiva da *cause of action*), no Art. 425. Porém se trata de instituto que atende, de igual modo, à *cause of action as a defense*, incidental ou conexa, aí entrevista a coisa julgada sobre a *exceptio* jusromanista.

De tal não difere o sistema das *Rules of Civil Procedure*. Lembre-se que com tal sistema convive o da jurisprudência. Sistema outro, de vinculação, como o nosso de repetitividade e de repercussão geral.

A unidade básica do processo a que se aplica a coisa julgada é a *cause of action*[188]. Aproxima-se de tal exigência, da exaustão da *cause of action*, no CPC brasileiro, seu Art. 329, II, com a ampliação do pedido e da causa de pedir, até a citação e, com o consentimento do réu, até o saneamento, o que lembraria a *entire cause of action*, com a qual o julgamento se propõe ser válido, final e de mérito e produz, também, a eficácia preclusiva sobre as defesas não alegadas, *the effect of res judicata on defendant's assertions*[189].

O *american civil procedure* contém regras (*rules*) de longo alcance para o *pretrial discovery*. Neste, o *jury* se incumbe de esgotar a matéria com o único *day in court*. O que inclui um diálogo à base de dicas e respostas, à maneira de múltipla escolha, com que se quebra o silêncio sobre fatos ou circunstâncias de fato[190].

Alcança-se a coisa julgada mediante ampla possibilidade probatória das partes e, ainda antes, mediante possibilidade de ampla discussão da causa[191].

Não se confunde com a *res judicata* o sistema do *stare decisis* e de precedentes, pertinente à vinculação de julgados. Porém, no CPC brasileiro, inserido este último mediante refluxo àquela, com a qual se harmonizam

---

188. FRIEDENTAHL, Jack; KANE, Mary Kay; MILLER, Arthur R. *Civil procedure*, Hornbook series, 2nd ed., West Publishing, St. Paul, Minn., 1993, §14.4, p. 622.

189. FRIEDENTAHL, Jack; KANE, Mary Kay; MILLER, Arthur R. *Civil* ..., cit., §14.6, p. 639. A coisa julgada estendida às questões prejudiciais expressamente decididas (de nosso Art. 503, §1º e incisos, do CPC de 2015) tem alguma afinidade com o instituto *da issue preclusion*. Aliás, os três incisos do §1º, referido, refletem (ou coincidem com) os requisitos de aplicação daquela (cf. GIDI, Antônio; TESHEINER, José Maria; PRATES, Maria Zanella. *Limites objetivos da coisa julgada no projeto de Código de Processo Civil – Reflexões inspiradas na experiência norte-americana*. In Revista de Processo. São Paulo: RT, vol. 194, 2011, p. 101-138).

190. REIMANN, Mathias e ZEKOLL, Joachim. *Introduction...*,cit., p. 370.

191. Cf. a respeito Paulo Henrique dos Santos Lucon. *Relação entre demandas*, Brasília: Gazeta Jurídica,2016, p.105.

os diversos institutos de formação jurisprudencial do direito de que se faz servir, merecendo lembrança a adoção do *distinguishing* (Arts. 927, §1º e 489, §1º, VI, observado o Art. 10, porque não aplicável *ex officio* o precedente) e a do *overruling* (Art. 927, §§2º, 3º e 4º).[192]

É de se reconhecer a influência dos precedentes estadunidenses na concepção do Art. 503, do CPC brasileiro, segundo observa Marinoni[193] ao dizer que a repetição literal do *Restatement (Second) of Judgements*, no tratamento legal que confiamos aos nossos precedentes, denuncia que o legislador brasileiro se serviu do modelo norte-americano.

E o doutrinador paranaense desenvolve ampla justificativa de tal inferência, averbando que o *nonmutual colleteral estoppel* (coisa julgada em favor de terceiro), as *class actions* e a *virtual representation* (coisa julgada em prejuízo de quem não participou do processo, ao fundamento de que outrem tenha discutido com efetividade a mesma situação jurídica), além do *stare decisis* servem a determinar a exegese dos Arts. 503 e 506, do CPC brasileiro: aos quais não satisfaz a atitude de restringir-se a coisa julgada ao pedido e às partes, incluída a coisa julgada sobre a questão – não importando se o vencido esteja diante do mesmo ou de um novo adversário[194].

Também é relevante considerar que, em linha menos distante dos institutos do processo europeu continental, o *discovery* – após os *notice pleadings*, com que posta a *cause of acftion* – e as provas no *pretrial* podem revelar outras teses de ação e de defesa, a ponto de gerarem emenda ou eliminação de argumentos apresentados[195]. E até mesmo em juízo (*trial*) se admite a alteração do pedido ou da causa de pedir (Rule 15.b, das *Federal Rules of Civil Procedure*).

22. ESTADOS UNIDOS – *COLLATERAL ESTOPPEL.*

Como esboçado na Introdução, acerca do imperativo de cognição integral da lide ou porção de lide intra-autos (n. 7, supra), extrai-se

192. Adverte Sérgio Cruz Arenhart (*A tutela coletiva de interesses individuais*. São Paulo: RT, 2013, p. 364-365) que, embora não se trate de coisa julgada, há diversos mecanismos instituídos a impedir a rediscussão de temas já enfrentados, no específico interesse do Poder Judiciário: súmula impeditiva de recurso, julgamento liminar de improcedência, coletivização de questões (incidente de resolução de demandas repetitivas).

193. MARINONI, Luiz Guilherme. *Coisa julgada sobre questão*, São Paulo: RT, 2018, Introdução e p. 90 e ss.

194. MARINONI, Luiz Guilherme. Idem-idem, Ibidem.

195. HAZARD, Geoffrey e TARUFFO, Michele. *American civil procedure. An introduction*. New York: Yale University, 1993, p. 107.

do *Common Law* a comodidade de ampliação do julgado de questões a outras causas. Se o instituto não inspirou diretamente a nossa coisa julgada sobre a questão prejudicial, que se resolve no bojo da mesma causa, fora de dúvida que a influência se faz sentir no Incidente de Resolução de Demandas Repetitivas. O instituto refoge à coisa julgada, mas pertence ao justo processo, que a forma. O Art. 976, I e II, do CPC de 2015, restringindo-o à questão de direito, empresta relevo formal à matéria (que não distingue, processual ou material): bastantes o risco à isonomia e à segurança jurídica. Já se viu que, ao tratar da substituição processual, o legislador impõe o requisito da autorização do ordenamento jurídico (não só da lei). A mesma preocupação que dita a legitimidade de parte nos processos coletivos, para efeito da vinculação de julgados, informa o precedente nos processos individuais, que passam a merecer julgamento coletivo.

Também cabe deduzir do sistema de *common law* a técnica da *ratio* do precedente, equivalente processual da repetitividade das questões de direito (do incidente referido) ou dos recursos extraordinário e especial repetitivos (Art. 1.036 e ss, do CPC brasileiro). Ainda aqui se trata da mesma questão de direito, a informar o critério de justiça. São as balizas da orientação paradigmática, técnica de expressão do fundamento jurídico transponível às causas assemelhadas – de função paralela à da fundamentação produtiva da coisa julgada, segundo o regra do Art. 489, §1º e incisos e sua remissão textual contida no Art. 927, §1º, do CPC brasileiro.

As soluções das questões se dão por razões, superiores às razões da pretensão e da resistência e que passam a razões da decisão. As lições de Carnelutti[196] servem à correlação entre coisa julgada e vinculatividade de julgados. Se a coisa julgada é autoridade – que, como veremos (n. 59, infra), traduz-se em poder de estado do pedido – cabe no gênero comando, afirmação autoritativa do direito por norma concreta.

196. CARNELUTTI, Francesco. *Cuestiones sobre el proceso penal*. Buenos Aires: Librería El Foro, 1994, p. 303.

Capítulo II

OBJETO LITIGIOSO

23. DIREITO MATERIAL E DIREITO PROCESSUAL.

A consequência jurídica pretendida em juízo se funda na afirmação de fatos. Mas o objeto litigioso não consiste em fatos, senão em afirmação de direito, deles derivada[197]. Só que não se pode tornar exclusiva das partes tal afirmação em juízo.

Pense-se na tutela provisória antecipada: incluir-se-á, necessariamente, no objeto litigioso, a afirmação de direito feita pelo juiz, a qual será discutida na causa. Pense-se nas aquisições processuais, do Art. 371, do CPC. Pense-se, finalmente, no âmbito de aplicação do princípio *jura novit curia* e na abertura ao contraditório, das matérias suscitadas pelo juiz, ainda que cognoscíveis de ofício (Art. 10, do CPC).

Diante de tais angulações, cabe assinalar desde logo que o objeto litigioso deve ser o encontro útil entre o objeto do processo[198] e o objeto da sentença. Embora o primeiro determine o segundo, não o esgota, além de que pode haver julgados *citra*, *ultra* e *extra petita*. O erro do juiz, mesmo sob estrita adstrição ao objeto do processo, pode ainda decorrer da injustiça da sentença - tema de complexa indagação para as teorias da coisa julgada.

Pense-se, mesmo, nos (impropriamente chamados) pedidos alternativos, ou no concurso de ações, em que um deles (ou delas) se faz excluído pela apreciação judicial do outro.

---

197. ROSENBERG, Leo. *Tratado de derecho procesal* ..., cit., p. 35.

198. SATTA, Salvatore. *Accertamento incidentale*. In Enciclopedia del diritto. Tomo I. Milano: Giuffrè, 1958, p. 243 e ss., adverte que o "equivoco da doutrina está em crer que o objeto do processo se determine apenas sobre a ação e não, também, sobre a exceção".

Uma série de hipóteses realmente pode explicar o possível desajuste entre o objeto do processo e o objeto da sentença. De qualquer modo, cabe asserir que o vínculo entre um e outro se dá no chamado *objeto litigioso*, diante do qual se depara a integridade do sistema de mérito: abrangente da sentença justa e, excepcionalmente, da sentença injusta – *desde que*, uma e outra, sob o *justo processo*.

É que, de consabida lição, a coisa julgada se forma ao enfrentamento de todas as questões (sua preclusão) aptas[199] a contrastar o bem jurídico deduzido. É o relevante aspecto da tese de Chiovenda[200], introduzido – ora integralmente – em nosso sistema processual na regra do Art. 489, §1º, IV, do CPC de 2015 (e de cuja exegese caberá o estudo nos ns. 46 e 47, infra). Neste sentido, não é pouco seja a função negativa da coisa julgada a circunscrição dos limites objetivos ao objeto da sentença[201]. Nem que a eficácia preclusiva, estreitando-se, não tenha função de alargar aqueles limites, pois com eles compatível.

A função negativa da coisa julgada, por sua vez, diz com a lide nos limites do pedido, como já definimos o objeto do processo[202].

Estamos em que a eficácia preclusiva da coisa julgada diz com as questões da lide, não as de lide diversa, por isso que o autor – pena de preclusão – tem de exaurir as questões quando postula, tanto quanto se exige do juiz que verse todos os argumentos que possam infirmar a sentença (o que inclui questões, tanto as decorrentes do pedido, quanto das exceções do réu).

Assim que, no âmbito do objeto litigioso – meio termo entre o objeto do processo e o objeto da sentença – as partes têm de exaurir os argumentos. E as razões da decisão das questões derivam da análise destas, perante as provas. É que a confrontação de argumentos leva à verdadeira dimensão do pedido (o bem jurídico objetivado). Na parte dispositiva da sentença se há de conter a especificação dos efeitos materiais (resposta

---

199. A aptidão se retrai nos procedimentos sumários, alguns a ponto de não gerar, na improcedência, contraditório conducente a solução de pleno direito.

200. CHIOVENDA, Giuseppe. *Instituições de direito processual civil*. Vol. I. São Paulo: Saraiva, 1942, n. 1.c, p. 528.

201. CARRILHO LOPES, Bruno Vasconcelos. *Limites objetivos e eficácia preclusiva*, cit., p. 13.

202. VIEIRA, José Marcos Rodrigues. *Da ação cível*. Belo Horizonte, Del Rey, 2002, p. 159.

jurisdicional ao pedido mediato) e dos efeitos processuais (declaratórios, constitutivos, condenatórios)[203].

Esta ponderação de argumento e contra-argumento mostra que os objetos do processo e da sentença tramitam, do primeiro ao segundo, respeitantes a momentos diversos no procedimento, em resultante dinâmica de sua elaboração progressiva.

Ao falarmos, porém, da construção do provimento, que haja de efetivar-se no plano da relação jurídica material – por isso mesmo que a coisa julgada se dá com eficácia extraprocessual – temos de estar atentos à advertência de Pontes de Miranda[204]: de não se admitir, em ciência, que se inicie a exposição pelos efeitos ou pela eficácia. A advertência é voltada antes à necessidade de introdução do fato jurídico material no fato jurídico processual[205], percurso coincidentemente destacado por Fazzalari[206], ao qualificar o direito material como elemento do direito processual, por ser parâmetro para o exercício da ação e da jurisdição[207].

Aprofundando-se a análise e trazendo tais escólios para o plano dos argumentos, são de se identificar *os pontos sensíveis da problemática dos interesses, reveladores da natureza da pretensão material e fatores determinantes da solução adequada*[208], porque, para a construção do provimento de mérito, *impõe-se encontrar a necessidade de tutela, ao exame rente ao plano da relação jurídica material*[209].

Tais pontos sensíveis descrevem o vínculo que une os argumentos das partes – em destaque as alegações finais (ou debates orais), exatamente na fronteira da consciência do juiz, que, com seu ato sentencial, completa, na fundamentação, ainda que o faça instintivamente, o exame do chamado objeto litigioso.

---

203. CUNHA, Alcides Alberto Munhoz da. *Correlação lógica entre cognição, preclusão e coisa julgada*. In Revista de processo, São Paulo: RT, ano 33, n. 163, set. 2008, p. 366.

204. PONTES DE MIRANDA, Francisco Cavalcanti. *Tratado de direito privado*. Vol. I. 4ª ed. São Paulo: RT, 1983, p. 318-319.

205. PONTES DE MIRANDA, Francisco Cavalcanti. *Tratado de direito privado*. Vol. I, cit., p. 34.

206. FAZZALARI, Elio. *Note in tema di diritto e processo*. Milano: Giuffrè, 1957, p. 113, que, no entanto, não pode ser tomado como regra (v. n. 24, sobre a ação declaratória negativa).

207. VILLANOVA, Lourival. *Causalidade e relação no direito*, cit., p. 207/208.

208. BEDAQUE, José Roberto dos Santos. *Direito e processo*. 4ª ed. São Paulo: Malheiros, 2006, p. 31 e 55.

209. BEDAQUE, José Roberto dos Santos. Idem-idem, p. 65.

24. IDENTIFICAÇÃO DA DEMANDA.

Ao se dizer, pois, que faz coisa julgada o dispositivo e não a fundamentação, apenas se alude ao conteúdo da sentença – o qual é integrado da eficácia. Cada um dos pares de argumento e contra-argumento gera a razão da decisão de uma questão, no conjunto de questões suscitadas pelo pedido (e pela resistência). Cada solução de questão é, portanto, revelação de um elemento da figura jurídica do pedido de espécime sentencial, que se reconstrói da ação até a força – aí recuperada a ação verbal[210] – de expressão do comando sentencial (*condeno, constituo, declaro*).

Neste sentido, os Arts. 2º, 141 e 492, do CPC, confirmam a iniciativa processual das partes. Porque o Art. 357, II e IV, do CPC, disciplina não mais que uma atitude metodológica, ao desmembrar o fenômeno processual, de modo a desgarrar o direito do fato, mas não induz o primeiro a redução à pura norma – ante o já referido Art. 489, §1º, IV, do aludido Código.

Recorde-se que Lopes da Costa[211] contentou-se em dizer que a sentença não julga fatos (salvo a autenticidade ou falsidade de documentos). Poderia ter dito que não julga fatos pelos fatos. Porque há algo de degradação, aí, de fato a menos que fato jurídico e, portanto, a mero fundamento (motivo).

Compreende-se que a quebra de sintonia entre objeto do processo e objeto da sentença se haja de reduzir ao mínimo, com a perfeita identificação do objeto litigioso, realidade dinâmica ditada pelo *pedido delimitado pela causa de pedir*[212], enquanto o objeto do processo, que é a lide nos limites do pedido[213], faz vivo o direito nos autos.

O objeto litigioso do processo é, assim, fixado pelo pedido do autor (salvo as ações dúplices, em que também pelo pedido do réu) e por seus casos de ampliação: por contestação prejudicial, no CPC de 2015 via exceção ou objeção substanciais, ou pela réplica do autor a estas. Este, o sistema do elemento objetivo do novo processo civil brasileiro, que adota a teoria da substanciação mitigada.

---

210. SILVA, Ovídio Araújo Baptista da. *Curso de processo civil*. Vol. I. 4ª ed. São Paulo: RT, 1998, p. 493.

211. LOPES DA COSTA, Alfredo de Araújo. *Direito processual civil brasileiro*. 2ª ed. Vol. III. Rio de Janeiro: José Konfino, 1947, p. 55.

212. BEDAQUE, José Roberto dos Santos. *Os elementos objetivos da demanda à luz do contraditório*. In Causa de pedir e pedido no processo civil. São Paulo: RT, 2002, n. 1.4, p. 30-31.

213. VIEIRA, José Marcos Rodrigues. *Da ação cível*, Belo Horizonte: Del Rey, 2002, p. 159.

Nosso sistema processual de 1973 impunha rígidas preclusões, devendo o fundamento da demanda ser fixado na inicial. O sistema de 2015 libera a fixação do fundamento (*causa petendi*) da única ocasião, permitindo e mesmo sugerindo ajustes e ampliações no saneamento em cooperação. Dir-se-á que a regra do Art. 329, II, do CPC vigente suponha o consentimento do réu (e que por isso em nada ter-se-á adiantado ao sistema de 1973). Mas o mesmo inciso II impõe seja *assegurado o contraditório* (que se desdobra inclusive por sobre a negativa de consentimento entre as partes): pelo efetivo contraditório deve zelar o juiz (Art. 7º), podendo lançar mão do interrogatório livre (Art. 139, VIII, do CPC).

Daniel Mitidiero[214] assinala que a permissão para alteração do mérito após o saneamento é a conjugação de acordo das partes com a decisão de conveniência *de dilatar os prazos processuais* e fixação ao longo de todo o procedimento (Art. 139, VI, do CPC). Falamos, pois, de negócio trilateral, celebrado com a participação do juiz[215]. Ou, pelo menos, entre as partes sob a supervisão do juiz.

Não se veja o imobilismo na busca da fixação do objeto litigioso. O juiz suscita a discussão de aplicabilidade de uma norma, com o que os fatos jurídicos (exceções) não deduzidos podem vir a sê-lo. Nem se supervalorize o elemento consensual na ampliação do objeto litigioso, por modificação ou alteração da causa de pedir, da ação ou da exceção, nem se considere o rigor da incognoscibilidade *ex officio* das exceções materiais. É que, ainda que o juiz não possa acolher a exceção não alegada, pode julgar improcedente a ação, ante a inexistência de prova da *causa petendi* mediata, uma vez abalado pela dúvida quanto à possibilidade de existência de fato constitutivo de *exceptio* não alegada – já que o processo justo incorpora o princípio da boa-fé como norma fundamental aplicável a todos os sujeitos processuais (Art. 5º, CPC), o que limita a eficácia dos atos, comissivos ou omissivos.

No limiar da audiência de saneamento em cooperação, do Art. 357, §3º, nada exclui possa o juiz proceder ao exercício do poder-dever de que trata o Art. 139, VIII – o que, no processo italiano, se chama o *interrogatorio libero,* diverso do depoimento pessoal por imune à confissão. E vem à baila a valoração do comportamento da parte.

---

214. MITIDIERO, Daniel. *Colaboração no processo civil,* cit., p. 121/122.

215. Cf. Humberto Theodoro Jr., *Curso...,* cit.., 58ª. ed., p. 445.

Ao falarmos de questões complexas de fato e de direito, justificadoras da audiência de saneamento, não podemos deixar de considerar a questão posta pelo juiz ao contraditório. Questão complexa será também a de ter havido (ou não) a admissão do fato constitutivo narrado pelo autor na inicial (e não apenas na hipótese de revelia, a teor do Art. 345, IV). A inverossimilhança da narrativa da inicial desperta a discussão dos argumentos de prova. Assim é que o §272 da ZPO austríaca impõe ao juiz valorar a prova (incluída a interpretação do silêncio), submetendo-a ao inteiro redebate da causa: a chamada *pertrattazione*[216], do processo civil italiano. Poderíamos perfeitamente tratar da valoração das alegações, ainda antes que da valoração das provas.

Os fatos principais para o julgamento podem ser inferidos de fatos secundários, aos quais se relacionem[217]. O debate prévio à instrução realmente pode revelar limites outros da controvérsia, em complemento. E, se não advém acordo processual (a que chamamos de negócio processual de saneamento), partirá o juiz, por exemplo, já na instrução, para a técnica de *formular a presunção, submetendo-a às partes*[218].

Eis a aplicação, em sentido progressivo, da teoria ampliativa (aliás, integrativa) da causa de pedir, cunhada para preencher o espaço que, sob o CPC vigente, migrou da eficácia preclusiva para a ampliação objetiva da coisa julgada. E é por isso que o princípio da adstrição, aquele *pelo qual o legislador processual não permite ao juiz decidir fora dos limites objetivos fixados na inicial,* chega a ser mitigado, vertido à permissão para decidir nos limites *legitimamente ampliados*[219].

Parece termos dado crédito à tese de Fairén Guillén[220], de que a substanciação e a individuação fixam o objeto do processo, aquela, *por meio da diferenciação dos fatos, e a segunda mediante a do direito.*

O Art. 357 e seu §1º, do CPC de 2015, referindo-se, respectivamente, ao juiz e, a seguir, às partes, atendem à advertência de que *o que se discute, na realidade, é o momento processual adequado a fazê-lo* e o sujeito do

---

216. GORLA, Gino. *Comportamento processuale delle parti e convincimento del giudice*, In Rivista di diritto processuale, Padova: CEDAM, 1935, pp. 26 e 28 – sob a vigência do CPC italiano de 1865).

217. RIGHI, Ivan. *Eficácia probatória do comportamento processual das partes*, In Revista Forense, vol. 389, p. 109.

218. RIGHI, Ivan. *Eficácia probatória do comportamento*, cit., p. 108.

219. BEDAQUE, José Roberto dos Santos. *Os elementos objetivos...*, cit., p. 34.

220. FAIRÉN GUILLÉN, Victor. *La Transformación de la demanda*, cit., p. 71.

processo por quem deva substanciar-se faticamente e individualizar-se juridicamente a pretensão[221].

E isto, até porque a ação declaratória negativa – por isso, aliás, que comum ponto de apoio da asserção de autonomia da ação processual – não se ajusta à teoria da substanciação. Da procedência de declaratória negativa, como plena solução de mérito, retira-se toda a potencialidade objetiva da coisa julgada – em sua vocação de aproximar-se dos extremos da determinação fático-jurídica – a recair sobre a inexistência de relação jurídica material.

Ora, a declaratória negativa o é mesmo de inexistência do fato jurídico, caso de necessária individuação, pelo elemento negativo de inserção do direito material no direito processual.

Já Ovídio Baptista da Silva[222] reconhece, no processo civil brasileiro, sistema misto, na linha de Botelho de Mesquita[223]. E tal sistema misto, informado pela aplicabilidade do princípio *jura novit curia*. Os fundamentos jurídicos (tais como mencionados no Art. 319, III, do CPC) não servem à identificação da demanda[224]. Isto se dá ante a liberdade do juiz na aplicação do direito, como sugere Ormazábal Sánchez[225].

Destarte, cuida-se de aplicar o conceito de relação jurídica, por sobre o objeto do processo (pedido e causa de pedir), para identificar-se o objeto da sentença, que não deve, ao menos em regra, diferir do objeto litigioso: entenda-se este como o *problema jurídico* (a crise de direito material, do magistério de Proto Pisani)[226].

25. ESTADO DO PEDIDO: PROBLEMA CONCRETO.

Desenvolvamos, pois, o exame do *problema jurídico*. Há de pô-lo o juiz, para resolvê-lo – é o que se extrai da regra do Art. 489, §1º, IV, do CPC: exaurimento dos argumentos não significa retorno – note-se – à coisa

221. FAIRÉN GUILLÉN, Victor. *La Transformación de la demanda*, cit., p. 73.

222. SILVA, Ovídio Araújo Baptista da. *Limites objetivos da coisa julgada no atual direito brasileiro*. In Sentença e coisa julgada. 2ª ed. Porto Alegre: Fabris, 1988, p. 134.

223. BOTELHO DE MESQUITA, José Ignácio. *A 'causa petendi' nas ações reivindicatórias*. In Revista de Direito Processual Civil. Vol. 6. São Paulo: Saraiva, 1967, p. 197.

224. Como faz notar CRUZ E TUCCI, José Rogério. *A 'causa petendi' no processo civil*. 3ª ed. São Paulo: RT, 2001, p. 170-173.

225. ORMAZÁBAL SÁNCHEZ, José. *Iura novit curia*. Madrid: Marcial Pons, 2007, p. 83.

226. PROTO PISANI, Andrea. *Lezioni di diritto processuale civile*, Napoli: Jovene, 1994, p. 36 e ss. e 52.

julgada dos motivos objetivos, tese de Savigny[227], nem sequer na forma em que modificada por Cogliolo[228]. Mas, no cruzamento dos argumentos e até perante as questões suscitadas de ofício (abertas ao contraditório, conforme Arts. 10 e 357 e §§, do CPC), há a descoberta do fundamento necessário, quando se revelam os argumentos que possam infirmar a solução adotada. Toda esta técnica deriva da fixação, pelo julgador: da *questão principal*, ao dizer do pedido ou da defesa direta de mérito, o que se dá mediante a abstração da questão prejudicial; e da *questão prejudicial*, ao dizer da defesa indireta de mérito, o que se dá mediante a abstração da principal, pela prejudicialidade, quer a impeditiva, quer a determinativa, como será exposto no. n. 55, infra.

A coisa julgada recairá sobre as prejudiciais, não mais mediante ação declaratória incidente, assim como dela Menestrina[229] não cogitava, a não ser como dado juspositivo, porque não conseguiu excluir do *judicium* a solução incidental de questões, na suposição de remetê-la à mera *cognitio*. Avizinha-se de tal resultado a regra do Parág. 1º, do Art. 503, do CPC de 2015, excluída a dependência de pedido, para integração da prejudicial aos limites objetivos da coisa julgada, se, embora incidentemente, seja decidida em expressa decorrência do estado do pedido (estado de mérito).

Aliás, quando se estrutura a coisa julgada de questão, configura-se a categoria do 'estado do pedido': ao dizer se exaurido ou não em questão (ões) principal (is), ou, pelo contrário, se abrangido por questão (ões) prejudicial (is) - portanto, se pedido prejudicado ou não.

Iremos destacar o significado, no CPC brasileiro, do estado de mérito, do estado do pedido (no sentido processual-substancial), indicativo da procedência ou da improcedência, da questão principal ou da questão prejudicial.

227. SAVIGNY, Friedrich Karl Von. *Sistema de derecho romano actual*. Tomo VI. Madrid: Góngora, 1879, §291 e ss.

228. COGLIOLO, Pietro. *Trattato della eccezione di cosa giudicata*. Torino: Fratelli Bocca, 1883, p. 152-180.

229. MENESTRINA, Francesco. *La pregiudiziale nel processo civile*. Milano: Giuffrè, 1963, p. 110-111, quando recomendava a técnica de se tratar como prejudiciais, na série silogística de que sairá a sentença, também as questões que afinal se revelarão não serem tais. Embora mencione a declaratória incidental (pp. 131/133) por respeito ao direito legislado, não lhe vinculava necessariamente a atribuição do caráter principal (pp. 107 e p.128/132).

Não mais se pode dizer que seja a parte quem arme o problema dado a resolver ao juiz[230]. O julgador reconstrói, na fundamentação, o problema jurídico (eis o relevo da fundamentação – a que, em última análise, remonta o objeto litigioso do processo). Assim se irradia a justificativa para *explicar os acertos e equívocos dos interessados na construção* da decisão[231], para se alcançar o desiderato de que a coisa julgada se funde sobre a preclusão de todas as questões aptas a contrastar o bem deduzido em juízo[232].

26. TÉCNICA DE PREJUDICIALIDADE *VERSUS* PREJUDICIALIDADE LÓGICA.

Pertence ao CPC de 2015 a técnica do refinamento do objeto litigioso. Fina discussão, com que se alcança o fato jurídico, assim como se chega ao fato-fundamento da exceção. O confronto argumentativo permite se identifiquem as questões que se erguem contra outras questões. O que confirma as questões principais. O significado de tal técnica é estruturar a preclusão de questões, de modo que a exceção de coisa julgada caiba quanto à totalidade da causa, vale dizer, de toda a conexidade fático-jurídica, embora a coincidência apenas parcial do julgamento de questões. Porque, em última análise, não é nenhuma das partes da sentença, mas onde quer que nela se trate a situação jurídica material solucionada, mediante a(s) regra(s) legal(is) sancionada(s), o que passa em julgado.

Como disserta Didier Jr.[233], na petição inicial tem o autor de *expor todo o quadro* fático necessário à obtenção do efeito jurídico perseguido, bem como demonstrar como os fatos narrados autorizam (...) a incidência da hipótese normativa.

Enfatizamos: todo o quadro fático – o que importa dizer de toda a conexão fática, chegando por tal via às questões complexas (a que se

---

230. No que se supera a lição de Alfredo de Araújo Lopes da Costa (*Direito processual civil brasileiro,* Tomo III, cit., p. 135). Noutro sentido, vem à baila o argumento de Luiz Guilherme Marinoni (*Coisa julgada sobre questão,* cit., p. 204), de que, a 'nova' coisa julgada não mais se restringe ao pedido ou às partes, tendo o Art. 503, CPC, transferido, em boa medida, a delimitação, tanto objetiva quanto subjetiva, às mãos do juiz.

231. A expressão em itálico é de Elio Fazzalari. *Istituzioni di direitto processuale.* VIII ediz. Padova: CEDAM, , 1996, p 316-318.

232. Da fórmula de Giuseppe Chiovenda. *Instituições* ..., cit., I, 1.c, p. 528.

233. DIDIER JR., Fredie. *Curso de direito processual civil.* 17ª ed. Vol. I. Salvador: Jus Podivm, 2015, p. 552.

refere, por exemplo, o §3º, do Art. 357, do CPC) - pelo muito que já referimos de vedação ao fracionamento abusivo da causa de pedir mediata (v. n. 7, supra).

E, do mesmo modo, completa Didier[234], *o réu, ao exercer um contradireito, afirma a 'causa' deste contradireito e 'pede' a consequência jurídica dele decorrente. (...). Trata-se de uma defesa pela qual o réu exerce um 'direito', uma 'situação jurídica ativa' (...).* Importa, também, a completude da *causa excipiendi.*

Verdadeiro é que o processo civil italiano somente dispensa a ação declaratória incidental para a compensação, admitida como contradireito. A exemplo da doutrina de Elena Merlin[235], costuma-se aludir à *conhecida evolução vivida pela doutrina em tema de direito de ação - brevemente resumível na superação da concepção 'concreta' chiovendiana e no impor-se da chamada abstrata - a que se seguiu uma ainda mais acentuada e consabida 'substancialização' do conceito de exceção.*

Enfatizamos, por isso, a insuficiência (ao menos para o direito brasileiro) da causa de pedir imediata (a relação jurídica fundamental, da terminologia de Menchini[236], a quem não impressiona que o Art. 34, do CPC italiano não defina a questão prejudicial). É que pode a prejudicial pertencer a objeto mais amplo, ligado a outra relação jurídica (ainda que não necessite de demanda autônoma) como pode pertencer àquela relação debatida na inicial. O que há de fundamental não é, portanto, a relação em que se funda o pedido do autor. A relação substancial, aliás, pode ensejar diversas pretensões, sendo que a coisa julgada se adscreve ao complexo pedido/causa de pedir (nesta, a imediata e a mediata).[237] A tanto acresce o confronto argumentativo, o discrímen entre os fatos essenciais, da *fattispecie* normativa, e os fatos secundários, cujo objetivo é o de provar os essenciais[238], mediante a superação dos arquétipos, apta a inspirar, no saneamento, a decisão de inversão do ônus probatório (Art. 373, §1º, do CPC de 2015).

A exceção prejudicial, inserta no objeto litigioso segundo o processo civil de 2015, tem entre nós o mesmo caráter do pedido: é que, atendida

234. DIDIER JR., Fredie. *Curso de direito processual civil...*, cit., p. 630.

235. MERLIN, Elena. *Compensazione e processo*, tomo I, cit., p. 210.

236. MENCHINI, Sergio. *I limiti oggetttivi*, cit , cap. II, n. 7, p. 92-107 e 107-113.

237. BEDAQUE, José Roberto dos Santos. *Os elementos objetivos*, cit., p. 30-31.

238. CRUZ E TUCCI, José Rogério. *A causa petendi*, cit., p. 153-154.

a regra do Art. 371 (das aquisições processuais), pode ser alcançada por ampliação, por contraditório injungido ou induzido resultante da utilização do interrogatório livre (Art. 139, VIII), a alegação dos fatos constitutivos, impeditivos, modificativos ou extintivos dos direitos das partes – no saneamento compartilhado. Advém a lembrança de toda a possível inspiração da regra do Art. 371, do CPC, em que se poderia vislumbrar o argumento de Echandía[239]: *contempla-se a natureza do fato com independência da situação processual da parte e se considera o efeito jurídico por ela perseguido.*

A estrutura da cognição sobre as prejudiciais – com vistas a se evitar o fracionamento abusivo da causa de pedir mediata, como decorre do disposto no Art. 489, §1º, IV, do CPC – obedece à advertência metodológica de Menestrina[240]: de se tratar como prejudiciais todos os antecedentes lógicos, todas as questões capazes de influir no julgamento, todos os pontos (argumentos) capazes de desautorizar uma determinada solução e que todas (salvo as taxativamente[241] enumeradas, *stricti iuris*), produto de *cognitio* e não de *judicium incidens*, somente se consideram prejudiciais após a sentença e, a rigor, após o trânsito em julgado[242].

As exceções prejudiciais integrarão o objeto litigioso, bastante que arguídas na contestação – vale dizer, independentemente de pedido (abolida a declaratória incidental no sistema do Novo CPC)[243]. De conseguinte, a matéria complexa de fato ou de direito emerge da discussão sobre as exceções opostas na contestação, ou no âmbito do acordo de saneamento, bem como sobre a réplica do autor e de verdadeira exceção que a ela formule (em tréplica) o réu.

---

239. ECHANDÍA, Hernando Devís. *Teoría general de la prueba judicial*. 5ª ed. Tomo primero. Bogotá: Temis, 2006, p. 448.

240. MENESTRINA, Francesco. *La pregiudiziale...*, cit., p. 59.

241. Tal tese restritiva vem de Scialoja, interpretando Gaio, *Institutes*, trad. Julien Reinach, Paris: Le Belles Lettres, 1950, p. 171/172.

242. MENESTRINA, Francesco. Idem-idem, ibidem.

243. É verdade, subsiste a de falsidade de documento (Art. 430, §ún.), o que é entendido, porque na hipótese seja excluída a amplitude do contraditório sob restrição legal procedimental, consoante o disposto no Art. 503, §2º, do CPC.

A complexidade da discussão, em exaurimento das conexões fático-jurídicas vem desde o processo romano, como se vê em Gaio[244] e é cuidadosamente explicada por Scialoja[245].

A relevância da causa (aqui destacada no aspecto da causa de pedir mediata) é apontada pela aguda percepção de Cunha Campos[246], insuperável intérprete de Carnelutti e continuador, por assim dizer, de sua Teoria Geral do Direito: os comandos jurídicos, o da sentença completando o da norma abstrata, tornando-a concreta, aproveitam os fatos jurídicos em dimensão temporal e sua superveniência no processo. O Mestre triangulino extrai o escólio: existente o vínculo de causa a efeito jurídico entre a questão e o comando, a autoridade de coisa julgada deve àquela estender-se.

---

244. GAIO, ob. e loc. cit.

245. SCIALOJA, Vittorio. *Proceso civil romano,* trad. de Santiago Sentís Melendo. Buenos Aires: EJEA, 1954, p.177/178.

246. CAMPOS, Ronaldo Cunha. *Limites objetivos da coisa julgada,* Rio de Janeiro: Aide, 1988, pp. 106/107.

Capítulo III

JUSTO PROCESSO

27. ESTADO DO PROCESSO.

Falávamos da vedação ao fracionamento abusivo da *causa petendi* mediata (cf. n. 7, supra), conclusão extraível do Art. 489, §1º, IV, do CPC, regra dirigida sistematicamente ao juiz e às partes. E de que a integridade causal supõe a amplitude da exposição das conexões fáticas e fático-jurídicas, quer do ângulo da *actio*, quer do da *exceptio*.

Note-se que havíamos deixado em suspenso (por remissão textual, a que ora se atende) o tema da "justiça da decisão", a que alude a regra (singular) do Art. 123, *caput*, do CPC. Tal difícil regra, segundo expusemos[247], no contexto do justo processo legal, sistema inaugurado pelo CPC de 2015, é descritiva do requisito geral de respeito à destinação institucional da coisa julgada.

O Art. 123 disciplina a chamada eficácia de assistência, a cujo exame iremos voltar, em ocasião de estudo dos limites subjetivos da coisa julgada (n. 71, infra) e, sobretudo, do sistema de eficácia sentencial (n. 63, infra).

O instituto processual da eficácia de assistência se apoia na conexão de fatos jurídicos. Pertence, assim, ao estado do processo, em `que recebido: 1) quando, encerrada a instrução, já impedido o assistente (simples) de produzir prova de fato apenas subjetivamente conexo – por exemplo, de usucapião como exceção, não alegada em reivindicatória pelo réu, assistido, que tivesse locado ao assistente a coisa imóvel – hipótese do Art. 123, I, CPC; e 2) quando desconhecido pelo assistente (litisconsorcial) o impedimento, decorrente do *venire contra factum proprium*, da possibilidade de alegações e provas pelo assistido alienante da coisa ou direito, quanto ao fato objetivamente conexo do respectivo caráter litigioso, efeito prejudicial advindo da ocultação dolosa ou culposa ao adquirente – hipótese do Art. 123, II, CPC.

247. Cf. n. 4, Introdução, supra.

A sentença (ou decisão) é suscetível de ser considerada injusta ante o assistente (na causa em que haja intervindo), por força de fato jurídico não trazido à discussão nos autos e, todavia, integrante da conexidade factual como cadeia eficacial a se projetar no julgado.

A esta altura convém fazer-se precisão necessária. Com efeito, increpa-se de equivocada a consideração, como injusta, da sentença que não pondere a exceção não alegada. Tem-se, neste sentido, a observação de Liebman[248] de que a sentença não seria injusta se, havendo, embora, espaço para a exceção substancial, não fora ela arguída pelo réu (ou, pelo autor, a contra-exceção na réplica). Cumpre, porém, considerar que a assertiva é vinculada à tradição do princípio dispositivo, ou seja, à visão chiovendiana do objeto litigioso do processo como enucleado apenas no pedido, sem atenção à resposta do réu ou mesmo às questões.

Não estamos a ponto de dizer que o juiz conheça de exceção substancial não alegada. Seria um contrassenso. Mas daí a ignorar-se a possibilidade de alegação (e, pois, a possível existência de omissão, pelo autor, de fato obstativo de sua pretensão), vai uma distancia considerável - no justo processo legal, animado pela boa-fé (Art. 5º, do CPC).

Hoje, quando o Art. 6º, do CPC, proclama como norma fundamental a cooperação entre todos os sujeitos processuais, rejeita, evidentemente, a pura e simples adstrição do julgado ao pedido, o que não ocorre sequer na revelia (Art. 345, IV).

Não pode o juiz atuar com indiferença aos fatos jurídicos conexos à causa de pedir mediata, embora não alegados pelo réu, em situação que, se o fossem, por provados nos autos, seriam erigidos em exceções materiais. Já se viu que, não alcançado o acordo de saneamento (sobre os pontos de fato e de direito controvertidos), o juiz abre o feito à instrução e, considerada a regra de inversão procedimental atinente à ordem das provas - pode o juiz determinar o interrogatório livre (Art. 139, VIII, CPC). Isto, se antes já não o tenha imposto, já que cabível a qualquer tempo e sem número determinado de oportunidades.

28. RELAÇÃO DE AÇÃO.

O processo deve ser considerado relação jurídica dinâmica, relação de ação (bilateral, eventualmente multilateral) e, pois, relação de ônus

---

248. LIEBMAN, Enrico Tullio. *Intorno ai rapporti tra azione ed eccezione*, cit., p. 74.

(aí, reciprocamente, os ônus de alegar e de provar, durante as etapas de fixação e aquisição processual). Isto exatamente dirigirá o plano eficacial do provimento de mérito, conforme veremos no n. 65, infra.

Dada sua dimensão constitucional de garantia das garantias, o processo termina por ser a matriz política de todo o direito, contribuindo para o próprio sistema do direito material[249]. Escrevíamos tal observação em 2002 e antevíamos que o direito, pertencente à grande ética, da harmonia dos contrários, há de reclamar interpretação processual. A relação jurídica, toda ela pautada na dialética, conjuga efetividade e instrumentalidade, em estreito e exato trânsito[250], daí que a efetividade do direito, garantida pelo processo, seja vertida em efetividade deste, sob o enfoque da causa de pedir (imediata e mediata) como situação processual[251].

Por dimensão supralegal, constitucional, o processo se destina a fazer face, não apenas à pacificação (seu escopo social), mas à justiça, pela correção mediante o contraditório, das distorções entre incidência e aplicação da norma (seu escopo jurídico)[252]. Isto indica, distintamente, sua natureza dinâmica perpassada pela ideia de justiça, em que harmonizadas as garantias da ação e da defesa, de modo a evidenciar a *quaestio facti* (pela *causa petendi* e pela *causa excipiendi* mediatas e pelo pedido mediato) e a *quaestio juris* (pela *causa petendi* e pela *causa excipiendi* imediatas e pelo pedido imediato). As normas constitucionais do contraditório e ampla defesa e do devido processo legal estabelecem a justeza processual (Art. 5º, LIV e LV, da Constituição da República).

Para os fins do Art. 6º, do CPC, a colaboração com a jurisdição se inicia com o pedido deduzido – o qual, porém, sempre modificativo em relação ao fenômeno pré-processual: a composição do litígio depende da bilateralidade da defesa do direito, tanto para eliminação do fato controvertido (provimento de mérito), quanto para manutenção ou recuperação do próprio fato controverso (provimento liminar). Tais funções supõem análise da categoria a que chamamos *estado do processo* e que respeita à ação em juízo, segundo entendimento por nós expresso[253].

---

249. VIEIRA, José Marcos Rodrigues. *Da ação cível*, cit., p. 92.

250. VIEIRA, José Marcos Rodrigues. Idem-idem, p. 75.

251. VIEIRA, José Marcos Rodrigues, *Da ação cível*, cit., p. 79.

252. VIEIRA, José Marcos Rodrigues. Idem-idem, p. 75.

253. VIEIRA, José Marcos Rodrigues. *Da ação cível*, cit., p. 78: *a ação é o direito ao julgamento do pedido conforme o estado do processo.*

Para que o devido processo legal não resulte, eventualmente, em extinção sem resolução do mérito (ou em solução injusta do mérito) institui o CPC vigente a ampliação do saneamento, atividade não mais restrita a momento único, mas genericamente projetada ao desenvolvimento da discussão, como situação da causa de pedir que expressa a conservação útil do contraditório[254].

A regra cardeal do sistema de nulidades processuais, do Art. 317, do CPC, cuja exegese deve ser afeita às normas fundamentais, com ênfase a do Art. 1º, do mesmo CPC, presta-se a revelar a junção – realidade inerente ao justo processo – de duas garantias constitucionais, a do acesso à justiça (Art. 5º, XXXV), mediante reabertura dos trâmites à correção de vícios processuais, e a do devido processo legal (Art. 5º, LIV), sob a injunção (se necessário) à ampliação do contraditório de mérito, mediante atração dos fatos jurídicos conexos, no saneamento em cooperação, em reabertura dos trâmites à complementação das peças postulatórias.

A preclusão é, pois, mitigada de modo a não se sancionar o formalismo com que o processo chegaria a ser vítima de si próprio: quando, embora legalmente devido, mostrar-se-ia injusto. Cabe alusão à conhecida passagem de Carnelutti[255] sobre os termos adequados de duração do processo: *certeza e justiça não podem ser obtidas ao mesmo tempo.*

29. O INTERROGATÓRIO LIVRE.

O CPC atual contém uma das mais extraordinárias regras de processo. Disposição legal de cunho realístico e de enorme coragem científica.

É que, de há muito, as aquisições processuais não poderiam ser circunscritas ao âmbito do princípio dispositivo – ainda que sem a adoção de processo inquisitório.

E após erros e acertos, na história política e social, entre privatismo e publicismo, atento à experiência de duas guerras e a solicitações decorrentes de valores jurídicos reconquistados, assistimos à volta da oralidade, na persecução da verdade real.

Como disserta Satta[256], o processo não deve ser abandonado à vontade das partes (senão nos limites em que esta vontade coincide com

254. VIEIRA, José Marcos Rodrigues. Idem-idem, p. 81.

255. CARNELUTTI, Francesco. *Como se faz um processo*, cit., p. 121.

256. SATTA, Salvatore; PUNZI, Carmine. *Diritto processuale civile*, 11ª. ed., Padova: CEDAM, 1992, pp. 298 e 299.

o interesse geral), mas deve ser confiado à direção do juiz. (.....). Há em outros termos, no contraste substancial em torno do direito, o perigo de que isto se reflita e se transfira ao processo, destinado a eliminá-lo e que, neste como naquele, possa prevalecer o mais astuto e o mais forte, às custas da justiça: do que o Estado não pode nem deve, pelo ofício mesmo da jurisdição, desinteressar-se.

A prática mediante a qual se pode fazer por superar os obstáculos decorrentes do desvio no manejo das faculdades processuais das partes, os viezes (ou *debiases*, da terminologia do *common law*) é a do Art. 139, VIII, do CPC – o interrogatório livre. No que se entrevê *um instrumento mais penetrante, potencialmente mais eficaz que a simples solicitação de esclarecimentos de fato, que o Código já prevê no Art. 183, terceiro parágrafo, e a sua primária garantia de eficácia está mesmo no seu ser 'livre', isto é, no poder do juiz de formular ele próprio*[257] *as perguntas, escolher que coisa pedir – sempre, obviamente, nos limites da pertinência ao objeto da lide – e a qual das partes pedir, ou a ambas*[258].

Aqui há influência do Art. 117, do *Codice di Procedura Civile* de 1940, com o suprimento da *Novella del Novanta* no tocante à alteração do Art. 183, com a imposição ao juiz instrutor do dever de, na *prima udienza di trattazione*, realizar o *interrogatorio libero* das partes.

Como ainda deduz Satta[259], embora difícil compreender como o juiz possa extrair argumentos de prova a partir das respostas – até porque o interrogatório livre se dê também a benefício da parte, para explicitar as suas alegações – *o resultado (...) pode ser ainda mais profícuo que aquele que a norma não faça cogitar: pois que não há dúvida que pode desembocar em verdadeiras* e próprias *admissões*, (...); pode também dar lugar a uma verdadeira e própria confissão, quando *concorram os respectivos extremos.*

Servimo-nos, finalmente, uma vez mais, das preciosas lições de Sergio la China[260], que bem situa a liberdade do juiz no esforço de obter o preenchimento do espaço que sempre medeia entre alegação e prova dos fatos: *o juiz deve poder prestar-se contas do fundo de que nasce a controvérsia, das trajetórias, (...), o ante-fato,o ambiente profissional,...*

257. Porque hoje, também no nosso CPC (Art. 459), as perguntas são, em regra, dirigidas pelo advogado à contraparte..
258. LA CHINA, Sergio. *Manuale di diritto processuale civile*, I, Milano: Giuffrè, 2003, p. 275.
259. SATTA, Salvatore; PUNZI, Carmine. Ob. e loc. cit.
260. LA CHINA, Sergio. *Manuale...*, cit, 2003, p. 275/276.

em que se moviam, os comportamentos tomados antes de predispor-se e conflitarem judicialmente – e pode advertir a necessidade de se conduzir a um nível de conhecimento do quadro geral em que coloca a lide, igual àquele que já dele têm as partes que dela viram o amadurecer e o explodir, para melhor entender as suas motivações, os interesses, táticas e finalidades, as normas, os usos, as praxes [a] *que as partes consideraram dever submeter-se e* [de que se] *abster.*

A propósito, a lição de Redenti[261] tem toda acuidade: se é verdadeiro que a dicção do Art. 229, do CPC italiano, ao considerar (excepcionando a hipótese do Art. 117) que a confissão espontânea seja efeito dos atos processuais firmados pela parte pessoalmente, por outro lado, ao fazê-lo *não é dito que* [o Art. 117] *não possa tê-lo* [efeito de confissão], *se é tal na sua objetividade.*

Em última análise, se não resulta acordo de saneamento, quando então a *exceção* teria oportunidade renovada, com a respectiva réplica, teríamos que o juiz pode dessumir argumento de prova para a improcedência da ação.

30. QUESTÃO DUBITATIVA.

Retomemos a dialética do conceito de ação, já vista sua bilateralidade. A garantia sobreprocessual resultante das subgarantias a que nos referimos (do acesso à justiça e do devido processo legal) vem a ser a garantia do justo processo legal. Pôde o CPC trazer ao nível de lei ordinária e aperfeiçoá-las, com inteligência nova e analítica, garantias de órbita constitucional. Sem descaracterização da natureza pública do vínculo procedimental, demonstra que o poder do julgado (assimilação do poder estatal à afirmação autoritativa do direito) é do direito mesmo, não do Estado[262].

Demonstraremos, por isso, o percurso que leva da ação à coisa julgada – ou por outra, do estado do processo (condicionante do jul-

261. REDENTI, Enrico. *Diritto processuale civile,* II, Milano: Giuffrè, 1953, p. 220.

262. VIEIRA, José Marcos Rodrigues. *Da ação cível,* cit., p.75. Divergimos, porém, de Emilio Betti, para quem *a pronúncia é vinculante (...) porque as partes são objetivamente sujeitas à competência normativa do órgão* (cf. *Cosa giudicata e ragione fatta valere in giudizio*, In Rivista del diritto commerciale, vol. XVII, parte prima, Milano: Francesco Vallardi, 1929, p. 547) e propendemos para a tese de Francesco Donato Busnelli, de que *a controvérsia (...) juridica (...) pressupõe a existência* [do ordenamento], *qual parâmetro de valoração* (*Considerazioni sul significato e sulla natura giuridica della cosa giudicata*. In Rivista Trimestrale di diritto e procedura civile, Milano: Giuffrè, 1961, p. 321.

gamento do mérito) ao estado do pedido (condicionante do poder de imutabilidade do julgado).

É que abrangemos, como elementares do justo processo, os direitos (processuais):

I – à estabilização da lide:

II – à prova;

III – ao provimento liminar ou de mérito.

A estes correspondem (ou melhor, se reduzem) as elementares a que se tem referido a doutrina do justo processo, a saber:

a) O direito de acesso à Justiça;

b) O direito de defesa;

c) O contraditório e a paridade de armas (processuais) entre as partes;

d) A independência e a imparcialidade do juiz;

e) A obrigatoriedade da motivação dos provimentos jurisdicionais decisórios; e

f) A garantia de uma duração razoável, que proporcione uma tempestiva tutela jurisdicional[263].

Coerentemente, vem a exame a etiologia do erro de fato, como fundamento para ação rescisória, quando se analisa, ao inverso, a vedação a corrigir-se a injustiça do julgado rescindendo – expressa em não poder a rescindibilidade servir-se a exame (consoante Art. 966, §1º, do CPC) *de fato sobre o qual o juiz deveria ter-se pronunciado*. Tem-se, aí, portanto, no iter formativo da coisa julgada, o ponto controvertível, hipotético, que pode servir à conciliação, ao acordo de saneamento ou ao desacordo, com as precisações a serem colhidas na diligência instrutória do Art. 139, VIII, do CPC.

Rematada, portanto, a visão do processo como destinado institucionalmente a enfrentar todos os pontos suscetíveis de apreciação pelo juiz. Adiante-se, acerca de tal dever de pronúncia, quanto ao ponto de fato: não se põe, mais, a condicionante da existência de controvérsia (ressalvada a oportunidade para tanto, *ex vi* do Art. 10), como obriga

263. ANDOLINA, Italo Augusto – *Il 'giusto processo' nell'esperienza italiana e communitaria*. In Annali del seminario giuridico, Vol. VI, Milano: Giuffré, 2006, passim.

a concluir a alteração empreendida relativamente ao que dispunha o revogado Art. 485, IX e §2º, do CPC de 1973.

Deve-se, portanto, propiciar o debate no saneamento em cooperação – saneamento sobre matéria não preliminar – para discussão do argumento dubitativo ante a pretensão ou a defesa, formulado *ex officio* quando a verificação sobre o nascimento da *actio* se torne residual de possível *exceptio* não arguída. A forma compartilhada de saneamento alcança o desiderato de exaustão da dúvida do juiz, pelo que relativiza a preclusão das defesas indiretas de mérito. Mesmo sem a *exceptio*, a discussão abrangerá a validade e a exigibilidade da pretensão, como modo de ser da relação jurídica (*ad instar* do Art. 19, I, CPC). E se o autor tiver réplica, ou conforme as respostas das partes ao interrogatório livre, podendo advir negócio jurídico processual de fixação dos pontos controvertidos, alterando-se a controvérsia com aditamento ou modificação da inicial e da resposta.

Designado o interrogatório livre, cria-se uma necessidade de registro do ocorrido. O ponto sobre que o juiz deveria ter-se pronunciado (ainda que não suficiente para definir, para solucionar a controvérsia) sugere, na omissão de pronúncia, objeto de embargos declaratórios prévios à apelação, visto como o juiz tem o dever de fundamentar integralmente a sentença ou decisão de mérito.

Cabe ao juiz indagar das partes a ocorrência de algum fato superveniente ou antecedente aos discutidos na inicial ou na resposta, para apreciação do modo de ser da relação jurídica, suscetível de interferência na constituição ou extinção do direito controverso. Cumpre desvendar o como se deu a ameaça ou a violação do direito. (Já o quando, diz com a prescrição). O dolo e a coação, por exemplo, podem ter criado empecilho às alegações da inicial ou da defesa.

Amplia-se a possibilidade de correção do *error in procedendo*, para exatamente se evitar o *error in judicando* – num campo em que se aproximam as duas figuras, a revelar o exato sentido e alcance do justo processo civil, que supõe que a dúvida do juiz, sobre matéria de fato ou de direito, se converta em questão (e não apenas por sua provocação, no processo em colaboração), chegando ao interrogatório livre, em se tratando de dúvida sobre matéria de fato. E aqui se atende a uma sugestão de Carnelutti[264].

---

264. CARNELUTTI, Francesco. *Istituciones del proceso civil*, Vol. I, trad. de Santiago Sentís Melendo, Buenos Aires: EJEA, 1989, p. 36 ss.

Assim é que a injustiça, quando eventualmente ocorrer, dificilmente derivará de *error in procedendo*. A remessa conceitual da injustiça exclusivamente ao *error in judicando* é conquista ontológica do justo processo legal, instituído pelo CPC de 2015, em que as partes têm acesso a meio coetâneo de controle da atividade de direção formal do processo e o juiz, que a exerce, tem meio coetâneo de coibir os viezes cognitivos decorrentes de ato ou omissão das partes.

31. OBJETO ARGUMENTATIVO. AS ALEGAÇÕES E SEUS EFEITOS PROCESSUAIS.

O justo processo legal busca a verdade, desde o plano das alegações. Busca o justo processo um objeto auxiliar, na integridade da relação de ação. O acertamento da existência e da qualidade dos fatos jurídicos, ao confronto dos argumentos, ante a amplitude do contraditório, para o preenchimento do espaço entre as alegações e os respectivos efeitos. A estes podem antecipar-se, na tutela de urgência, os efeitos materiais da sentença, para as partes substanciais, como tais sujeitas à força de coisa julgada, o já chamado poder de estado do pedido, resultante argumentativa definida pelo *caput* do Art. 502 (que diz da *força de lei* da decisão de mérito irrecorrível), combinado com o Art. 489, §1º, IV, do CPC.

Aperfeiçoa-se o ônus das alegações pelo saneamento em cooperação, revelado o *status litis* (o estado do pedido perante a defesa), que se faz do conjunto de questões componentes do mérito[265]: *aquele conflito depois de moldado pelas partes e vazado nos pedidos formulados ao juiz*[266].

O saneamento, em si, não supera omissão de alegações. Atende ao desdobramento da exceção alegada, reiterada por alegação de fato excludente de outro, a sua vez, constitutivo da réplica do autor. Por exemplo, à exceção substancial de pagamento, o autor opõe, via réplica, ter-lhe sido extorquida a quitação. Não existe vista sobre a réplica. Mas tanto quanto perante a omissão de exceção oponível, insere-se no saneamento em cooperação – à maneira do disposto no Art. 183 e §§, do CPC italiano – a prática do interrogatório livre (cabível em qualquer momento do processo). E, pois, a abertura à tréplica pelo réu. Assim, à alegação de interrupção de prescrição por notificação, resposta do autor à pergunta

---

265. DINAMARCO, Cândido Rangel. *Fundamentos do processo civil moderno*, Tomo I, 6ª. ed., São Paulo: Malheiros, 2010, n. 158, 159 e 163, pp. 319/323 e 329/331.

266. LIEBMAN, Enrico Tullio. *O despacho saneador*, cit., p. 114 ss.

do juiz acerca da demora na propositura da ação, segue-se a pergunta do juiz ao réu, acerca da efetividade de tal evento interruptivo. A que o réu responde invocando a faculdade de adimplir depois, decorrente da prática de ato superveniente por parte do credor.

Cabe ao juiz, pois, abrir o debate – do mesmo modo como não deve conceder sem juízo crítico a tutela antecipada antecendente[267]. Aí se justifica, se necessário, a determinação *ex officio* de provas, disciplinada no Art. 370, do CPC, e *não em substituição das partes, (...), mas como meio real de acesso à ordem jurídica justa*[268].

Em síntese, o justo processo permite: a) escolha e interpretação corretas da norma de direito; b) definição e fixação dos fatos relevantes da causa. E releva considerar sua dimensão superior, atenta à evidência de que *a natureza pública do processo e a paridade de armas superam a conveniência das partes e impõem a interpretação de que o princípio da demanda não pode (...) conferir às partes o poder de definir as matérias que serão alcançadas pela coisa julgada*[269].

Esclareça-se, portanto. De não ser efeito da sentença, não se segue que a coisa julgada não possa ser efeito de mais nada no processo. É-o, do estado do pedido: o estado do processo evolui para o do pedido, confrontado com a negativa (contestação absoluta), a negativa da consequência (contestação relativa) ou com as exceções opostas. A qualidade de imutabilidade liebmaniana perpassa os fatos jurídicos inerentes ao pedido e à resposta, mediante sua eficácia não obstaculizada, por já exaurida a dinâmica argumentativa com retorno à estática do direito, em fatos jurídicos estabilizados.

---

267. YARSHELL, Flávio Luiz. *Tutela jurisdicional*. São Paulo: Atlas, 1998, p. 135.

268. BEDAQUE, José Roberto dos Santos. *Poderes instrutórios do juiz*. 4ª. ed., São Paulo: RT, 2009, p. 160/161.

269. CARRILHO LOPES, Bruno Vasconcelos. *Limites objetivos...*, cit., p. 79. BEDAQUE, José Roberto dos Santos. *Efetividade do processo ...*, cit., pp. 215/223 e *Os elementos objetivos da demanda...*, cit., pp. 34/38.

Capítulo IV

EXCEÇÕES PREJUDICIAIS

32. QUESTÕES (OU EXCEÇÕES) PREJUDICIAIS.

Sob o CPC brasileiro de 2015 faz inteiro sentido a retomada de terminologia clássica que vicejou sob a vigência do Código de 1939 e homenageia as *exceptiones* - que agora passam a valer como pedidos do réu, para efeito dos já assinalados Arts. 141 e 490, do Código vigente. E não se estranhe possa ser a prejudicialidade considerada assente sobre o fato jurídico causal de outro, esta a maneira, aliás, como Proto Pisani[270] viu a relação jurídica que chama de *fattispecie complessa*, por contraposição àquela em que se discuta apenas o fato constitutivo, que chama de *fattispecie semplice*[271] - ainda quando tal doutrinador, preso à formalidade do Art. 34, do CPC italiano, distinga entre ponto prejudicial e questão (*fato-diritto*) prejudicial, esta última hábil a fazer coisa julgada. Para nós, no sistema inaugurado pelo Novo CPC, pode ser suficiente o ponto, como pode ser suficiente a questão, bastante que hábil a definir o resultado de mérito, o que explica a aparente redundância, no Art. 503, entre o Parág. 1º e o inciso I, como se dissessem que a prejudicial se equipara a principal, quando efetivamente prejudicial.

Vimos que a definição do objeto da sentença perpassa juízo crítico acerca da relação jurídica material, por meio do objeto do processo (ditado pelos elementos objetivos da ação, isto é, o pedido e a causa de pedir). E assinalávamos a influência do princípio *iura novit curia*, acerca do fundamento jurídico, que não necessita ser exatamente o da classificação empreendida pela parte, outra podendo atribuir-lhe o juiz.

---

270. PROTO PISANI, Andrea. *Appunti sul giudicato civile e suoi limiti oggettivi*. In Rivista di diritto processuale civile, Padova: CEDAM, 1990.2, pp. 388 e 391/393, v. Nota 312, infra.

271. PROTO PISANI, Andrea. *Lezioni...*, cit., p. 64.

Cuidamos de deduzir a categoria do *problema jurídico*, o qual se soluciona (composta a lide) pelo reconhecimento de existência da *fattispecie* (fato específico) e da inexistência ou irrelevância de alegação de fato impeditivo ou extintivo, uma vez superados por entre os já apontados *argumentos que, por não poderem ser afastados de exame, traem, como resultante, o* fundamento *necessário*.

Há quem tenha afirmado,[272] perante a novidade do Código de 2015 – da coisa julgada sobre questões prejudiciais – termos regressado à era em que *o pensamento de Savigny, com intensa influência sobre a doutrina brasileira, aliado à confusa redação do art. 287 do CPC de 1939, fazia vitoriosa, até o ano de 1973, a tese pela qual os fundamentos a servirem de 'premissa fundamental da decisão' deveriam, sim, ser imutabilizados pela coisa julgada.*

De fato, o CPC de 1939 estendia a coisa julgada a fundamentos: mas não a quaisquer fundamentos. E não reproduzia o pensamento savigniano, dos motivos ditos objetivos, pela regra do Art. 282, ao dizer que *o juiz só não decidirá o mérito na mesma sentença em que decida a questão prejudicial, quando resulte incompatível com a solução desta.* É que não dizia, de modo algum, que seria reduzida a fundamento tal solução da questão prejudicial. E isto por referir-se à prejudicialidade de mérito, que definiria a própria solução da lide, quando incompatível com a questão principal, cuja solução excluiria.

Necessário é, portanto, hoje como sob o CPC de 1939, que a cognição enfrente, nos mesmos autos, a prejudicialidade, abrangente de todos os fatos jurídicos *que possam infirmar a solução* [a ser] *adotada pelo julgador.* É assim que, pela verdadeira exegese do Art. 489, §1º, IV, do CPC atual, se chega, mediante movimento de retorno (ou de confirmação, sob o acréscimo de profundidade), à exaustão do contraditório[273], em que incluída a atuação do juiz, como um dos seus destinatários – e, neste sentido, de modo semelhante ao do Art. 16, do CPC francês (*le juge doit faire observer e observer, lui même, le principe de la contradiction*).

Sem quebra da tradição de iniciativa da parte quanto às exceções substanciais – que, relativamente à prescrição, informava o Art. 219,

---

272. MACHADO, Marcelo Pacheco. *NCPC: Ideologia e museu de grandes novidades*. Disponível em: <http://jota.info/cazuza-novo-cpc-contradições-ideologias-museus-e.m>. Acesso em: 15 jun. 2015.

273. No procedimento comum e, nos sumários, sob a delimitação de matéria.

§5º, do CPC de 1973, antes de (discutível) reforma pela Lei n. 11.280, de 16.02.2006 – o saneamento em cooperação, do atual CPC, envolve a indagação às partes acerca do fato constitutivo do direito afirmado pelo autor, quando verificada pelo juiz a complexidade. Aproveita-se a terminologia da *fattispecie complessa*, referida linhas acima (referente a cadeia de fatos jurídicos), ante intercorrência de possível fato impeditivo, modificativo ou extintivo da eficácia do fato constitutivo.

Fora de dúvida, o juiz ouvirá, em audiência de saneamento, o réu, acerca da réplica do autor à exceção arguída na defesa: tal hipótese se enquadra no sistema italiano vigente, em que a *Novella del Novanta* passou a admitir, no âmbito do Art. 183, do CPC da Península, apenas as complementações, isto é, a arguição de fatos jurídicos consequenciais dos já debatidos. Examinando o processo civil italiano (n. 13, supra) e o processo civil português (n. 20, supra), procuramos assinalar que suas fases postulatórias já foram dotadas de maior flexibilidade – com o que o contraditório, sem preclusões rígidas pôde mais diretamente servir à aproximação entre a lide intra-autos e a realidade (lide extra-autos).

Entre nós, ainda que preveja o legislador de 2015 a improcedência liminar do pedido, ante a verificação de decadência ou prescrição, independentemente da citação do réu (Art. 332 e §1º), entenda-se que não se sanciona a cognição *ex officio*. A coerência do sistema se revela, tendo em vista a regra do Art. 487, §ún, segundo a qual, *ressalvada a hipótese do §1º, do art. 332, a prescrição e a decadência não serão reconhecidas, sem que antes seja dada às partes a oportunidade de manifestar-se*: a ressalva não exclui o dever de consulta às partes, emergente do Art. 10, do CPC. Superado o momento inicial, advém o necessário exame em profundidade (suposta a abertura ao contraditório), como é da tese de Bedaque[274]. Exame que, todavia, se detém ante a dependência de alegação, para integração ao saneamento, de prescrição de direito disponível, de decadência convencional, do mesmo modo como os demais fatos impeditivos ou extintivos – constitutivos de exceção (erro, dolo, coação, fraude, lesão, estado de perigo, incapacidade relativa de direito material).

Resgata-se algo da disciplina do CPC brasileiro de 1939. Não, porém, com a sua imprecisão, quando se tinha de buscar à doutrina (já dito

274. BEDAQUE, José Roberto dos Santos. *Efetividade*, cit., p. 172: para quem "a atividade saneadora tem início com a propositura da demanda [e] não deve o juiz deixar de exercer os poderes de controle da regularidade do processo a ele conferidos".

acima que o texto do Art. 287 era confuso) a afirmativa clara de fazer coisa julgada o despacho (saneador) que acolhesse defesa do réu baseada em fato extintivo do pedido[275]. Resgatam-se as *exceções prejudiciais*, que representariam a forma de virem ao processo as prejudiciais de mérito[276].

Aliás, já o próprio Galeno Lacerda[277] excluía toda possibilidade de preclusão do saneamento sobre nulidades, quer absolutas, quer relativas, quer de direito processual, quer de direito material, bem como o respeitante a fatos suspensivos (benefícios de ordem, de excussão, de inventário, de retenção etc.).

Desenvolvamos um pouco mais o estudo da prejudicialidade – cujo sistema, pela primeira vez, é delineado pelo legislador como matéria essencial ao julgamento da causa. E, note-se. A redação original do Art. 17, do CPC de 1973 (que viria a ser modificada pela Lei n. 6.771, de 27.03.1980) caracterizava como litigante de má-fé a parte que omitisse fato essencial ao julgamento da causa. É retomada de modo dinâmico (por reconhecidamente insuficiente a aplicação de sanções pecuniárias, perante os reclamos do justo processo legal). O fato essencial, fato jurídico relevante[278] (diversamente da *premissa fundamental* do sistema legislativo de 1939) surgirá, quando menos, da audiência de saneamento.

É assim que pode ser lembrada, com atenção à realidade atual (e sem o puro fetiche da tradição), a passagem de Afonso Dionísio Gama[279], quando aludia a *questões ou exceções prejudiciais*, ou a de Pontes de Miranda[280], que entrevia como prejudicialidade a relação entre questões e, como prejudicial, a *questão* [que] *se interpõe* [e] *que pode excluir a obrigação de sentenciar sobre a questão principal*, ainda que, pela imprecisão

275. LACERDA, Galeno. *Despacho saneador*. 3ª ed. Porto Alegre: Fabris, p. 158 e 177.

276. Neste sentido, PONTES DE MIRANDA, Francisco Cavalcanti. *Comentários ao CPC* (de 1973). Vol. IV. Rio de Janeiro: Forense, 1976, p. 62. No mesmo sentido, Vittorio Denti, *Questioni pregiudiziali* (verbete) In Novissimo digesto italiano, XIV, Torino: UTET,1967, p. 678.

277. LACERDA, Galeno. *Despacho saneador*, cit., p. 160-171, na esteira de Oskar Von Bülow (*La teoria de las excepciones procesales y los presupuestos procesales*. Tradução de Miguel Angel Rosas Lichtschein. Buenos Aires: EJEA, 1964, p. 11).

278. VILANOVA, Lourival. *Causalidade e relação no direito*, 4ª. ed., São Paulo: RT, 2000, p. 123: *o fato jurídico em sua composição interna pode ser relação ou dar lugar a uma relação. (...). A norma recebe a causalidade, dá-lhe relevância jurídica, quer dizer, liga-a a efeitos que só existem no mundo do direito.*

279. GAMA, Afonso Dionísio. *Das ações prejudiciais*. São Paulo: Saraiva, 1928, p. 17.

280. PONTES DE MIRANDA, Francisco Cavalcanti. *Comentários ao CPC* (de 1939). 2ª ed. Tomo IV. Rio de Janeiro: Forense, 1959, p. 60.

reinante no sistema de 1939, chegasse a admitir o caráter de preliminar de mérito, da prescrição[281].

O tratamento proposto pelo Código de 2015 não é estranho ao sistema que vigorou sob o Código de 1939 e que, no âmbito das locações comerciais regidas pela Lei de Luvas, sobreviveria ao advento do Código de 1973. Serve-nos a demonstrá-lo o que se extrai de um trecho da clássica obra de Buzaid[282], acerca da eficácia da defesa na ação renovatória: se quando o autor da ação admite o arbitramento judicial, a função judicial, além de constituir o efeito jurídico (a renovação), forma novo comando jurídico material, por sua vez quando o autor não admite o arbitramento judicial, *a exceção do locador adquire o caráter de pedido de retomada;* [então] a função judicial (com perícia), apurada a insuficiência do aluguel proposto, além de extinguir a relação locativa, condena o locatário a desocupar o imóvel.

33. DO PEDIDO À *CAUSA EXCIPIENDI.*

Advirta-se que, sem prejuízo de manifestar a necessidade, então ingente, de distinção entre prejudiciais e preliminares e de sugerir a forma prática de se produzir o desejável rigor distintivo (tendo sido acatado no que seria o Código de 1973), Barbosa Moreira[283] reconhecia que de tal espírito não estivera imbuído o CPC de 1939. Pelo que argumentava, '*de lege ferenda*': *as partes não estão obrigadas a pedir ao juiz que declare também com a mesma força a relação jurídica prejudicial. Poderão simplesmente discuti-la como matéria de argumentação, e neste caso os limites objetivos da coisa julgada se restringirão àquilo que constitua o objeto do pedido.*

Não se pode olvidar o móvel da correção de desvios de técnica e de ciência, a que remonta o ponto de vista de Barbosa Moreira, lançado na vigência do CPC de 1939, quanto à distinção proposta entre preliminares e prejudiciais e, quanto a estas, entre as produtoras e as não produtoras de coisa julgada. Todavia, do mesmo modo como se deu a exegese do Art. 34, do CPC italiano – ao exigir a conversão a formulação da questão prejudicial de *causa excipiendi* sob *petitum*, para, somente então, torná-la suscetível de julgamento *principaliter* – o CPC de 1973 pôs paradoxal-

281. PONTES DE MIRANDA, Francisco Cavalcanti. *Comentários ao CPC* (de 1939), cit., p. 63.
282. BUZAID, Alfredo. *Da ação renovatória*. São Paulo: Saraiva, 1958, p. 282-284.
283. BARBOSA MOREIRA, José Carlos. *Questões prejudiciais ...*, cit., p. 38.

mente de lado o critério distintivo, relegando à vontade da parte o buscar ou não a coisa julgada. Vittorio Denti[284], de modo vigoroso, verberou a exegese do Art. 34, do CPC italiano, de como se fosse dado à vontade da parte alterar a natureza da questão prejudicial, esta, em si, o elemento hábil a ensejar o caráter *principaliter* da decisão judicial.

Assinale-se, portanto, aquele que fora, entre nós brasileiros, o truncado percurso do deslocamento da discussão das questões prejudiciais – munido de aversão à regra do Art. 287, do CPC de 1939 – para a cumulação de pedidos do CPC de 1973, como a seu tempo fazia notar Ada Pellegrini Grinover[285], por considerar que a solução do problema de 1939 se tivesse alcançado pela ampliação do objeto do pedido.

Embora impusesse a necessidade de pedido, procurou evitar o CPC de 1973 (e nisto, à maneira do Art. 282, do CPC de 1939) a necessidade da definição do grau de influência de uma questão noutra. Para predeterminação do teor de solução da questão subordinada, tolerou, não raro em silêncio obsequioso, a tese de se considerar suficiente a simples questão, por si definidora do litígio[286], não exigível para os limites de discussão da prejudicialidade relação jurídica outra, que não a relativa ao pedido principal. E, note-se que, neste aspecto, refugia à concepção italiana do pedido autônomo, como essência da declaratória incidente.

É este o sentido da observação de Adroaldo Fabrício[287], ao dizer *que nem sempre a questão prejudicial supõe controvérsia sobre outra 'relação jurídica' que não a debatida como principal (...)*, apenas não se admitindo a situação de *a resolução da questão não interessar à decisão de outros litígios possíveis (...), tendo em vista também outras lides, ainda que 'virtuais'*. O jurista sulino também sustenta a dispensabilidade da declaratória incidente, na hipótese de *interesse do réu* [acerca da prejudicial] *na declaração que se exaure nos limites da causa,* [isto] *porque a contestação lhe basta*[288].

E prossigamos – com apoio no passado, mas em evolução ao confronto de sistemas: a ninguém estranha o advento da equiparação da questão prejudicial a principal, por deixar de haver duas ações. O CPC

---

284. DENTI, Vittorio. *Questioni pregiudiziali*, cit., p. 677.

285. GRINOVER, Ada Pellegrini. *Ação declaratória incidental*. São Paulo: EdUSP/RT, 1972, n. 35-36, p. 57-58.

286. Como, também na Itália, assinala Michele Taruffo, *Collateral estoppel*, cit., p. 228.

287. FABRÍCIO, Adroaldo Furtado. *A ação declaratória incidental.* 2ª ed. Rio de Janeiro: Forense, 1995, p. 54-55 e 171-172.

288. FABRÍCIO, Adroaldo Furtado. *A ação declaratória* ..., cit., p. 54-55 e 171-172.

brasileiro de 2015 não exige o pedido incidente quanto à prejudicial (Art. 503, §1º e seus incisos e §2º), ao contrário do CPC de 1973 que acolheu a sugestão que, sob o CPC de 1939, formulara a doutrina de autores diversos, com destaque Barbosa Moreira.

No CPC de 1973, toda solução *incidenter* o foi *incidenter tantum*, isto é, se de prejudicial, de prejudicialidade dita lógica. É por isso que se viu a prejudicialidade técnica como sempre inerente a outra relação jurídica. Trata-se de desvio que lança profundas raízes em Chiovenda[289], que – tomado de repulsa ao que via como resíduo histórico do processo comum, o paroxismo do elemento lógico do *judicatum* perante o ato de vontade estatal (da *res*) – deixou-se trair por igual intensidade com que, supervalorizado o elemento da vontade, da *res*, simetricamente reduziu todo o iter formativo do *judicium* a ato de inteligência.

Neste passo interessa à evolução histórica do processo civil brasileiro a observação de Liebman[290] sobre a persistência no CPC de 1939 de instituições advindas da influência do processo comum sobre o reinol (e não do processo francês, como se deu nos demais direitos na Europa[291]).

O CPC de 1939 – é de justiça o registro – havia conseguido libertar o processo civil brasileiro, quer da referida influência trazida de Portugal, quer da geral influência francesa, ao compor a disciplina da coisa julgada (não mais presunção de verdade). Isto, sobretudo quanto aos limites objetivos, quando admitia (faltando-lhe a necessária clareza) a coisa julgada de alguns dos fundamentos, as prejudiciais. Vigorou, porém, em meio a atávica resistência doutrinária, de matriz chiovendiana, aos juízos de decisão na solução de questões – como se existentes, estas, apenas na mente do juiz, em juízos exclusivamente de constatação.

Por isso, merece relevo a corajosa crítica de Satta[292] a Chiovenda, recolhida por Galeno Lacerda[293] em alerta à (então) iminente introdução da

289. CHIOVENDA, Giuseppe. *Istituzioni di diritto processuale civile,* Vol. I, Napoli: Jovene, 1957, p. 116.

290. LIEBMAN, Enrico Tullio. *Istituzioni del diritto commune nel processo civile brasiliano.* In Problemi del processo civile, Napoli: Morano, 1962, p. 501.

291. LACERDA, Galeno. *As defesas de direito material no novo CPC,* In Revista Forense, vol. 246, 1974, p. 163/164. O autor aponta que a ação declaratória incidente nasceu no CPC de Napoleão, de 1806, daí passando para a ZPO alemã, de 1878, §280, do qual passou para o austríaco, o húngaro e o italiano vigente.

292. SATTA, Salvatore. *Accertamento incidentale,* cit., ob. e loc. cit, Nota 161, supra.

293. LACERDA, Galeno. *As defesas de direito material no novo CPC,* In Revista Forense,vol. 246, Rio de Janeiro,1974, p. 163/164.

ação declaratória incidente no sistema processual. Trata-se de reprimenda ao egrégio processualista, fundada na refutação, de há muito existente na Itália[294] e depois sintetizada por Taruffo[295]: *a conclusão, segundo a qual não pode formar-se o julgado sobre a decisão de uma questão prejudicial, se limita a repetir o que é apoditicamente afirmado na premissa (...)* de duvidosa validade, de que uma questão é prejudicial se *pode ser decidida somente com uma pronúncia dotada de eficácia meramente lógica (isto é, não idônea a passar em julgado).*

Na sistemática do CPC de 2015, ocorre – ressalte-se – o ressurgimento das *exceções prejudiciais*, a exemplo da prescrição. E aqui se recorde Carvalho Santos[296], que verberava a insuficiência de nossa legislação. Terá sido agora ouvido e atendido: *em nosso direito, nunca se atribuiu às questões prejudiciais a importância de que elas, incontestavelmente, se revestem (...). E foi pena que o legislador processual brasileiro* [de 1939] *perdesse, ao redigir o* [então] *novo Código de processo, esta oportunidade de cogitar do assunto com maiores detalhes.*

Aqui se advirta. A omissão do legislador não permite se deixe de apontar as manifestações – à época, não persuasivas – de Alfredo Buzaid e Galeno Lacerda[297], quando recomendavam valer-se a parte ré, da reconvenção, à maneira de *reconvenção incidental* do processo alemão, apesar das dissonâncias doutrinárias[298] alusivas à natureza apenas condenatória (e não declaratória) da reconvenção[299]. Atende-lhe agora, o CPC brasileiro de 2015, com a reconvenção integrante da contestação (Art. 343). Ora, na contestação, a coisa julgada se estende sobre as questões prejudiciais, não mais sob o silêncio eloquente do CPC de 1939 sobre a necessidade de pedido, mas sob exclusão expressa da declaratória incidental da *causa*

---

294. DENTI, Vittorio. *Sentenze non definitive di merito e cosa giudicata*, In Rivista di diritto processuale, vol. XXIV, 1969, p. 217: *parece, portanto, estranha à disciplina positiva a noção de questão prejudicial que se quis extrair do art. 34 cod. proc. civ. e que seria identificada pela natureza somente lógica da sua solução.*

295. TARUFFO, Michele. *Collateral estoppel...*, cit., pp. 283/284 .

296. CARVALHO SANTOS, J.M. *Código de processo civil interpretado.* 5ª ed. Vol. IV. Rio de Janeiro: Freitas Bastos, 1958, p. 115.

297. Como informa Theresa Celina de Arruda Alvim. *Questões prévias e limites objetivos da coisa julgada*, São Paulo: RT, 1977, p. 15.

298. MARQUES, José Frederico. *Instituições de direito processual civil.* Vol. III, Forense, Rio de Janeiro, 1959, p. 142. No mesmo sentido, BAPTISTA DA SILVA, Ovídio Araújo. *Curso de processo civil*, 4ª ed., cit., p. 506.

299. REIS, José Alberto dos. *Comentário ao Código de Processo Civil* (de 1946). Vol. III. Coimbra: Coimbra, 1945, p. 66.

excipiendi, suficiente a defesa indireta de mérito, *ex vi* da regra do Art. 1.054, do CPC.

O mesmo entendimento tem Fredie Didier Jr[300]: *costuma-se dizer que o réu não pede. Impede. (...). Não é bem assim. O réu pode também demandar, embora com pedidos bastantes peculiares. (...). Também há pedido quando o réu exerce um 'contradireito'.* Mais: *há quem defenda que o objeto litigioso do processo é o pedido identificado com a causa de pedir (...). Sucede que esta concepção é insuficiente.* É que a participação do réu na formação do objeto litigioso não se restringe ao caso em que ele apresenta uma demanda contra o autor. *Quando em sua defesa exerce um contradireito (...), como nos casos da compensação, exceção de contrato não cumprido e direito de retenção, o réu acrescenta (...) afirmação (...) que comporá o objeto litigioso (...). O juiz decidirá sobre a existência desse contradireito (...)* [que] é, *também, uma questão principal (...)* [e cuja] *decisão (...) torna-se indiscutível pela coisa julgada material.*

Registre-se, também, que Bedaque[301], ao rever o binômio histórico conhecimento-execução, considera-o ainda subsistente no direito moderno, mas, após discorrer sobre a defesa do executado, considera as exceções substanciais verdadeiro pedido contraposto, para concluir que *a ela* [defesa] *agrega-se a qualidade da coisa julgada material*: é o trabalho de extremar as *exceptiones* de outras defesas do direito moderno, resgatando-lhes a feição jusromanista[302].

Ainda anteriormente, Humberto Theodoro Jr[303] já admitia como verdadeiro pedido incidental a exceção (de prescrição ou decadência, em resposta à ação cautelar), considerando-a autêntica ação contra o autor, de conteúdo material como prejudicial incidente assim instaurada e com força de gerar coisa julgada, tanto na acolhida, quanto na rejeição.

---

300. DIDIER JR., Fredie. *Curso de direito processual civil*, vol. I, cit., Nota 233, supra. Ainda (ob. cit., p. 656 e p. 435 ss).

301. BEDAQUE, José Roberto dos Santos. *Cognição e decisões do juiz no processo executivo*, In Processo e constituição, estudos em homenagem a Barbosa Moreira, São Paulo: Malheiros, 2006, n. 9, p. 371/372.

302. Como vem sendo feito desde a monografia de Felicia Escobedo (*L'eccezione in senso sostanziale*, Milano: S.A.Istituto Editoriale Scientifico, 1927, §14, p. 26/27).

303. THEODORO JR., Humberto. *Tutela cautelar. Direito processual civil ao vivo.* 4, 1ª. ed. Rio de Janeiro: Aide, 1992, p. 54.

34. PREJUDICIALIDADE E JULGAMENTO *PRINCIPALITER*.

Eis a distinta superioridade do CPC brasileiro de 2015, cujo sistema de estabilização do pedido oferece a técnica para o julgamento *principaliter* da questão prejudicial. Tal o saneamento, que pelo Art. 357 compreende, se necessário, três etapas: primeira) delimitação das questões relevantes de fato (inc. II) e de direito (inc. IV), por ato único do juiz; segunda) delimitação das referidas questões de fato e de direito, após pedido de esclarecimentos ou ajustes, em 5 (cinco) dias da decisão; terceira) eliminação das dúvidas do juiz, sob cooperação das partes, em audiência especial, quando poderão integrar ou esclarecer suas alegações.

Recorde-se que o CPC de 1939 cuidava do sistema de estabilização da lide, abrangendo, sem alcançar a alteração do pedido, a simples emenda, os simples esclarecimentos ou as correções das circunstâncias de fato, o que se tinha por impediente à declaratória incidental, ressalvadas as hipóteses de falsidade documental, de reconvenção, de embargos do executado e de processos especiais sem rígida concentração, como informa Ada Pellegrini Grinover[304].

Assim como sob o CPC de 1939 não se tinha, na oportunidade da réplica, quer a reconvenção, quer a declaratória incidente – para, não obstante, obter-se a coisa julgada *pro et contra*, fosse pelo acolhimento da ação, fosse pelo acolhimento da defesa de mérito (Art. 294, II) – sob o CPC de 2015, não se necessita de pedido incidente para a coisa julgada sobre a exceção prejudicial.

Teria sido preenchida pela doutrina, sobretudo a de Barbosa Moreira, a lacuna (distintiva entre preliminares e prejudiciais). E sua obra influenciou decisivamente o Código de 1973, por acolhida a necessidade de pedido para a declaração *principaliter* acerca da questão prejudicial, ainda que não chegasse a sugerir[305] como requisito da prejudicial, a dimensão de causa, admitida a simples questão.

Diversamente, sob o Código de 2015, em retorno (ao menos parcial) à disciplina do Código de 1939, tem-se ensejo de tecer observação sobre a doutrina que se formou sob a vigência do primeiro Código nacional de processo civil. Seja-nos permitido dizer: poderia o processualista carioca ter apontado, como o fez, a insuficiência do texto do Art. 282, do CPC de

304. GRINOVER, Ada Pellegrini. *Ação declaratória incidental*, cit., p. 101.

305. Apesar de proclamar a excelência do sistema de conexão por prejudicialidade, de Enrico Allorio (v. n. 35,infra e Nota 335).

1939. Mas não se pode negar que – distinguindo onde a lei não distinguia – inseriu o requisito de dever ser a prejudicial suscitada via pedido, para valer como determinativa[306] (da solução da questão principal).

Enquanto o legislador de 1939, ao dizer que *o juiz só não decidirá o mérito na mesma sentença em que decida a questão prejudicial, quando resulte incompatível com a solução desta*, fê-lo sem tomar como objeto a distinção entre prejudicialidade lógica e prejudicialidade técnica (a de pedido). Também não introduziu, aí, outra distinção, no plano da prejudicialidade conducente à coisa julgada, a de prejudicialidade suspensiva e prejudicialidade determinativa, – vale dizer, admitia ambos os gêneros de prejudicialidade e, ambas, com coisa julgada e sem pedido. Aliás, a prejudicialidade suspensiva (de incidência de alguma regra legal na matéria debatida) é adotada por Barbosa Moreira (sem o apelo da ação declaratória incidental) no campo dos limites subjetivos da coisa julgada, ao encarar a suficiência do fato jurídico suspensivo[307] de eficácia – também entrevisto por Galeno Lacerda[308], que aponta do mesmo modo a desnecessidade da ação declaratória incidente, em face da pré-exclusão, por fato jurídico suspensivo de eficácia, da norma jurídica a ser invocada pelo réu (e isto, veja-se, quer quanto a declaratória incidente negativa, do réu, fundada no referido fato suspensivo; quer quanto a declaratória incidente positiva do autor, em face da defesa do réu, naquele fundada).

Veja-se um pouco mais sobre a prejudicialidade, alcançando os limites subjetivos da coisa julgada. Eduardo Grasso[309] situa o fato impeditivo fora da fatispécie jurídica própria dos fatos constitutivos, tida em si por completa, já no interior de nova e mais completa fatispécie: à qual a lei reconhece a possibilidade de influência *ab externo* sobre a eficácia da fatispécie constitutiva – de modo a excluir-lhe os efeitos no todo ou em parte, pois que operam *ex tunc* sobre a eficácia da fatispécie, ou seja, contextualmente aos fatos constitutivos. E assim os fatos impeditivos (assim os suspensivos de incidência de uma regra legal, a que se refere, como visto, Barbosa Moreira) são erigidos, perante os fatos constitutivos, em autonomia de uma correta categoria de exceção, situados autor e réu em posições equânimes.

---

306. BARBOSA MOREIRA, José Carlos. *Questões prejudiciais...*, cit., p. 114/115

307. BARBOSA MOREIRA, José Carlos. *Litisconsórcio unitário,*. cit., p. 165.

308. LACERDA, Galeno, *As defesas de direito material...*, cit., p. 163.

309. Como faz notar Giuseppe Tarzia (*Eduardo Grasso, profilo di um maestro,* In Rivista di diritto Processuale, Padova: CEDAM, 2004, Idem *Annali del seminario giuridico,*2007/2008. Milano: Giuffrè, 2009, p. 567 ss).

Aceite-se, pois, que a tese de Barbosa Moreira o fora *de lege ferenda*, mesmo que diverso o seu pensamento, como aprimorado em estudo posterior[310], de todo modo insinua a existência de inteira possibilidade de outra interpretação para o sistema do Código de 1939[311].

Assim, no direito que vigia à época da tese de livre docência (*Questões prejudiciais e coisa julgada*) do douto processualista carioca, não havia distinção legal – embora a razoabilidade do critério que sugeria, do grau de influência a se produzir pelo julgamento da questão prejudicial sobre a solução da questão subordinada, ao dizer-se de *principaliter* (se determinativa ou suspensiva) ou de *incidenter*[312] – mas não se seguia que, sendo *principaliter*, só por isso impusesse a forma de pedido, de ação. Seria isto algo ainda da força atávica do pensamento chiovendiano, de não admitir que uma decisão *incidenter* possa não ser *incidenter tantum* (cf. n. 33, supra), daí não ter havido o avanço (que hoje se deu), como sugestão interpretativa do CPC de 1939. Da exata desnecessidade de pedido declaratório incidente para a questão prejudicial, o CPC de Batista Martins – cuja técnica, embora, merecesse crítica – apontaria para a superação italiana da exegese do respectivo Art. 34, do *Codice di Procedura Civile,* que se verificaria primeiro doutrinariamente (v.n. 33, supra), depois jurisprudencialmente (v. n. 13, Nota 136, supra) – sem alteração, aliás, do texto legal.

Fosse a prejudicial suscitada mesmo *ope exceptionis*, o processo civil de 1939 a consentiria. Interpretação diversa não poderia significar inadmissibilidade, importada exegese que não se nos impunha e com a qual, para não se forçar a letra da regra italiana, forçou-se a da brasileira, do Art. 282, do CPC de 1939.

---

310. BARBOSA MOREIRA, José Carlos. *Questões prejudiciais e questões preliminares*. In Direito processual civil – ensaios e pareceres. Rio de Janeiro: Borsoi, 1971, p. 83.

311. A propósito, Celso Agrícola Barbi (*Ação declaratória principal e incidente,* 7ª. ed., Rio de Janeiro: Forense, 1995, p. 169) alude a motivos desaconselhadores da adoção da coisa julgada das questões prejudiciais, repelida desde o direito nacional anterior ao Código de 1939, registrando as correntes que se formaram na interpretação daquele Código, todavia reconhece que *a redação do texto frio da lei* [Art. 287]*, desligado de sua origem, sempre foi um obstáculo difícil de ser superado.*

312. BARBOSA MOREIRA, José Carlos. *Questões prejudiciais e coisa julgada,* cit., p. 114/115: *na perspectiva que este trabalho adota, o critério discretivo entre prejudiciais e preliminares há de ser buscado (...) entre os dois tipos de influência (...). Cabendo a qualificação de 'prejudiciais' às questões de cuja solução dependa 'o teor' ou o 'conteúdo' da solução de outras. (...).* [À] *solução de certa questão (...) predeterminando o sentido em que a outra há de ser resolvida (...) é que se pode reconhecer aquela característica fundamental que os estudiosos trazem a lume nos 'praeiudicia'.*

São as palavras do doutrinador guanabarino:

> *Impõe-se, neste passo, o confronto entre 'questões prejudiciais' e 'questões preliminares'.*
>
> *Segundo já se assinalou, até certa época preponderava o emprego promíscuo dessas duas expressões (...). Resquício dessa atitude depara-se na redação dos arts. 877 e 878, do Código de Processo Civil, onde aparecem como sinônimos os termos 'prejudicial' e 'preliminar', e no art. 282, em que o 'nomen juris' de 'questão prejudicial' está igualmente empregado para abranger qualquer questão prévia (...)*[313].

Ocorre que, não tendo o Art. 282, do CPC de 1939, feito alusão a "preliminares", o confronto destas com as prejudiciais, por interpolação de doutrina (recomendável que o fosse) não seria indicativo da vontade do legislador. E isto, menos ainda mediante o discrimen acrescido, de que devessem ser retiradas da inteligência do Art. 282 as prejudiciais meramente lógicas, no gênero das questões prévias, como se tal dispositivo legal fosse revelador de mais do que a distinção das preliminares.

O Art. 282, do CPC de 1939, não exigia a formulação de pedido para que a solução da questão se desse em caráter de principal. Pelo contrário, assinalava, com indistinção, o dever de exame de mérito, na mesma sentença – salvo se incompatível com a solução da questão principal. Nem mesmo a promiscuidade ante as questões preliminares (que estaria a refletir a falta de técnica) nos Arts. 877 e 878 poderia autorizar, como exegese, a abertura de distinção na intenção do legislador, já porque a tarefa do intérprete nunca poderia deixar de ser a de tornar útil o texto legal: o CPC de 2015 assinala o movimento de retorno à interpretação que poderia ter sido extraída do Art. 282, do CPC de 1939. E pela qual, como visto, irrelevante que as prejudiciais fossem deduzidas, como as preliminares, *incidenter.* Porque não seriam de sempre decidir-se *incidenter tantum.*

A prejudicial influente era e volta a ser mérito, *ope exceptionis.*

Corretos, pensamento e magistério de Barbosa Moreira, sob o CPC de 1973 – que, tendo-lhe ouvido as críticas, substituiria o CPC de 1939. Nada, porém, a não ser a (então suposta) necessidade de revogação, indicaria a exigência, sob o Código de 1939, de que a parte deduzisse pedido para que lograsse a específica provocação de exame

313. BARBOSA MOREIRA, José Carlos. *Questões prejudiciais ...*, cit., p. 174.

da questão prejudicial – sob pena de apenas se sancionar a existência de *causas* prejudiciais, argumento a que, entre outras adesões, teria a de Grinover[314].

Ao sugerir parte substanciosa da doutrina que se formou sob o Código de 1939, mediante a exigência de objeto autônomo, a ação declaratória incidental – e, instintivamente, a exigência de relação jurídica material diversa e, portanto, de causa prejudicial (e não apenas de questão) – não poderia esquecer-se de que agia em descompasso literal com o teor da lei processual então vigente. Assim, era entendida a prescrição, como confinada a preliminar de mérito (e somente passível de decisão *incidenter tantum*), não influente mais que no *an*, não no *quomodo* da relação principal. Com isso, a prescrição deixaria de ser considerada abrangida nas regras (alternativas, embora, entre preliminares e prejudiciais) dos Arts. 877 e 878 e sobretudo, na do Art. 282, do CPC de 1939, como se não pudesse este versar a *prejudicialidade 'lato sensu'*, quando é sabido que a prejudicialidade em sentido amplo abrange até as exceções processuais, como a coisa julgada e a perempção.

A aclarar a discussão, veja-se hoje a assunção, na Itália, da teoria do duplo *objeto* do processo. E da inadmissibilidade de decisão implícita sobre as prejudiciais de rito, a partir do exame do mérito. A questão da *admissibilidade da demanda* não tem sido considerada de decisão necessariamente implícita. O que faz supor pedido, igualmente na área processual[315]. Só que tal pedido não seria uma ação, o que indica e confirma a exceção do réu[316] como plenamente suficiente para a pronúncia em profundidade.

Atenta aos referidos excessos hermenêuticos, Thereza Alvim[317] já ponderava, após deter-se sobre o critério discretivo entre preliminar e prejudicial, proposto pela doutrina citada: *poder-se-ia dizer que uma questão relativa à prescrição, opondo resistência insuperável à procedência da ação, se acatada, seria preliminar e não prejudicial. Entretanto, a prescrição não é nem uma, nem outra coisa; é mérito e simplesmente é examinada antes do restante deste, por uma razão lógica (...) de economia*

314. GRINOVER, Ada Pellegrini. *Ação declaratória incidental ...*, cit., p. 81-82.

315. TURRONI, Davide. *La sentenza civile sul processo*. Torino: Giappichelli, 2006, p. 166.

316. TURRONI, Davide. *La sentenza civile ...*, cit., p. 176.

317. Arruda ALVIM, Thereza Celina de. *Questões prévias e os limites objetivos da coisa julgada*. São Paulo: RT, 1977, p. 15.

processual. E, logo após citar Liebman[318] e Buzaid[319], concluía que, *sendo a prescrição matéria de mérito, não pode receber rótulo, nem de prejudicial, nem de preliminar (...), simplesmente, dentro do próprio mérito, pode causar a improcedência da ação, tendo a decisão força de coisa julgada.*

35. *EXCEPTIO*: DEFESA E RÉPLICA.

O Art. 503, do CPC de 2015, resgata a inteligência outra que poderia ter sido feita do CPC de 1939. E o faz, deixando clara a desnecessidade de pedido, eis que elimina a ação declaratória incidental e institui a só alegação (seguida de prova), na defesa ou na réplica, erigida em via de produção de coisa julgada sobre as objeções e as exceções substanciais.

Quadra a exame, nesta passagem, o percurso histórico que teria convertido a *prescriptio* do pretor romano em *exceptio*, como informa Von Bülow[320].

O fecundo poder normativo do pretor, na correção do *jus civile* (na linha do justo processo legal, que hoje se quer), manifestou-se principalmente pela introdução das *exceptiones.*

O pretor poderia, ao perceber uma circunstância, tornar condicional a ordem de condenar o réu, com que suposta a veracidade da *intentio* do autor, fazendo inserir na *formula* a *exceptio* – assemelhadamente ao que hoje se dá pelo §3º, do Art. 357, sob o influxo do interrogatório livre, do Art. 139, VIII, ambos do Novo CPC brasileiro – para alcançar o fato complementar cuja confirmação poderia tornar iníqua a *condemnatio*[321].

Ante o processo em cooperação, envolvente de todos os sujeitos processuais (Art. 6º, do Novo CPC brasileiro), a verdadeira exegese é de oportunidade processual criada pelo juiz ao fazer às partes o convite a integrar ou esclarecer suas alegações, a que se refere o §3º, do Art. 357.

De igual modo – observe-se – o CPC atual (§1º, do Art. 357) recria a possibilidade da *replicatio*, no seu âmbito de exceção à exceção, com o convite às explicações durante o saneamento em contraditório.

---

318. LIEBMAN, Enrico Tullio. *Estudos sobre o processo civil brasileiro*. São Paulo: Bushatsky, 1976, p. 15.
319. BUZAID, Alfredo. *Do agravo de petição*. São Paulo: Saraiva, 1956, p. 134-135.
320. VON BÜLOW, Oskar. *La teoria de las excepciones procesales ...*, cit., p. 162.
321. LAGES, Affonso. *Aspectos do direito honorário*. Belo Horizonte: Imprensa Oficial, 1949, pp. 77/81.

Aliás, no sistema do CPC, o acréscimo de atividade do julgador, que persegue a identificação – em profundidade – da controvérsia, consulta ainda a outra área que a da coisa julgada: a do ganho de bases para a formação e aplicação dos precedentes e para o incidente de resolução de demandas repetitivas (Art. 976, I).

O pretor, portanto (retome-se a análise histórica), levava o autor a decair da pretensão injusta, com as exceções – que mais tarde decorreriam da atuação do próprio réu, na *cognitio extraordinaria*[322].

Considere-se a importante observação de Scialoja[323], no sentido de que o que pertencera à *intentio* (a *praescriptio*) se transferira para a *formula* (a *exceptio*). Só que as *exceptiones* variaram nas construções pretorianas, ampliando a matéria sobre que se estabelecera a *praescriptio*. A *praescriptio* (originariamente mais ampla que a hodierna prescrição) se tornou uma das *exceptiones* (defesas de mérito indiretas).

Ora, a *exceptio* fora de se inserir pelo *praetor*, ante a audiência das partes *in iure*. Também *in iure* se dava a *interrogatio* quanto a fatos ou circunstâncias de caráter prejudicial à dação da fórmula[324]. Bem verdade que só haja as notícias gaianas de *interrogationes in iure* ao réu. O desdobramento de raciocínio (embora não caiba diretamente sobre o processo *per formulas*) encontra explicação no interrogatório livre de ambas as partes ou de cada uma delas em separado, adotado no CPC atual, no Art. 139, VIII, CPC.

A fonte praticamente única[325] exclui ter havido a possibilidade de flexibilização da oportunidade de oposição da *exceptio*, a resposta do réu. Todavia o pretor se incumbia de conceder exceções em série, toda vez que uma *replicatio* excluísse a eficácia da *exceptio* antecedente. O que fazia com que a *formula* crescesse muito, *com o que se complica*[va]*m as questões propostas ao juiz, mas se complica*[va]*m de um modo que ajuda*[va] *muito ao juiz mesmo*[326].

Mesmo a *extraordinaria cognitio* – embora a unificação das fases *in iure* e *apud iudicem* (ou *in iudicium*) – nunca descartaria o relevo da *exceptio* para definir o juízo (na expressão de Vittorio Denti[327]). Assim

322. LAGES, Affonso, Idem-idem, ibidem.

323. SCIALOJA, Vittorio. *Procedimiento civil romano*, cit., pp. 165 e 389.

324. SCIAJOJA, Vittorio. Idem-idem, p. 217.

325. Que são as *Institutas* de Gaio (utilizamos o texto, já citado, de Le Belles Letres, Paris, 1950).

326. SCIALOJA, Vittorio. Ob. cit., p. 177.

327. DENTI, Vittorio. *Questioni pregiudiziali*, cit., p. 678.

porque, qualquer que fora a forma de conversão da questão em controvérsia (diz hoje Vittorio Denti), *a sua decisão não pode não ter, por sua natureza, a autoridade da coisa julgada*[328]. Acrescente-se a crítica de Galeno Lacerda[329], que já alertava, perante o Projeto do Código Buzaid, para o descuido quanto ao sentido de questão prejudicial – sobre que não é dado ao juiz decidir se haja ou não de apreciá-la *principaliter*, porque está no âmbito do litígio total – ao passo que, quando arguída em defesa seria tida, de maneira simplista, como omissão de propositura da declaratória incidente.

E, nos primórdios, o desvio da *prescriptio* em *exceptio* é lembrado por Pontes de Miranda[330], quando analisa a prescrição como fundamento de ação, em evidente confirmação de seu caráter de mérito (e integrante da coisa julgada):

> À pretensão prescrita é suscetível de ser declarada a existência: (...). Também pode ser objeto de ação declarativa a existência ou não-existência das relações jurídicas de que nascem exceções, 'e.g.', a prescrição, a interrupção da prescrição, a suspensão da prescrição, a inexistência da prescrição, ou de condição suspensiva, ou de termo suspensivo, ou outro fato, que obste a ela.[331]

Entenda-se o Mestre, que não exclui a exceção como bastante ao mesmo resultado, com o complemento da própria ideia (que se vai buscar a outra obra de sua extensa bibliografia)[332] – em que a exceção pode ser fato extintivo, do direito tal como afirmado, não exatamente do direito em si: *ora, a prescrição não extingue direito; a prescrição encobre a eficácia da pretensão ou da ação*.

Recente julgado, de nossa relatoria[333], abordou a situação de concurso entre a exceção (*rectius*, objeção) de decadência, a ser oposta em ação de preempção, e ação declaratória da decadência do direito de preferência, em dupla aplicabilidade da regra do Art. 504, do Código Civil. Cabe as-

---

328. DENTI, Vittorio. *Questioni pregiudiziali*, ob. e loc. cit.

329. LACERDA, Galeno. *As defesas de direito material...*, cit., p. 166.

330. PONTES DE MIRANDA, Francisco Cavalcanti. *Comentários ao Código de Processo Civil* (de 1939), cit., p. 62-63.

331. PONTES DE MIRANDA, Francisco Cavalcanti. *Tratado das ações*. Tomo II – *Ações declaratórias*. São Paulo: RT, 1971, n. 4, p. 30.

332. PONTES DE MIRANDA, Francisco Cavalcanti. *Tratado das ações*, Tomo II, cit., p. 80.

333. Ap. 1.00024014.229860-3/001, 16ª Cam. Cív., TJMG, j. 05.08.2015).

sinalar que o CPC brasileiro de 2015, em seu Art. 19, I, qualifica a ação declaratória como pertinente à discussão sobre existência, inexistência ou *modo de ser de uma relação jurídica*, a confirmar a mesma índole da exceção a gerar coisa julgada.

O desvio histórico que pôde explicar a quebra da suficiência da *exceptio* para a produção de coisa julgada, suficiência que o CPC de 2015 quer restabelecer é aquele com que, obscurecendo-lhe o caráter substancial, a evolução do processo romano *estendeu* [a *exceptio praejudicii*] *a toda classe de relações de prejudicialidade* – de modo a alcançar também a prejudicialidade existente *entre dois processos pendentes ao mesmo tempo*. A ação declaratória incidente (já, então, outro processo pendente) é interpolação – no caráter substancial com que disciplinada a *exceptio* na contestação sob o CPC brasileiro de 1939 – da exigência da cognição *per esplicita domanda de una delle parti* – tomada ao Art. 34, do CPC italiano (lembrando-se que, de tal regra, hoje se extrai, ampliativamente a interpretação de cognição *per disposizione di legge*)[334].

Do binômio de processos seria sintoma, também, a atitude metodológica de Allorio[335], quando, ao recuperar a prejudicialidade para o terreno do direito substantivo[336], proclama como *relação jurídica prejudicial aquela que integra o pressuposto de fato de outra relação jurídica*. Embora de inegável possibilidade, não se passa como universal a exigência de conexão[337], sob relação jurídica material diversa, diversa *fattispecie*. Ante o CPC brasileiro de 1939, como ante o de 2015, é de se proclamar a desnecessidade de duas relações jurídicas, como de dois processos, para a prejudicialidade de mérito *principaliter*. Reclama-se, sim, a conexão de fatos jurídicos (por vezes, com duplicidade normativa, como entre as declarações cambiárias e as extracambiárias). É o que veremos e isto se comunicando, quer à expressão objetiva, quer à subjetiva do julgado de mérito (n. 38 e 52, infra). Do mesmo modo, a ação de usucapião existe entre nós em convivência juspositiva com a exceção de usucapião. Pelo CPC brasileiro de 1973 não se teve alternativa que não a de se negar coisa julgada ao só julgamento da exceção de usucapião. (Salvo, recentemente, na usucapião especial urbana, conforme Art. 13, da Lei n. 10.257/2001).

---

334. V. n. 9, supra.

335. ALLORIO, Enrico. *La cosa giudicata*, cit., p. 68 e ss.

336. Como faz notar (sob elogio) José Carlos Barbosa Moreira (*Questões prejudiciais*, cit., p. 179).

337. Em evidência disso, o Art. 55, do CPC de 2015, dispensa a conexão para a reunião de processos, Bastante o risco de decisões conflitantes ou contraditórias.

Parece-nos realmente fora de dúvida que a declaração dos requisitos para a aquisição por usucapião, sem o ajuizamento de ação, não importasse em seu reconhecimento no sistema do CPC de 1973. Ante o CPC de 2015, a bem da coerência com o respectivo Art. 503, §1º, cabe a produção de coisa julgada sobre a pretensão independentemente de pedido – no sistema em que desaparece, de entre os procedimentos especiais, a ação de usucapião, que passa a ação de procedimento comum.

É, pois, suficiente a exceção de usucapião, não havendo restrições probatórias, de sumarização cognitiva por matéria ou de competência (Art. 503, §2º) e não faz sentido, para o CPC de 2015, a velha observação de Buzaid[338]: de que o direito brasileiro teria dado um passo adiante em relação ao tratamento que é dispensado ao instituto na França, na Itália, na Inglaterra e em outros países europeus, em que só pode ser declarada a usucapião quando o réu a exerça como defesa. Nem caberia o uso do pronome indefinido (só), já que no sistema do CPC de 1973, também com a exclusividade de outra via, só se poderia declarar a usucapião quando o autor a exercesse como pedido.

Agora sim, quer-se dar o passo adiante. A usucapião como ação (quer a comum, quer as especiais previstas fora do Código) e como defesa técnica, uma e outra vias hábeis a produzir a coisa julgada. Diante do Art. 503, §1º, do CPC, a exceção prejudicial de usucapião caberá, pois, na ação reivindicatória ou outra petitória, como a demarcatória. Não, evidentemente, em possessória, em que a exceção de usucapião só poderia valer como afirmação de existência, em tese, de requisitos, dada a limitação à cognição, termos em que, pelo Art. 557, do CPC, excluído o julgado *principaliter* (Art. 503, §2º, do CPC).

Voltando à passagem transcrita de Pontes de Miranda, tem-se que o próprio Mestre explica a afirmativa de que a exceção não extingue a pretensão: *se alguém propõe ação declarativa de prescrição, que se concluiu, exerceu a 'exceptio'. Já opôs a exceção, de modo que a sentença, com a coisa julgada, prova que se encobriu a eficácia da pretensão ou da ação*[339]. Diga-se, pois: a exceção é, em si mesma, pretensão contrária.

Aliás, passa-se o mesmo que na *Ley de Enjuiciamiento Civil* espanhola de 2000 (forte inspiração de nosso novo Código de Processo Civil). Chega-se, como rol interpretativo do Art. 503, do CPC de 2015,

338. BUZAID, Alfredo. *A ação declaratória no direito brasileiro*. São Paulo: Saraiva, 1943, p. 189-192.

339. PONTES DE MIRANDA, Francisco Cavalcanti. *Tratado das ações*, cit., p. 152.

às respostas às indagações sistemáticas suscitadas pelo magistério de De Padura Ballesteros[340]: as exceções materiais, sob a competência do mesmo juiz, sejam as que se referem à mesma situação jurídica que a alegada pelo autor (nulidade do contrato, pagamento, prescrição), sejam as que se referem a relação jurídica distinta civil (compensação), são decididas com coisa julgada, *sem necessidade de acudir* [o réu] *a fictícias demandas incidentais ou a reconvenções expressas ou tácitas (afortunada e definitivamente desterradas na LEC: art. 406.3)*"[341].

Verdade é que merece precaução todo argumento de doutrina estrangeira, mesmo porque para a anulabilidade de negócio a jurisprudência espanhola ainda exige a reconvenção[342]. Mas a invocação da *Ley de Enjuiciamiento Civil* de 2000, em seu referido Art. 406.3, não desdiz, confirma o Art. 343, do CPC de 2015 (reconvenção integrante da contestação, mas não obrigatória, bastante a *exceptio*).

Além disso, o Art. 408, 1 e 2, da LEC 2000, embora imponha a coisa julgada apenas das exceções de compensação e nulidade absoluta, remete as demais à reconvenção – que, no CPC brasileiro de 2015, pertence à contestação, mesma sede de todas as exceções prejudiciais.

O novo processo civil brasileiro contém regra que põe fim à necessidade de pedido para as questões prejudiciais, sequer a contestação reconvencional (Art. 503, seu §1º, I a III; e, *a contrario sensu*, seu §2º, do CPC).

Lembre-se que o texto brasileiro não faz alusão à compensação, não se podendo invocar o brocardo *inclusio unius, alterius exclusio.* Em análise de direito comparado, cabe invocar, outra vez, o magistério de De Padura Ballesteros[343], por interpretação ampliativa dos Arts. 222.2 e 408, da LEC de 2000. Uma a uma, as objeções doutrinárias espanholas à coisa julgada do pronunciamento sobre as exceções materiais são: a ausência de pleno contraditório; a compreensão do decidido sobre a exceção material como integrante do fundamento da sentença; a diversidade de meios de fixação dos fatos dados como provados; a inadmissibilidade de julgamentos implícitos.

---

340. BALLESTEROS, María Teresa de Padura. *Fundamentación de la sentencia, preclusión y cosa juzgada*. Valencia: Tirant lo Blanch, 2002, p. 139-141.

341. MORENO, Faustino Cordón. *Notas a la Ley de Enjuiciamiento Civil*. Navarra: Aranzadi, 2001, p. 204.

342. MORENO, Faustino Cordón. *Notas a la Ley...*, cit., p. 204.

343. BALLESTEROS, María Teresa de Padura. *Fundamentación ...*, cit., p. 144-169.

Ora, os obstáculos que haveria à coisa julgada sobre as questões prejudiciais são aqueles superados pelos requisitos delineados nos §§1º e 2º do Art. 503, do CPC brasileiro. Exige destacadamente o novo Código brasileiro, para a coisa julgada acerca da prejudicial decidida expressa e incidentemente no processo, por equiparação à questão principal: relevância da questão prejudicial (efetivamente influente sobre a possibilidade ou o teor do julgamento de mérito); abrangência do contraditório, prévio e efetivo[344] (sem restrições de cognição e prova), para a extensão objetiva e subjetiva da coisa julgada, afastada a revelia como meio fictício de fixação dos fatos.

36. OBSTÁCULOS COGNITIVOS À COISA JULGADA.

Vamos aos apontados obstáculos e a sua superação, segundo a forma acolhida pelo CPC brasileiro de 2015, a que vem como contribuição a parcela da doutrina espanhola citada.

Como destaca De Padura Ballesteros[345], se se considera a coisa julgada não como presunção de verdade, mas como vontade da lei (isto é, como formulação ou mandado), o raciocínio do julgador não tem força para alçar-se a foros daquela. E por isso, menciona a razoabilidade do termo médio adotado por Serra Domínguez[346], de que "admitem a coisa julgada questões prejudiciais sempre que resolvidas [sob] prévio debate 'inter partes' e o tribunal [seja] competente para resolvê-las".

É a solução, outrossim, acolhida por De la Oliva Santos[347], com o acréscimo fundamental de que se "a coisa julgada não depende do sentido da sentença, as sentenças condenatórias merecem a mesma consideração – não maior nem menor – que as absolutórias, que muitas vezes se fundam no acolhimento das exceções materiais".

Caso seria, então, de se recordar o juízo crítico desenvolvido por Savatore Satta[348], à adoção da declaratória incidental para as prejudiciais

344. De estatura e envergadura da cognição cuidaremos no n. 55, infra.

345. BALLESTEROS, María Teresa de Padura. *Fundamentación ...*, cit., p. 114 e ss.

346. SERRA DOMÍNGUEZ, Manuel. Comentario al artículo 1252 del Codigo Civil. In *Comentarios al Código Civil y compilaciones forales* (dirigidos por ALBALADEJO). Tomo XVI, vol. 2, Art. 1214-1253. Madrid, 1981, p. 627 e ss.

347. DE LA OLIVA SANTOS, Andrés. *Objeto del proceso y ...*, cit., n. 207, p. 232.

348. SATTA, Salvatore. *Accertamento incidentale*. In Enciclopedia del Diritto. Milano: Giuffrè, Tomo I, 1958, p. 243 e ss.

relativas à *causa petendi*, implantada pelo Art. 34, CPC italiano na esteira de Chiovenda[349], fruto do "equívoco fundamental da doutrina, de crer que o objeto do processo se determine apenas sobre a ação e não, também, sobre a exceção", pelo que chegava a sugerir, *de lege ferenda*, para algumas exceções (não só a de compensação, por ressalvada no texto legal, do Art. 35, do CPC italiano) a tese do julgamento *principaliter*.

Os argumentos com que responde De Padura Ballesteros[350] aos obstáculos opostos pela doutrina à coisa julgada sobre a equiparação de questões prejudiciais a principais, assente na atribuição de foros de coisa julgada às exceções materiais, justificam a finalidade da audiência brasileira de saneamento (Art. 357, do CPC de 2015) e são perfeitamente aplicáveis ao nosso processo civil.

À audiência do Art. 357, do CPC brasileiro de 2015, corresponde a do Art. 400, da LEC de 2000, a que correlacionada a regra (de teor restritivo, embora, às nulidades substanciais) do Art. 408, da LEC de 2000. Esta última, por seu turno, é semelhante à que dispõe sobre o contraditório prévio e efetivo como requisito para a coisa julgada (Art. 503, §1º, II, do CPC de 2015). Mas, à ausência de pleno contraditório (dito que ocorreria fora do caso das nulidades substanciais, *ex vi* do Art. 400.1, da LEC de 2000), opõe-se a autora citada:

> *se é que verdadeiramente o legislador concebeu o momento final da audiência prévia como autêntico debate contraditório sobre todas e cada uma das exceções do demandado – é o trâmite específico da audiência previsto no Art. 408, LEC, só para a exceção de nulidade. A meu juízo, a nulidade ou anulabilidade – que, seja dito de passagem, também se deve considerar incluída no Art. 408.2, LEC – não tem maior entidade que qualquer outra exceção, como possa ser a prescrição*[351].

A sua vez, para o CPC brasileiro de 2015, que, em seu Art. 503, §1º, não distinguiu entre as exceções prejudiciais, a conclusão não poderia ser diversa.

Outro suposto obstáculo à tese da coisa julgada sobre as exceções substanciais, o de que o decidido sobre a exceção material não extrapole a fundamento ou motivo da sentença (e que levaria a se dizer que

349. CHIOVENDA, Giuseppe. *Principii ...*, cit., p. 424.

350. BALLESTEROS, María Teresa de Padura. *Fundamentación ...*, cit., p. 144-169.

351. BALLESTEROS, María Teresa de Padura. *La fundamentación ...*, cit., p. 148-9.

o CPC brasileiro de 2015 teria resgatado a concepção de Savigny)[352], é rechaçado pela exigência de exaurimento da cognição, contida na regra mandatória do Art. 489, §1º, IV, do CPC brasileiro, a que corresponde o Art. 8º, da LEC espanhola de 2000. Assim se compreende o requisito previsto no Art. 503, §1º, I, do novo CPC brasileiro, como de estatura e envergadura da cognição (v. n.55, infra).

Na esteira de diversas outras legislações europeias, a regra de nosso Art. 10, do CPC de 2015 – que impõe ao juiz o dever de tomar às partes os esclarecimentos de fato e de direito, bem assim o de submeter-lhes as questões que suscite de ofício –, vem à baila magnífica passagem de Davide Turroni[353], atento ao Art. 183, terceiro parágrafo do CPC italiano, a qual nos serve à exegese de nossa regra do Art. 489, §1º, IV, do CPC de 2015, acima referida:

> *assinaladamente tornam-se questões os temas que assumem caráter 'problemático'. Tal pode ser o tema controverso: nesta acepção, o atributo evoca uma qualidade extrínseca, ligada ao comportamento processual das partes. Mas, é bem de ver, o atributo é entendido em uma acepção mais geral: um tema é 'problemático', quando se torna específico objeto de valoração da parte do juiz, a prescindir da circunstância de que seja controverso entre as partes.*

Adverte De Padura Ballesteros[354], a falta de pronunciamento sobre a exceção material é uma incongruência omissiva e não uma mera falta de motivação (com independência de que tais pronunciamentos se traduzam na razão da sentença).

Colhemos de tal pensamento o mesmo norte que terá inspirado o teor da regra do inciso IV, do §1º, do já citado Art. 489, do CPC brasileiro de 2015: aí se deduz um pressuposto negativo para a coisa julgada

---

352. ARRUDA ALVIM, J.M. *Notas sobre o projeto de novo Código de Processo Civil.* In Revista de Processo, ano 36. N. 191, RT, São Paulo, 2011, nota "18", p. 313.

353. TURRONI, Davide. *La sentenza civile sul processo*, cit. p. 16-17.

354. BALLESTEROS, María Teresa de Padura. *Fundamentación ...*, cit., p. 152. Como observa TAPIA FERNÁNDEZ, Isabel (*La cosa juzgada* – Estudio de jurisprudencia civil, Madrid: Dickinson, 2010, p.73), ocioso dizer que a passagem em julgado dos razoamentos que individualizam a causa de pedir da pretensão de tutela que se solicita, geralmente o que produzem é um efeito prejudicial, positivo ou vinculante para a decisão do tribunal de um segundo processo. Unicamente se daria o efeito negativo da coisa julgada ('non bis in idem'), excludente do segundo processo, se nesse posterior processo a ação que se exercitasse fosse exatamente a relação jurídica (os fatos juridicamente relevantes) que constitui a causa de pedir no anterior.

sobre a prejudicial, sua aptidão a *infirmar* a conclusão (a ser) adotada pelo julgador, pressuposto, outrossim, positivo de sua aptidão, como questão prejudicial (o que está expresso no inciso I, do §1º, do Art. 503, do CPC de 2015) a alcançar a força de coisa julgada, isto é, seu caráter de questão prejudicial (impeditiva ou determinativa) do julgamento do mérito da causa, vale dizer, da questão principal.

Coisa diversa não se passa na evolução do processo civil italiano, se bem não disponha da literalidade de algum preceito legal no sentido da extensão da coisa julgada às questões prejudiciais inerentes ao juízo sobre a principal, da concepção do justo processo. Assim,

> *o acolhimento da questão prejudicial 'de mérito' se transforma em acertamento negativo do direito que se fez valer, porque o juízo sobre o mérito deve desaguar no acertamento pleno sobre a demanda, capaz de projetar-se sobre a relação material controvertida. Portanto, há um evidente salto de qualidade entre decidir (acolhendo-a) a prejudicial de mérito e decidir (repelindo a demanda) o mais amplo tema a que acede: e, acrescente-se, um salto de qualidade em termos de tutela da parte que tem razão e de certeza nas relações*[355].

Mais um obstáculo à coisa julgada sobre a exceção material é refutado por De Padura Ballesteros[356], o da multiplicidade de vias por que se alcança a verdade dos fatos. Também o CPC brasileiro (Art. 503, §1º, II e §2º) afasta de tal possibilidade a revelia e o procedimento que contenha restrições probatórias (§2º, referido); tais a confissão ficta e o resultado de improcedência nos feitos sumários, ou nos em que admitida a coisa julgada *secundum eventum probationis*, como no mandado de segurança. Remetendo a De la Oliva Santos, que já o afirmava desde antes da Ley de Enjuiciamiento Civil de 2000, Maria Teresa de Padura Ballesteros adota a coisa julgada sobre a *causa petendi* e a exceção:

> *se se declara pelo órgão jurisdicional a existência, validade e eficácia de um contrato (...), como se se julga que existiu um vício do consentimento respeito a certo negócio jurídico, (...) determinados fatos – os que configuram os pactos (...) ou os (...) constitutivos de dolo ou erro – são fixados (...)* [em] *caráter vinculante para o órgão jurisdicional do segundo processo e (...) tal caráter só se pode discutir na medida*

355. TURRONI, Davide. *La sentenza civile sul processo*, cit., p. 165.

356. BALLESTEROS, María Teresa de Padura. *Fundamentación ...*, cit., p. 154.

> *em que se discuta que a coisa julgada compreende os pronunciamentos que (...) resolvem a causa e as exceções*[357]

Aliás, a própria doutrina italiana mais moderna, como faz notar De Padura Ballesteros,

> *entende que tudo que haja sido objeto de contestação entre as partes e decidido pelo juiz resta coberto pela coisa julgada, ainda que falte pedido da parte, sempre que o juiz seja competente para conhecer da questão 'prejudicial' e que a questão tenha sido tratada com seriedade e profundidade.*[358]

37. MOTIVOS *VERSUS* FUNDAMENTOS. FATOS JURÍDICOS E RELAÇÕES JURÍDICAS.

A regra do Art. 4º, do CPC brasileiro de 2015 dá às partes o direito à solução integral do mérito, regra que se conjuga com a de interpretação da sentença, constante do §3º, do Art. 489, do CPC brasileiro, que determina para a sentença (e a coisa julgada) – hermenêutica abrangente da conjugação dos elementos (nomeadamente os fundamentos e o dispositivo), sob o princípio da boa-fé. Pelo que, quanto menos se creia na pertinência da regra do §1º, do Art. 503, do CPC de 2015, tanto mais se haverá de crer na atitude de isolá-la, por completo, da abrangência dos motivos sentenciais (referidos no Art. 504, I, do mesmo CPC). Motivos não são fundamentos – para fins e efeitos científicos, pelo menos desde o Código de 2015. São-no, e com coisa julgada, as questões prejudiciais decididas em profundidade, sem restrições probatórias, sob a mesma competência jurisdicional.

E não se objete, como se fizera antes de ter-se firmado a jurisprudência da Cassazione italiana e durante as vacilações antecedentes, que a improcedência pelo acolhimento de algum fato extintivo, quando ainda não aprofundada a cognição acerca da relação jurídica fundamental, deixasse ao réu o encargo de provocar, mediante declaratória incidente,

---

357. DE LA OLIVA SANTOS, Andrés. *Objeto del processo y...*, cit., p. 237.

358. BALLESTEROS, María Teresa de Padura. *Fundamentación ...*, cit., p. 121. Entre nós, acrescente-se, sucederá (afinal) a coisa julgada *inter partes* da prejudicial de inconstitucionalidade, agora que estendida a coisa julgada aos fundamentos – ao contrário do CPC de 1973, em que tal não poderia ocorrer, como averba ZAVASCKI, Teori Albino (*Eficácia das sentenças na jurisdição constitucional.* 2ª ed., São Paulo: RT, 2012, p. 30). A coisa julgada *erga omnes*, esta, na jurisdição constitucional, ou decorrerá da ADIn ou da ADC, ou, na via difusa, da repercussão geral em recurso extraordinário.

juízo de mérito sobre as questões de existência e validade da relação fundamental.

Veja-se a defesa fundada em nulidade de contrato, exceção substancial oposta em ação de cobrança. Haverá, por certo, quem levante o óbice de não se tratar de tema transponível à coisa julgada, porque seria fato e não relação jurídica. Ocorre que o acolhimento da nulidade é fato jurídico, tanto quanto o é o inadimplemento. E a coisa julgada se dá, tanto pela procedência quanto pela improcedência da ação. Se o contrato é nulo, inexiste a relação obrigacional. Seria o mesmo que se falar na defesa fundada em inexistência da relação contratual. Já o reconhecimento da quitação exclui o exame da invalidade: a prejudicialidade não é determinativa, para os fins do Art. 503, §1º, I, do CPC. E a largueza conceitual está em tempo de revelar a artificialidade da concepção de necessidade de relação autônoma, para se perfazer o objeto da questão prejudicial.

Assim, o réu que aceita a existência do fato constitutivo, mas lhe nega eficácia, quer por fato impeditivo (nulidade), quer por fato extintivo (pagamento, compensação, novação, prescrição, decadência, força maior, confusão), quer por fato suspensivo (diga-se) de incidência da norma (*exceptio non adimpleti contractus*, inexigibilidade, benefícios de ordem, de excussão, de inventário). De qualquer modo, exerce a pretensão negativa, contrária. Não por outro motivo, também se entende que a improcedência da ação (acolhimento da defesa) se dá por sentença declaratória negativa[359].

Para a jurisprudência italiana, de há muito, não se configura a hipótese do *accertamento incidentale* respeito a matéria inerente ao fato constitutivo do direito do autor (Cassazione, n. 8.174, ano de 1991, n. 6.805, ano 1990, Sezione Unite, n. 6.468, ano 88, publ. *Foro italiano*, ano 1989, parte I, coluna 724). E, por jurisprudência constante, a competência do juiz da causa resta objetivamente ampliada, para os fins do Art. 34, CPC, vale dizer, para prover *principaliter*, quando o réu não se limite à mera contestação da demanda autoral, mas proponha exceções e demandas (Cassazione, n. 697, ano 1979)[360].

---

359. Neste sentido, o clássico de Calamandrei, *A bilateralidade da ação*, contido nas suas *Instituições* (cf. *Opere complete*, cit., Tomo IV, §33, p. 114/115).

360. CARPI, Federico; TARUFFO, Michele. *Commentario breve al Codice di Procedura Civile*. 3ª ed. Padova: CEDAM, 1994, p.70.

Outro tanto se diga, quando de contestação da natureza jurídica de alguma relação que incida sobre o título da demanda (Cassazione, n. 4.297, ano 1984) ou da conversibilidade de uma exceção em questão prejudicial idônea a recair sob a competência do juiz provocado no sentido do Art. 34, CPC, a qual postula não só o caráter de ponto antecedente lógico necessário, de fato ou de direito, respeito à controvérsia principal (Cassazione, n. 399, ano 1974), mas também que tal ponto assuma relevo autônomo, excluídas questões que não possam transformar-se em controvérsias, como as questões de mero fato[361].

A exegese do Art. 34, do CPC italiano, que pôde alcançar (sobretudo pela jurisprudência da Cassazione) a tese mesmo da desnecessidade de ação declaratória incidental – instaurados os opostos de procedência e improcedência como temas pertinentes à cognição sobre o pedido do autor – sugere que à aplicação, a sua vez, do Art. 503, §1º, do CPC brasileiro de 2015 não faça falta a existência de pedido. Era, já, tempo de se aperfeiçoar a ontologia do princípio dispositivo: já que, ante a boa-fé (Art. 5º, do CPC), o pedido do autor é também implícito pedido de declaração de inexistência de fatos impeditivos, modificativos ou extintivos do direito que afirma. Por tal evidência, o âmbito de fundamentos da sentença não é o de motivos – não está nestes, mas na *ratio decidendi*, como, ante regras pouco claras, já tentava a doutrina[362] sob os Códigos brasileiros de 1939 e 1973 incluir questões prejudiciais na coisa julgada.

Questão é binômio de razões. Questão prejudicial o é sobre a eficácia, a validade ou existência de fato jurídico ensejador de outro fato jurídico[363], daí a desnecessidade, desde o CPC de 1973, de ação declaratória incidente quando a questão prejudicial é suscitada pelo autor, que pode valer-se de causa de pedir complexa, do fato suspensivo de eficácia da norma jurídica a ser invocada pelo réu[364]. Advirta-se que, pelo CPC vigente, a interpretação da sentença deve atender a todos os respectivos elementos (Art. 489, §3º), o que remete a toda a argumentação, de que são deduzidas razões da decisão – por determinadas pelas razões da pretensão e da resistência, mas superando-as. De argumentos estratégicos,

---

361. CARPI, Federico; TARUFFO, Michele. *Commentario breve al ...*, cit., p. 70.
362. Por todos, CUNHA CAMPOS, Ronaldo. *Limites objetivos da coisa julgada*. 2ª ed. Rio de Janeiro: Aide, 1988, p. 93.
363. Neste sentido, Galeno Lacerda (*As defesas de direito material...*, cit., p. 163),
364. Idem-idem, ibidem.

com seus vieses, deduz o julgador os argumentos normativos[365]. Processo não é só inteligência, a discussão nos autos apreende a realidade, daí que o bem da vida (a coisa julgada) seja reveladamente pela fundamentação qualificada, de formação progressiva.

Quer quanto à ação, quer quanto à exceção, isto é, ante a questão complexa, a dúvida do juiz leva à especificação, em ordenação e saneamento, do comportamento do sujeito passivo da norma legal, para se falar na situação legitimante e na situação legitimada, da terminologia de Fazzalari[366] - que revela a correspectividade da *causa petendi*, ativa e passiva[367]. Seja, pois, a *causa excipiendi*, como questão complexa merecerá o exame da *causa excipiendi* passiva – que é algo a se perscrutar na narrativa ampla do fato constitutivo alegado pelo autor.

38. JUÍZO DE PROVOCAÇÃO: SUBROGAÇÃO DA *EXCEPTIO*.

O saneamento em cooperação destina-se a superar as dúvidas do juiz, uma delas a da inverossimilhança das alegações do Autor, formuladas em face das exceções arguídas pelo Réu. São suscetíveis de integração ao contraditório os novos fatos em reforço das exceções e em refutação da réplica. Trata-se de argumentos de prova legitimamente acrescidos (Art. 357, §3º e Art. 139, VIII, do CPC). A resistência do Autor à exceção prejudicial, eis o que pode ensejar o juízo de verossimilhança sobre o fato constitutivo constante da inicial (v., quanto à execução provisória, o n. 45, infra). Não obtido o acordo de saneamento[368] em audiência (sua principal finalidade, aliás), decide o juiz sobre as provas ante os argumentos então colhidos das partes, submetidas estas ao princípio da cooperação (Art. 6º), também no âmbito das aquisições processuais (Art. 371): porque a eficácia da prova – da existência ou inexistência do fato alegado – desvincula-se do sujeito processual que a haja produzido.

Releva considerar que somente a prescrição, dentre as verdadeiras exceções substanciais, pode ser arguída em segunda instância, vale dizer, sua não arguição em primeiro grau não importa em renúncia. *Inclusio*

---

365. VIEIRA, José Marcos Rodrigues. *Ativismo judicial e modo de ser da relação jurídica* In Ativismo & processo. Belo Horizonte: D'Plácido, 2019, p. 123.

366. FAZZALARI, Elio. Istituzioni..., cit., p. .

367. ZANZUCCHI, Marco Tullio – *Diritto processuale civile*, vol. II, 4ª. ed., Milano: Giuffrè, 1947, p. 38.

368. Negócio trilateral, cf. Humberto Theodoro Jr. *Curso...*, cit., 58ª. ed., pp. 615/620.

unius, alterius exclusio, a não oposição de exceções desperta difícil indagação ao juiz e, antes, à ciência do direito processual. Haveria a renúncia? O interrogatório livre (Art. 139, VIII) é a forma processual de se superar a renúncia de exceção arguível.

Em primeiro lugar, há de se considerar que a renúncia à exceção não arguída (não aplicável, evidentemente, aos casos de objeção) não cabe (isto é, resta excluída a decadência do direito de excepcionar), por exemplo, se tiver repercussão sobre a esfera jurídica de terceiros na área do direito cambiário[369].

Sobre a matéria, há dois conhecidos estudos de doutrina que se completam. O de Gino Gorla[370] e o de Eduardo Grasso[371], um e outro distinguindo enfre confissão e admissão. O primeiro escreveu quando do CPC italiano de 1865, que permitia, sem fixação de tempo, até antes da sentença, a formulações de exceções[372] e concluiu que, *uma vez adquirida pelo juízo alguma daquelas fontes de prova* [aí onde o autor inclui a conduta da parte ao responder ao interrogatório], *o juiz deveria usá-la, sem que ocorresse a necessidade de um específico requerimento da parte interessada* – solução mais rigorosa. O segundo, escrevendo sob o CPC de 1940 e já após a *Novella del Novanta*, pondera, *pois que a falta de contestação não exonera o autor do ônus da prova,* [que] *o seu efeito preclusivo nunca é decisivo para a sorte da causa, mesmo se se queira atribuir ao comportamento da parte um valor indiciário, nos termos do art. 116 c.p.c.*

Discutível resta, pois, apenas a renúncia como efeito da não oposição de exceção concebida em tutela exclusiva do interesse do titular[373].

Tivemos oportunidade de decidir apelação, reformando sentença de procedência de passagem forçada, em que o réu indicava a existência de saída por outro prédio (já antes excluída, porém, por sentença

369. VIANA, Bomfim. *Fundamentos das exceções cambiárias*, 1ª. ed., Rio de Janeiro: Forense, 1980, p. 16.

370. GORLA, Gino. *Comportamento processuale delle parti e convencimento del giudice*. In Rivista di diritto processuale civile, 1935. I, Padova: CEDAM, pp. 24/41, em comentário a Acórdão da Corte de Cassazione del Regno, de 19 de janeiro de 1934, portanto sob o CPC de 1865.

371. GRASSO, Eduardo. *Interpretazione della preclusione e nuovo processo civile in primo grado*. In Rivista di diritto processuale civile, Padova: CEDAM. 1993;3, p. 639/655.

372. Como, por exemplo, assinala Renzo Bolaffi, *La eccezione nel senso sostanziale*. Milano: Società Editrice Libreria, 1936, p. 172.

373. VIANA, Bomfim. Ob. e loc. cit.

de improcedência de reintegração de posse de servidão em área de proteção ambiental). Não poderia a defesa verter em *exceptio* o vício de consentimento do autor, ao dizer do erro pela aquisição de prédio encravado, a sugerir direito a rescisão com perdas e danos, ante a descrição perimétrica constante da escritura e do levantamento planialtimétrico. Mas uma vez por nós constatada a artificialidade do encravamento, que havia decorrido de desmembramento de área no fundo da gleba e sem qualquer acesso à estrada, ressalvamos a pretensão de passagem forçada exercitável contra o próprio alienante e extinguimos o feito sem exame de mérito por ilegitimidade passiva do confinante demandado[374].

Ademais, esferas distintas de direito material podem despertar soluções as mais diversas quanto ao efeito da não oposição de alguma *exceptio*. As do direito cambiário e as do direito comum, por exemplo. Assim, o avalizado não pode renunciar ao direito de defesa em prejuízo do avalista, a menos que este o consinta. É que a exceção pode também destinar-se à proteção de terceiros. Voltaremos ao tema quando do exame da eficácia reflexa da sentença, em confronto com os limites subjetivos da coisa julgada (n. 63, infra).

A propósito de exceções no âmbito dos títulos de crédito, Ascarelli, tendo fixado a relação dialética entre o fato impeditivo ou extintivo do direito cartular e o fato constitutivo da exceção[375], preferiu manter-se ao largo de uma classificação de eficácia das exceções cambiárias – ante a complexidade que lhe é inerente[376].

Eis um indicativo das persuasivas razões por que o legislador tenha aberto a distinção procedimental de tratamento das questões complexas de fato e de direito, ao remetê-las para a audiência de saneamento e organização (Art. 357, §3º). Assim, exemplificativamente, a independência das declarações cartulares e a distinção quanto à boa ou má-fé no fato jurídico extracambiário.

Como visto (n. 13, supra, Nota 137), o Réu opõe suas exceções substanciais cumuladamente, chegando a correr o risco de cometer excesso. É que deve considerá-las entre si conexas por subsidiariedade, já

---

374. Ac. unân. TJMG Ap. 1.0604.07.004859-9/001, j. 10.06.2019, Rel. Des. Otávio Portes. Rel. para o Acórdão Des. José Marcos Vieira (como Vogal, divergência acompanhada, em reformulação de Voto, por Relator e Revisor).

375. ASCARELLI, Tullio. *Teoria geral dos títulos de crédito*, 1ª. ed., São Paulo: Saraiva, 1943, p. 128 e ss.

376. VIANA, Bomfim. *Fundamentos da exceções cambiárias*, cit., p. 27.

que temerária a restrição a uma delas, arriscando-se, pela preocupação de ser preciso (como lhe exige o Art. 341, do CPC), a deixar precluir outra, porventura cabível. Atuam os princípios da eventualidade e da concentração processual da defesa.

Quando do momento de contestar, talvez não desfrute o réu de toda a profundidade de que necessite – e de que cogita o legislador para a cognição apta a coisa julgada sobre a exceção – pelo que haverá de servir-se até mesmo de circunstâncias dedutíveis da prova do autor acerca da desqualificação do fato constitutivo alegado na inicial.

Vem a propósito a análise empreendida por Renzo Bolaffi[377], quando, após confrontar ação e exceção, verifica que *com a contraprova o réu tende a excluir que o juiz considere demonstrada a existência do fato constitutivo favorável ao autor.* E que *a contraprova permanece dentro dos limites daquela circunstância que o autor deve provar.*

Concede-se que haja algo de revivescência do sistema formular, no saneamento em cooperação. Scialoja[378] desenvolve a explicação sobre a *praescriptio* do direito pretoriano, com seu significado de pré-escrito, *para maior determinação do conteúdo da lide* ou *do juízo*: ora *pro actore*, para fixá-los; ora *pro reo*, para limitá-los. Esta a razão pela qual *a 'praescriptio' a favor do demandado se converteu em uma 'exceptio': as 'praescriptiones' não só se punham nas fórmulas, para esta função especial* (a da *exceptio*), *senão às vezes como sub-rogação da 'demonstratio'* (esta, sabidamente a parte da *formula* em que o autor demonstrava a *res de qua agitur*).

A sub-rogação da *demonstratio* é efeito da *trattazione* e se poderia dizer, repetindo Sialoja[379]. Na *'formula' típica* [do direito civil] *temos uma condenação condicional; a condição é 'si paret' e a condenação é a consequência* [de] *tudo o que constitui o conteúdo da 'demonstratio' e da 'intentio'(...), mas que* [caso] *a condenação seja iníqua consequência daquelas (...), o pretor põe uma exceção, a saber: 'sempre que não' seja verdade também este outro* [o dolo, o pacto, por exemplo]. Mas, na *formula* pretoriana, *outras exceções, ao contrário* [provenientes da *jurisdictio* do pretor], *se dão caso por caso (...) com um estudo já da causa ('causa cognita').* E, acrescente-se. *Outras partes da 'formula', (...), a 'replicatio'não é outra coisa que uma exceção à exceção (...), com a fórmula 'aut si'..., que*

377. BOLAFFI, Renzo. *La eccezione nel senso sostanziale*, Milano: Società Editrice Libreria, 1936, p. 42.

378. SCIALOJA, Vittorio – *Procedimiento civil romano*, cit., pp. 162/166.

379. SCIALOJA, Vittorio – Idem-idem, pp. 167/169.

tem este significado, que o juiz deve condenar o demandado 'si paret' o que constitui o conteúdo (negativo) da exceção, ou bem se (...) verdade o que constitui o conteúdo da 'replicatio', (...) que exclui a eficácia da 'exceptio'. (...) E assim sucessivamente, posto que, destas alternativas, uma leva consigo condenação e a outra absolvição do demandado (aut, aut).[380]

Tais as circunstâncias – assim complexas – da causa de pedir, poderá ocorrer que a fixação dos pontos controvertidos, tanto os de fato, quanto os de direito (e não se pode descartar sua recíproca implicação), recomende o interrogatório livre (Art. 139, VIII) e que deste, tais os comportamentos das partes, se imponha a inversão do ônus da prova. Precisamente aí se justifica a arguição cumulativa – sem precisão de termos – de exceções materiais na defesa do réu.

Curioso notar que, ao tempo da *cognitio extra ordinem*, as *interrogationes* eram uma provocação[381] do juiz às partes, para lhe fornecerem elementos fáticos a fim de lhe ampliar o conhecimento dos verdadeiros termos da controvérsia. E curioso também notar que, ao tempo das Ordenações Afonsinas e das Manuelinas, as *interrogationes* preliminares faziam cair muitas das *exceções*[382], sob termos escritos. O que, ainda antes das Ordenaçoes Filipinas, sob a complexidade das inúmeras *exceções* e dos decorrentes termos, levaria ao seu desuso[383], substituídas pelo despacho saneador[384], cuja origem estaria nas *interrogationes ad clarificandum*. Eis o juízo de provocação, como sub-rogação das exceções – hoje assente na cognição a partir da dúvida ante a omissão (ou deficiência de termos) da *causa excipiendi* perante a inicial ou a réplica.

De tudo, porém, ressuma a lição de que o processo atual retoma o acabamento legislativo do retorno à oralidade, que já vinha reclamado, na vigência do CPC de 1939, por Lopes da Costa[385], ao assinalar que os processos, muitos, morreriam no nascedouro, se se praticasse o interrogatório livre, que deveria ocorrer ao início da causa.

Da prova poderá emergir, não raro, justificada a *exceptio*, antes não precisamente apoiada, ao dizer, por exemplo, das dificuldades de se

---

380. SCIALOJA, Vittorio – *Procedimiento civil romano*, cit., pp. 175/178.
381. CRESCI SOBRINHO, Elicio. *Dever de esclarecimento.,.*, cit., p. 30.
382. CRESCI SOBRINHO, Elicio. Idem-idem, p. 77.
383. CRESCI SOBRINHO, Elicio. *Dever de esclarecimento...*, cit., p. 86.
384. CRESCI SOBRINHO, Elicio. Idem-idem, p. 77/78.
385. LOPES DA COSTA, Alfredo de Araújo. *Direito processual civil brasileiro*, vol.II, Rio de Janeiro: José Konfino, 1946, pp. 350, 354 e 400.

distinguir entre nulidade e anulabilidade, fundada na natureza pública ou privada do interesse: a produzir a alegação de ambas, em hipóteses não tão singulares. Do erro ou do dolo, ou de ambos, conforme resultante da prova.

O réu não tem o ônus do pedido certo (Art. 322) e do pedido determinado (Art. 324). Tem os ônus de concentrar (Art. 336), e de precisar a defesa (Art. 341), na contestação. Mas o referido ônus de manifestar-se precisamente sobre as alegações de fato da inicial (Art. 341) não implica a obrigatoriedade da contestação absoluta (negativa do fato em si mesmo) ou da contestação relativa (negativa de sua consequência jurídica), mas admite com igual propriedade a defesa de mérito indireta, fundada em fato(s) outro(s) que não os constantes da inicial.

O objeto litigioso suscita ainda maior percuciência de análise. O Art. 503, §1º, deve ser cotejado com o Art. 19, I, do CPC – que considera declaratória, necessariamente, toda tutela de cognição, inclusive a do modo de ser de uma relação. As exceções substanciais também podem dizer respeito ao *modo de ser* da relação jurídica material, valendo a consideração de que *o 'modo de ser' implica necessariamente a análise da dinâmica e/ou de interseções fáticas e jurídicas que tenham ocorrido na (...) dialética da relação jurídica como vivência*[386].

Sob inspiração jusfilosófica portanto, diremos que as exceções materiais pertencem às apontadas interseções, pertinentes ao mérito, aí onde o esforço dialético para a supressão das dúvidas do juiz na fixação dos pontos controvertidos[387].

Assim, o Art. 357, III combinado com o Art. 373 e seus §§1º e 2º, remete o deslinde das questões complexas de fato e de direito à cooperação em audiência de saneamento, com o aporte do interrogatório livre.

A contrabalançar a vantagem do Autor – que se manifesta duas vezes, por escrito, no procedimento comum (considere-se o Art. 350, do CPC) – o Réu, que, de regra, esgota sua defesa e os respectivos argumentos na contestação, não tem o ônus de sucumbência pelo não reconhecimento da exceção que oponha. Mesmo a penalidade por litigância de má-fé, no que tange ao Réu, só lhe advém, de regra, da defesa de mérito direta, da contestação absoluta (negativa do fato constitutivo em si).

386. RIBEIRO DE VILHENA, Paulo Emílio. *Direito público e direito privado sob o prisma das relações jurídicas*.3ª. ed., Belo Horizonte: Del Rey, 2019, p. 40.

387. VIEIRA, José Marcos Rodrigues. *Ativismo judicial...*, cit., p. 121.

A prescrição, o pagamento, a novação, a compensação, a exceção de contrato não cumprido, as alegações de erro, dolo, coação, fraude, incapacidade relativa, benefício de ordem, benefício de divisão, benefício de retenção, benefício de inventário (ademais das objeções, cognoscíveis *ex officio*, como a decadência, a nulidade absoluta de direito material, a simulação) – toda a defesa indireta de mérito resta compreendida e processualmente justificada (ainda que se revele impertinente) no âmbito do exercício da garantia constitucional de ampla defesa, exercício regular de direito processual.

O Autor é que, mais facilmente, será levado a omitir, em sua narrativa, circunstâncias que possam vir a ser-lhe desfavoráveis. (Sua má-fé ocorrerá se, nessa atitude retórica, vier a omitir fato, de seu conhecimento e essencial ao julgamento da lide, tal o fato impeditivo, modificativo ou extintivo de seu direito). Chega por isso Renzo Bolaffi[388] a proclamar que a causa de pedir, ônus do Autor, deveria ser a conjugação do fato constitutivo com a alegação de inexistência de fatos impeditivos, modificativos ou extintivos – o que só não se lhe impõe, por força da dificuldade de prova – mas que deve ser tratada a interpretação da inicial como de tal conteúdo (neste sentido, o §2º, do Art. 322, do CPC brasileiro).

Considere-se o Art. 350, do CPC e a ouvida do Autor sobre a defesa de mérito indireta, com a possibilidade de contraprova, não mais apenas a documental, como no CPC revogado (Art. 326). Coincidência remota da técnica de se tratar como prejudiciais, antes de decidir *de meritis*, até mesmo as puramente lógicas (n. 26, supra), assim como se fazia mediante as *praescriptiones*: *pro actore*, para reafirmação e prova do fato constitutivo de seu alegado direito (ou alegação e prova de fato constitutivo de contraexceção); *pro reo*, para contraprova do fato constitutivo do direito alegado pelo autor, ou da contraexceção por este suscitada.

Detenhamo-nos, agora, sobre a evolução do processo civil italiano, que, de um lado, no Art. 34, do *Codice*, impõe a necessidade da ação declaratória incidente e, de outro, no Art. 183 (redação vigente até 30.04.1995), combinado com o Art. 35, ressalvava da referida via a (exceção de) compensação. E, por força de tal sistema de artigos, a doutrina se pôs a debater a desenvoltura da exceção, para a formação

388. BOLAFFI, Renzo, *La eccezione...*, cit., p. 42.

da *fattisppecie*; registram-se os pensamentos substancial (de Pugliatti)[389] e processual (de Fabbrini)[390] – em exegese do citado Art. 183, do CPC italiano, respeitante ao sentido e alcance da *trattazione*.

O processo civil brasileiro, ao dizer do Art. 503, §1º, I, do CPC, tomou decididamente a primeira posição, sem prejuízo, todavia, de servir-se da dinâmica do juízo para a produção daquilo a que nomeia de contraditório prévio e efetivo. Almeja-se, concretamente, a justiça. Não há as peias de o juiz não poder decidir na consciência do cabimento de exceção, não oposta embora: mas o dever de provocar a manifestação do autor sobre possível fato excludente de sua alegação de direito (e, ao réu, a confirmação, ou não, de renúncia à exceção), a teor do Art. 357, II e IV e §3º e do sistema formado pelos Arts. 10 e 487, II e §ún.

É que se pode refutar o pretenso caráter processual das exceções materiais, desde que o mérito deixou de ser considerado apenas o pedido. O Art. 371 desvincula do sujeito que a haja produzido, a eficácia da prova da existência ou inexistência do fato constitutivo alegado na inicial – como a confirmar a bilateralidade da ação.

Com isso, não se aplica ao nosso processo civil a tese de Elena Merlin[391], que prossegue o objetivo de retomar a concepção oposta ao núcleo substancial da *exceptio*: vendo-a (salvo a compensação), *como um poder processual cujos efeitos se dão exclusivamente no interior da dinâmica do juízo*. Isto é ainda decorrência da declaratória incidental, exigida no processo italiano. Porém mesmo adstrita referida processualista italiana aos limites interpretativos do Art. 35, única regra que exclui a alusão aos pedidos – transposta ao Art. 183, do *Codice di Procedura Civile*, como definidora dos limites da *trattazione* – alude à influência do processo alemão quanto à exceção de compensação. Com o que abre uma alternativa exegética, que cabe registrar, para os fins de justificativa do critério adotado pelo CPC brasileiro de 2015: seria de perguntar-se por que a compensação teria tido tratamento excepcional, sendo exceção substancial como todas as demais.

Pouco importa, portanto, o objetivo da autora citada. Sua discussão vem ao encontro do sistema instituído pelo CPC brasileiro,

---

389. PUGLIATTI, Salvatore. *Eccezione (teoria generale)*. In *Enciclopedia del diritto*. Vol. XIV. Milano: Giufrè, 1965, p. 151 e ss. e p. 162.

390. FABBRINI, Giovanni. *L'Eccezione di merito nello svolgimento del processo di cognizione*. In *Studi in memoria di Furno*. Milano: Giuffrè, 1973, p. 247 e ss., part. 264 e ss.

391. MERLIN, Elena. *Compensazione e processo*, vol. I, cit., p. 207 e ss.

com que se dá a equiparação a *principaliter*, da questão prejudicial suscitada incidentemente sob os requisitos do Art. 503, §1º , I, II e III e §2º, sabido que sua afirmativa é feita sob a exigência da declaratória incidente, sem a qual insuficiente, pela *exclusão da 'relevância jurídica' do fato ('impeditivo, modificativo ou extintivo') em ausência de uma específica provocação do sujeito passivo réu*[392]. Ademais, ao declinar-lhe a sede judicial, revela que pertence à inteligência do juiz, não se lhe impõe à vontade.

Embora o sentido dubitativo, a doutrinadora – que versa a compensação – ao referir-se à *abdicação unilateral do benefício (...) originária e estruturalmente sujeito aos poderes de cognição judicial de ofício* – indaga se não seria de o juiz proceder (sob o contraditório) à injunção do réu a esclarecimento sobre sua intenção, quando omisso quanto a exceção substancial cabível:

> *no caso em que o fato histórico fundamental da exceção resulte adquirido pelos atos do juiz e o réu se omita, não obstante isto, de exercer o poder a ele relativo, não deveria talvez o juiz – (...) em ordem à circunstância de que o interessado não queira efetivamente valer-se da possibilidade de extinguir o direito 'sub judice' – indicar-lhe a decorrência relevante, para tal fim?*[393]

Substituído por critério material (e não formal), entre nós, o aludido caráter da equiparação a *principaliter*, da dedução da questão prejudicial incidentemente: Art. 503, §1º, I, II e III e §2º, pode o juiz ouvir as partes (Art. 10) sobre a aplicabilidade de uma regra legal, com o que abre a discussão sobre os fatos jurídicos e as exceções ou contraexceções porventura não arguídas.

Remanesce, mesmo, a convicção jusromanista de que *o problema da relevância dos fatos, em face de uma dada controvérsia, é sempre uma 'quaestio iuris'*[394], pelo que o juiz, atento aos fatos *argumentos* (pena de nulidade da sentença), ainda que em hipótese alguma possa modificar a *causa petendi* – pode destruir a intenção de algum dos litigantes[395].

---

392. MERLIN, Elena. *Compensazione e processo*, vol. I, cit., p. 353.
393. MERLIN, Elena. *Compensazione e processo*, cit., p. 356-357.
394. CASTRO, Torquato. *Causalidade jurídica no direito romano. O título na linguagem jurídica dos romanos: 'legitimatio', 'causa', 'titulus'*, In Revista de direito civil, São Paulo: RT, vol. 27, 1984, p. 12.
395. GUIMARÃES, Mário. *O juiz e a função jurisdicional.* 1ª. ed., Rio de Janeiro: Forense, 1958, p. 314/315.

A confirmá-lo, o instituto da tutela antecipada antecedente impõe a necessidade de cognição, sobre a argumentação incompleta (Art. 303, §1º, I) – como em tese inerente ao fundamento do pedido do autor – da inexistência de exceções suscitáveis pelo réu,[396] já que avança ao mérito, no âmbito da jurisdição de urgência.

E, a propósito, a regra do Art. 332, §1º, do CPC de 2015, decorrente, em parte, da infeliz alteração que se produziu, no CPC de 1973, sobre o §5º, do Art. 219 – de cognição *ex officio* da prescrição (mesmo a de direito disponível) – tem a interpretação de que *dela não se conhecerá, sem que antes seja dada às partes a oportunidade de manifestar-se*: eis, de novo, o *contraditório prévio e efetivo*, sem *restrições probatórias ou limitações à cognição*, exigido pelo Art. 503, §1º, II e §2º (leia-se este último parágrafo, a *contrario sensu*), do CPC de 2015[397].

39. EXCLUSÃO DE CONTRAFUNDAMENTOS.

Há, pois, que se distinguir entre fundamentos.

Excluir-se a expansão da coisa julgada a todo e qualquer fundamento é, das duas, uma: ou deixá-la tão indefinida, que não se saiba a que sirva; ou deixar ao alvedrio da parte fixar-lhe os limites.

Relembre-se a teoria de Eduardo Grasso[398], que, a partir da doutrina de Rosenberg e da sua contraposição entre *Grundnorm* (norma-base) e *Gegennorm* (contranorma), esta com elementos não contidos na primeira, aduz que a maior amplitude desta última pode justificar efeito contrário ao daquela.

Emerge do novo processo civil brasileiro a figura do contrafundamento (o fundamento hábil a infirmar a solução) da questão principal. Busca-se, o acertamento da existência do(s) fato(s) jurídico(s) que, ao confronto das objeções e das exceções substanciais (os contrafundamentos), sobreleve(m) ao embate e reste(m) hábil(eis) a produzir efeitos jurídicos

396. VIEIRA, José Marcos Rodrigues. *A nova ordinariedade: execução para a cognição*. In Temas atuais de Direito Processual Civil. Belo Horizonte: Del Rey, 2001, p. 151 e ss. No mesmo sentido, Renzo Bolaffi. *La eccezione nel diritto sostanziale*, cit., p. 40.

397. O critério do CPC brasileiro de 2015, com abertura à cognição de ofício, respeitado o contraditório, da exceção (de prescrição) remonta a CARNELUTTI, Francesco. *Appunti sulla prescrizione*. In Rivista di diritto processuale civile. Padova: CEDAM, 1933. I, p. 33 e ss.

398. TARZIA, Giuseppe. *Eduardo Grasso, profilo di un maestro*, cit., p. 435.

relevantes[399]. Para a integridade da relação de ação, também se busca o acertamento da existência dos fatos constitutivos do contrafundamento, hábeis a produzir efeitos jurídicos opostamente relevantes. Lembre-se a expressão francesa da *action en justice*, o direito de ser ouvido (aí, toda a gama do *udire*, do *ascoltare* e do *sentire*, italianos) sobre *la bien fondée ou la mal fondée de la prétension* (Art. 30, CPC de 1975).

Ainda mais recentemente, De la Oliva Santos conclui, forte no disposto no Art. 222.4, da LEC de 2000 (que estende a coisa julgada, de uma a outra causa, de um a outro tribunal, quando o resolvido na primeira apareça como antecedente lógico do objeto da segunda): *os juízos jurisdicionais sobre fatos, (...) tem de ser respeitados, sem dúvida, mas não por uma força vinculante a eles diretamente ligada, senão no marco da coisa julgada, isto é, enquanto fundamentos de uma sentença com essa eficácia prejudicial*[400].

Chegamos à conexão de *fattispecie*, de Allorio[401], que ora decotamos da necessidade de dupla relação jurídica material. É importante lembrar-se, de passagem, o reparo que Allorio[402] faria a si próprio, depois de trinta e oito anos de sua obra de 1935 (*La cosa giudicata rispetto ai terzi*), para excluir do âmbito da prejudicialidade de uma a outra causa (prejudicialidade-dependência, para nós, a necessária à eficácia reflexa) a aplicação retroativa. E reviu sua tese de redução dos limites subjetivos a objetivos, fazendo, afinal, uma concessão aos primeiros.

Assim, Allorio reconheceu que deve preexistir ao momento da constituição da obrigação de garantia (fiança, como exemplo) a sentença reguladora da relação prejudicial[403]. A excludente sistemática, advinda do grau de maturidade do doutrinador, pouco lembrada perante a tese original, bem assinala o verdadeiro conceito de prejudicialidade: a *pertença atual de uma 'fattispecie', como elemento na outra*.

Assim como o fato jurídico (ou a relação jurídica) ocorrido anteriormente à coisa julgada (ao dizer do exemplo da garantia constituída antes do julgamento sobre a obrigação principal) não pertence sequer à

---

399. LIEBMAN, Enrico Tullio. *Intorno ai rapporti tra azione ed eccezione*, cit., p. 75: *azione ed eccezione possono coesistere come diritti, ma se l'una é fondata, l'altra é infondata e vice-versa.*

400. DE LA OLIVA SANTOS, Andrés. *Objeto del processo ...*, cit., p. 246.

401. ALLORIO, Enrico. *Trent'anni di applicazione del Codice di Procedura Civile*. In Rivista di Diritto Civile, CEDAM, Padova, n. 5, set/out 1973, Ano XIX, p. 432/435.

402. ALLORIO, Enrico. *Trent'anni di applicazione ...*, cit., p. 434.

403. ALLORIO, Enrico. Idem-Idem, ibidem.

eficácia reflexa – como o excluiria Allorio[404] da amplitude original de sua tese – para que a sentença não opere como ato retroativo de eficácia de direito material, assim também não deveria integrá-la o fato jurídico (ou a relação jurídica dependente) não examinado pelo julgador. Com o que a transcendência dos limites da coisa julgada, de subjetivos a objetivos, explicaria (para quem, só então, passava a distinguir entre coisa julgada e eficácia reflexa) que a eficácia reflexa somente caberia na posterioridade dos fatos jurídicos (ou relações jurídicas) dependentes – uma vez presas ao fato jurídico principal, tanto as referidas relações, quanto as classes de limites.

Além disso, é compreendida *no marco da coisa julgada*, como hoje entendida pela doutrina espanhola da LEC de 2000, a fronteira entre os limites objetivos e a eficácia preclusiva da coisa julgada, tênue linha que se situa precisamente no fato jurídico.

De tudo, sintetizamos: nem seria (apenas) lógica a prejudicialidade, por não haver pedido que a lastreie; nem seria (desde logo) técnica, apenas por requerida via pedido. A prejudicialidade remonta às relações entre ação e exceção – as quais são concretas, por respeitarem, segundo ensina Pontes de Miranda[405], à controversidade fático-jurídica das questões antes do processo.

É importantíssimo que nos detenhamos, neste passo, sobre o controle de constitucionalidade das leis. São tradicionais as apontadas vias de ação e de exceção, também ditas de controle abstrato e de controle concreto. Nunca se duvidou da aptidão da própria defesa para a arguição da prejudicial de inconstitucionalidade. A via de exceção, como discussão no caso concreto pode ser provocada por qualquer das partes, seja pelo autor, seja pelo réu. Também nunca se duvidou da aptidão da defesa fundada em prejudicial de inconstitucionalidade como via suficiente para provocar o julgado de mérito.

As vigorosas críticas de Taruffo[406] e Denti[407], à exegese do Art. 34, do CPC italiano, poderiam propiciar ainda maior relevo à via de exceção – não fora o sistema italiano da prejudicial de inconstitucionalidade,

---

404. ALLORIO, Enrico. *Trent'anni di applicazione ...*, cit. p. 435.

405. PONTES DE MIRANDA, Francisco Cavalcanti. *Comentários ao CPC* (de 1939), vol. 2. Rio de Janeiro: Forense, 1947, p. 337.

406. TARUFFO, Michele. *Collateral estoppel...*, cit., p. 284/285 (v. n. 33, supra).

407. DENTI, Vittorio. *Sentenze non definitive...*,cit., p. 217 (v. n. 33, supra).

ensejador da suspensão (chamada suspensão imprópria), que difere da suspensão necessária da causa principal (Art. 295, do *Codice*), dada a suspensão apenas aparente, com a continuação do processo em que suscitada a exceção de inconstitucionalidade na Corte Constitucional, sendo apenas facultativa a suspensão dos demais processos em que a norma impugnada deva ser aplicada[408].

Entre nós, acrescente-se, a coisa julgada *inter partes*, da prejudicial de inconstitucionalidade em via concreta, pode agora ser confirmada, como questão prejudicial incidentemente suscitada – o que não poderia ocorrer sob o CPC de 1973. Sob este, embora se afirmasse tal coisa julgada *inter partes*, ao mesmo tempo se a negava, por não submissa ao sistema dos Arts. 5º, 325 e 470, daquele Código, exigido para o tratamento *principaliter* de questão incidente.

Não havia (e não há) ação declaratória incidente de inconstitucionalidade. Não havia, pois, coisa julgada de inconstitucionalidade que o juiz pudesse declarar no caso concreto, também inexistente ação declaratória autônoma concreta, mas a ADI ou a ADC, abstratas, estas sob a jurisdição constitucional. E era uma congérie de ilogismos o que diziam constitucionalistas e processualistas.[409]

Por sua vez, a coisa julgada *erga omnes* na via difusa deriva da repercussão geral em recurso extraordinário – com o que o processo constitucional brasileiro, agora animado por aquilo que chamamos de *garantia das garantias* (v. n. 28, supra), conseguiu ganhar coerência e aperfeiçoou a evolução do controle iniciada na histórica matriz ruiana.

O diálogo que se estabelece entre as vias concentrada e difusa ganha completude no tratamento que o CPC de 2015 dá à coisa julgada, mediante equiparação da exceção de inconstitucionalidade a questão principal. Apuramos o nosso sistema de controle de constitucionalidade das leis (deixando-o, a nosso ver, superior aos demais existentes), ao mesmo tempo em que submetemos a questão constitucional ao mesmo contraditório em que deve ocorrer a exclusão dos contraargumentos – os argumentos hábeis a infirmar a solução a que tenda a cognição em curso (Art. 489, §1º, IV, do CPC).

---

408. CARPI, Federico e TARUFFO, Michele. *Commentario breve al codice di procedura civile*, Padova: CEDAM, 3ª. ed., 1994, pp. 636/637, n.8 (nota ao Art. 295). Outrossim, CAPPELLETTI, Mauro. *O controle judicial de constitucionalidade das leis no direito comparado.* Trad.Aroldo Plínio Gonçalves, 2ª. ed. Porto Alegre: Fabris, 1999, p. 108 e ss.

409. Não com tamanha crítica, o mesmo se vê em Teori Albino Zawascki, *Eficácia das sentenças na jurisdição constitucional*, 2ª. ed., São Paulo: RT, 2012, p. 30.

Capítulo V

LIDE E ESTABILIZAÇÃO

40. REAGREGAÇÃO DO EFEITO JURÍDICO.

De lide intra-autos, já o dissemos, liebmanianamente[410]. Pedido frente à defesa (e após modificado ou aditado, se for o caso). Daí, falarmos em estado do pedido. Há no processo civil brasileiro dois percursos dinâmicos: um, ascendente, a caminho da sentença, em que são considerados os elementos da ação (partes, pedido, causa de pedir); outro, descendente, a partir da coisa julgada, em que se consideram os elementos da lide (pessoas, bens e interesses contrapostos).

Têm-se os Arts. 319 e 490, do CPC, quanto ao primeiro percurso; e os Arts. 141 e 503, do CPC, quanto ao segundo.

Compreende-se o caldeamento dos dois percursos, que diríamos o chiovendiano e o carneluttiano, desde quando se demonstrou[411] que a finalidade do processo tanto é a atuação do direito (material), quanto a composição (processual) da lide. Vista a atuação, do ângulo do direito subjetivo de algum dos integrantes da lide, do vencedor, equipara-se à composição; vista a composição do ângulo da remoção do obstáculo ao direito material, equipara-se à atuação.

Tem-se de considerar que a lide produz uma fratura no fenômeno jurídico[412], extremando o fato e o efeito[413] jurídicos – respectivamente,

---

410. V. n. 7, supra.

411. ALLORIO, Enrico. *La cosa giudicata rispetto ai terzi*, cit., p. 21-22 e passim. Também do mesmo autor, *Problemas de derecho procesal*, II, trad. de Santiago Sentís Melendo. Buenos Aires: EJEA, 1963, pp. 135/136..

412. SIDOU, J.M. Othon. *Direito aplicado*, cit., p. 44: *'fenômeno jurídico' é todo acontecimento (natural ou resultante de ação humana) capaz de produzir eficácia na ordem jurídica. Uma vez produzida essa eficácia, tem-se em concretude o 'fato jurídico', que é o acontecimento de que resulta ou pode eventualmente resultar um vínculo entre pessoas, uma das quais titular de um direito.*

413. Para Elio Fazzalari (*Isttituzioni...*, cit., pp. 60/61), como projeção da sequência de normas.

seus elementos material e formal. Diríamos de invocação e de qualificação normativa, lembrando Natalino Irti[414], em estudo que empreende sobre a produção da escola de Messina.

Ora, não se pode negar que a coisa julgada, resultado de toda a atividade processual, decorre exatamente da reagregação jurídica de efeito ao fato, tanto quanto faz restabelecer a eficácia do fato jurídico, ao menos na eficácia condenatória[415], e cria ou modifica a eficácia pela natureza sentencial fático-jurídica da sentença constitutiva[416]. E, embora a tese liebmaniana definitivamente assentada na evolução conceitual do instituto da coisa julgada como qualidade, independente de qualquer das eficácias, não cabe considerar a coisa julgada como não sendo efeito de mais nada no processo (v. n. 31, supra).

As duas teses, pois, sobre a finalidade do processo, de Chiovenda[417] e Carnelutti[418], deparam, no direito material, à maneira de espelhos, as teses, respectivamente, de Pugliatti[419] e de Falzea[420]: destes, o primeiro prefere o exame do *elemento formal* (qualificação normativa), enquanto o segundo se vincula ao *elemento material* (fatos jurídicos), em tentativa de substituição das indagações conceituais pelo exame dos interesses. Mais remotamente, chegar-se-ia à vontade (windscheidiana), na primeira linha; ao interesse (iheringuiano), na segunda.

Solução eclética se busque, então, ao fenômeno jurídico fraturado (a lide, como já a chamamos), em atenção ao princípio de cooperação dos sujeitos processuais, do Art. 6º, do CPC: lembre-se o sistema de crises de colaboração do sujeito passivo, proposto por Proto Pisani[421]. Crises cuja superação depende do exame dos argumentos e, portanto, deságua na estabilização da lide, como trâmite necessário e comum.

Adianta-se a prática do CPC. Uma de suas grandes inovações, o Art. 488 – segundo o qual, *desde que possível, o juiz resolverá o mérito sempre que a decisão for favorável à parte a quem aproveitaria eventual pronun-*

---

414. IRTI, Natalino. *La scuola di Messina in um libro sui fatti giuridici*. In Scuole e figure di diritto civile. Milano: Giuffrè, 2ª ediz. 2002, p. 386-388.
415. CUNHA CAMPOS, Ronaldo. *Limites objetivos da coisa julgada*, cit., p. 93.
416. FERRI, Corrado. *Profili dell'accertamento constitutivo*. Padova: CEDAM, 1970, p. 233-234.
417. CHIOVENDA, Giuseppe. *Instituições ...*, Vol. I, cit., p. 71.
418. CARNELUTTI, Francesco. *Sistema ...*, I, cit., n. 83, p. 247.
419. PUGLIATTI, Salvatore. *Esecuzione forzata e diritto sostanziale*. Milano: Giuffrè, 1935, p. 63-64.
420. FALZEA, Angelo. *Il soggetto nel sistema dei fenomeni giuridici*. Milano: Giuffrè, 1939, p. 3.
421. PROTO PISANI, Andrea. *Lezioni di diritto processuale civile*. Napoli: Jovene, 1994, p. 36.

ciamento nos termos do Art. 485 (de extinção do processo sem resolução do mérito) - põe em absoluto destaque o caráter instrumental do direito processual. Se é verdade, porém, que o processo se destina, em regra, à estabilização da lide, não se pode perder de vista que tal estabilização é gênero. A estabilização pode ocorrer sem nenhuma instrumentalidade ao direito material, como salienta Proto Pisani[422], estabilização mediante composição, porque o legislador pode instituir uma função que sequer se pudesse realizar mediante o comportamento da parte contrária, como a que dá à autoridade judiciária, de constituir, modificar ou extinguir relações jurídicas. E mais, a estabilização pode ocorrer até mesmo sem lide, na jurisdição voluntária, mediante a citação de todos os interessados (Art. 721, CPC).

Estabilização da lide, pois, gênero procedimental de cognição, louve-se que tal tarefa seja, no CPC vigente de exercitar-se em cooperação com as partes. Coerentemente, compreendeu o legislador o relevo da cooperação na fixação dos pontos controvertidos (Arts. 6º e 357), tendo-os como as matrizes da lide componível, à maneira das bases da concepção do atentado (isto é, sobre o estado de fato de bem ou direito litigioso), tanto que ora vertido o atentado à própria sede do procedimento comum (Art. 77, VI e §1º), a fim de mantido pelas partes.

Aqui se acrescente, de passagem, em análise da falta de estabilização, um confronto com o regime dos debates orais no CPC de 1939 (Art. 269), ainda que na prática quase sempre substituídos por memoriais. Os debates orais serviam, de si e originariamente, à discussão dos pontos controvertidos, que o juiz fixava após encerrada a instrução em audiência. A instrução se procedia antes e, pois, com o risco de dispersões. Quem sabe o legislador quisesse deixar livres as aquisições processuais? Mas o faria com só aparente ganho de tempo, pois com grave dispêndio de esforços.

No CPC de 1973 (Art. 454), quando não fixados os pontos controvertidos em audiência preliminar (que, depois subordinada ao interesse pela composição amigável, conforme o §3º, que se acresceu ao Art. 331, tornou-se facultativa e não mais praticada), os pontos controversos eram fixados ao início da audiência de instrução. Já Alcides de Mendonça Lima[423], com anterioridade, reclamava de não se instituir um incidente de saneamento, com provas orais e debate sobre o fato e não sobre o pedido.

---

422. PROTO PISANI, Andrea. *Lezioni di diritto ...*, cit., p. 35.

423. MENDONÇA LIMA, Alcides. *As providências preliminares no Código de Processo Civil Brasileiro de 1973*, In Revista de processo, Vol. 1, São Paulo: RT. 1976, n. 30, p. 38.

No CPC de 2015, são independentes entre si a conciliação (ou a transação) e a fixação dos referidos pontos. A audiência de saneamento e organização resta, por isso, especificamente destinada a desvendar a complexidade das questões de fato ou de direito. Ao inverso da substituição por memoriais escritos, prestigia-se o sistema da oralidade. A complexidade sugere discussão oral. A regra do Art. 364, §2º, embora na linha do Código revogado quanto à substituição dos debates orais por memoriais escritos (*quando a causa apresentar questões complexas de fato ou de direito*), está inserta em sistema dominado pela principiologia da cooperação, isto é, da prevalência de ato conjunto, pelo que revela os debates orais como último ato da audiência de instrução. E servem de advertência ao juiz quanto à relevância do fato e de alguma prova em especial, assim como da relevância da consequência jurídica. A diferença está na possibilidade de a audiência de saneamento e organização permitir precisação ou redução[424] dos pontos controvertidos.

O processo de 2015 não quer mais a verdade formal e não estimula a solução da causa pela regra de distribuição do ônus da prova. Estimula o debate, as alegações e sua prova ou contraprova.

41. ESTADO DO PEDIDO.

Posto o pedido frente à contestação, tem-se o seu estado – efetivo (ou defectivo), congruente (ou incongruente), eficaz (ou ineficaz) – segundo explicaremos a seguir. Posto, também, perante a questão prejudicial, em termos de restar prejudicado ou não, como visto no n. 25, supra.

As considerações a respeito podem orientar-se pela concepção técnica da figura do atentado. O pedido é *consequência, integrante do fato e do direito; da coisa e da causa. Fato-causa-pedido é o objeto da ação. (...). Qualquer alteração ou inovação desse objeto (...) constitui atentado, se contrária a direito. A matéria de fato e de direito decorrente da 'petitio' constitui o objeto da ação. A modificação para ser atentado não precisa ser sobre toda a matéria, basta ser sobre uma questão, um artigo, um ponto*[425]. É o que se diz da *petitio* e da resposta, englobadas na *litis contestatio.*

Eis o terreno sobre o qual a doutrina já procurou assentar a expressão "estado do processo", que sobremodo diz respeito à etiologia

---

424. Redução que sugere Giuseppe Tarzia, ante o comum impulso de o réu exaurir as possíveis exceções, em verdadeiro prontuário, no momento, porque preclusivo, da contestação. *Lineamenti...*, cit., p. 70.

425. SILVA PACHECO, José da. *O atentado no processo civil.* Rio de Janeiro: Borsoi, 1958, p. 171.

da coisa julgada, por se considerar, à guisa de confirmação útil, que o '*status litis*', *contra o qual se atenta, não é o que a parte afirma, mas o verdadeiro*[426].

A verdade indica e reclama, como método[427], a precisão da linguagem. Busca da verdadeira narrativa e da verdadeira conclusão, isto é, desde o plano das alegações, cuida-se de instituir o justo processo legal - indicado no Art. 111, da *Costituzione italiana*: *a jurisdição atua mediante o justo processo regulado por lei* [como tal, o que] *se desenvolve no contraditório entre as partes, em condições de paridade, perante juiz terceiro e imparcial* [além de com] *razoável duração.*

Daí dever-se prosseguir ao encontro das resultantes argumentativas, que se entrecruzam no que plasmadas ou resolvidas as resistências: 1) à *causa petendi* mediata (falta do fato simples, com que o pedido é negado, por defectivo); 2) à *causa petendi* imediata (falta do fato jurídico, com que o pedido é negado, mantido o fato simples alegado, mas à vista da consequência jurídica pretendida pelo autor, por incongruente); 3) à *causa excipiendi* (presença do fato jurídico prejudicial, impeditivo, modificativo ou extintivo da eficácia[428] do fato jurídico alegado pelo autor e, dentro da mesma relação jurídica ou de outra, a sua vez constitutivo de direito do réu, com o qual o pedido é prejudicado, por ineficaz perante o réu). E, claro, o pedido efetivo, congruente e imprejudicado.

O ônus da alegação é dimensão necessária das questões principais (ou prejudiciais equiparadas) no sistema do justo processo legal. Como providência extrema, mas de inteira compatibilidade com o pressuposto da imparcialidade do julgador, preservado o contraditório, pode haver a determinação de provas *ex officio* (Art. 370, CPC de 2015) e pode o interrogatório livre (art. 139, VIII) no saneamento em cooperação elidir o descumprimento do ônus da alegação, ante a superioridade de interesse público ou de terceiro de boa-fé, titular de direito autônomo ou cotitular do direito do réu.

---

426. PONTES DE MIRANDA, Francisco Cavalcanti. *Comentários ao CPC* (de 1973). Rio de Janeiro: Forense, 1976, p. 406.

427. GADAMER, Hans Georg. *Verdade e método*, I, 15ª. ed., 3ª. reimpressão. Petrópolis: Vozes, 2018, p. 504.

428. Do modo como explica José Rubens Costa. *Tratado do processo de conhecimento*, São Paulo: Juarez Oliveira, 2003, p. 652.

De outro lado, o Art. 10 impõe o contraditório sobre os fundamentos suscitados pelas partes e sobre os suscitados pelo juiz[429], entre estes os das questões que indique às partes, suscitáveis *ex officio*.

Aqui, observe-se. O CPC brasileiro de 2015 cuida da fixação dos pontos de fato e direito controvertidos (Art. 357, II e IV). Tal fixação é de relevo maior que o da delimitação do mérito: justifica, desde antes, as tutelas de urgência e participa de três institutos processuais pertinentes ao bem ou direito como fato processual, a revelar o sistema sucedâneo do da estabilização da lide: o da estabilização de seu efeito (o do caráter litigioso que adere ao referido objeto do processo), com o Art. 240, referente ao termo inicial de tal estabilidade, a citação; o Art. 77, VI, referente às modificações durante a pendência da lide; e o Art. 109, referente à alienação daquele objeto e à relevância da ciência pelo adquirente da coisa ou direito, do referido efeito da citação, que se lhe traspassa e de enorme significado para a extensão da coisa julgada[430].

Há de se empreender, em busca da excelência do direito processual, a técnica com a qual se reduza o mais possível o espaço que medeia entre verdade formal e verdade real, este o fundamento da fixação dos pontos controvertidos, como atividade dialética, em cooperação das partes com o julgador.

Tem-se ocasião de fazer a convergência de duas ideias-força: a de estabilização da lide, que se vê na função saneadora, com a fixação dos pontos controvertidos (Art. 357 e Art. 6º, do CPC de 2015); e a de estabilização de seu efeito (*status litis*), que se surpreende, como visto, no tratamento legislativo do atentado, que acertadamente é retirado do processo cautelar, onde ectopicamente se inseria, no Código revogado, para a disciplina do procedimento comum, como tema da causa.

Ligação entre as duas referidas ideias-força, a de estabilização de tutela jurisdicional, com que o processo civil de 2015 compõe a tríade do sistema de efetividade[431].

A estabilização dos pontos controvertidos faz-se garantida, independentemente de propositura de ação incidente, com introdução de

---

429. CARNELUTTI, Francesco. *Derecho y proceso*, I, trad. Santiago Sentís Melendo, Buenos Aires: EJEA, 1971, p. 104: *tanto as partes têm necessidade do juiz, como este das partes, havendo entre eles a mesma relação entre direito e processo.*

430. V. n. 71, infra e Notas 706 e 707.

431. Observa Vittorio Frosini (*Situazione giuridica*, verbete In Novissimo digesto italiano, XVII, Torino: UTET, 1967, p. 471), a situação jurídica como sucessão de estados.

duplo rol de penalidades: a) as pecuniárias, de *contempt of Court* (§2º e 4º, do Art. 77, cumuláveis com as do Art. 523, §1º e as *astreintes*, do Art. 536, §1º) e b) as procedimentais (§7º, do Art. 77), de proibição de falar nos autos, limitada ao momento da purgação do atentado e esta última, isto é, o ônus de restabelecimento do estado anterior. Aperfeiçoa-se a técnica processual.

42. RELAÇÕES JURÍDICAS COMPLEXAS.

Cabe, porém, o enfrentamento da integração, o *medium* sugerido por Proto Pisani[432], do fato (histórico) ao efeito jurídico, não só pela distinção dos direitos em autodeterminados e heterodeterminados, mas pela prejudicialidade-dependência relativamente a outro fato-direito[433], em esforço de eliminar-se a dedução fracionada de relação jurídica complexa, para garantia de que se façam remontar, sempre, ao todo da relação, quaisquer de seus efeitos. Não por acaso, a jurisprudência italiana, sobretudo a da Cassazione, antecipando-se à própria literalidade legal, vincula a coisa julgada a todo o amplo espectro da relação jurídica material discutida[434] (v. Nota 136, supra).

Dê-se, portanto, relevo maior ou menor à especificação da matéria de fato, o justo processo legal, pela interação entre os princípios dispositivo e inquisitivo, busca a descoberta da verdade – do que decorre a identificação da tese prevalente, pela revelação, como dado *a posteriori*, da regra legal aplicável[435]. Não será ela, necessariamente, a regra invocada pela(s) parte(s). Poderá a solução da controvérsia advir de regra outra do sistema juspositivo, em conjunto com as invocadas ou em exclusão daquelas.

Não se diga, embora verdadeiro, que a interpretação seja a atribuição de sentido, ainda que inédito, ao texto legal. A interpretação jurisprudencial não é, direta e imediatamente, interpretação da lei – o que ocorre nas *questiones juris*. É interpretação de alegações, para reconstrução dos fatos e, a partir de tal reconstrução, revelação do preceito normativo, dedutível do texto legal invocado pelas partes, ou de norma por elas não invocada.

---

432. PROTO PISANI, Andrea. *Appunti sul giudicato e sui suoi limiti oggettivi*. In Rivista di diritto processuale, Padova: CEDAM, 1990, p. 388 e 391-393.

433. V. n. 32, supra.

434. Conscientes disso, julgamos pela existência de coisa julgada, invocando a teoria da unidade da relação jurídica, em lugar dos *tria eadem* (Ap. 1.0000.19.157187-6/001, 16ª. Câm. Cív., TJMG, j. 23.04.2020).

435. V. Galeno Lacerda, n. 34, Nota 308, supra.

E, nos termos de generalidade a que alcança a exposição do Professor de Florença,[436] haverá *extensão do julgado aos seus antecedentes lógicos necessários – no âmbito máximo da relação de que* [se] é parte ou sobre a qual se baseia o direito que se fez valer em juízo ou mesmo (segundo construção da jurisprudência) também no setor da prejudicialidade dita técnica. Acrescente-se que Proto Pisani admite[437] tanto a prejudicialidade técnica, quanto a prejudicialidade lógica, apenas restringindo ao fato único (impeditivo, modificativo ou extintivo) a coisa julgada da declaração de inexistência do direito, diversamente da declaração positiva, que poderia pluralizá-lo.

Tem-se, de qualquer modo, o relevo da fixação dos pontos controvertidos, tarefa com a qual se reduz o referido *medium* entre o fato (histórico) e o efeito jurídico. E com que se dá ao princípio *jura novit curia* a devida dimensão de não surpresa, reduzido o mais possível o espaço entre o objeto litigioso e as eficácias sentenciais.

Seria de se dar a palavra a Ugo Rocco[438], em sua distinção sobre os fatos jurídicos, como entes dotados de eficácia individualizadora da pretensão abstrata, tornando-a concreta: a) pela remoção dos obstáculos à realização de direitos subjetivos materiais; b) pelo impedimento ao surgimento de relações jurídicas substanciais; c) pela modificação ou extinção de relações jurídicas substanciais.

43. PROVIDÊNCIAS PRELIMINARES.

O restabelecimento de eficácia do fato jurídico, assim como a produção eficaz de fato jurídico – um e outra contidos na decisão judicial – resultados, em última análise do exercício da jurisdição, supõem a estabilização da lide, vale dizer, a delimitação das pretensões tuteláveis. Antecede a esta tarefa, porém, ainda que em existência apenas lógica, a equiparação de interesses, que Jacy de Assis[439] situa nas providências preliminares, advertindo que o CPC (de 1973) não dizia o que seriam[440] (o que também pode ser dito do CPC de 2015), apontando-lhes os efeitos, apenas.

---

436. PROTO PISANI, Andrea. Appunti sul giudicato ..., cit., p. 405.

437. PROTO PISANI, Andrea. *Appunti...*, cit., p. 406, superando antiga jurisprudência.

438. ROCCO, Ugo. *Trattato di diritto processuale civile*. Vol. I. Torino: UTET, 1957, p. 257, 259 e 307.

439. ASSIS, Jacy de. *Comentários ao Código de Processo Civil*. Vol. II, Tomo II. Rio de Janeiro: Forense, 1979, p. 274-275.

440. ASSIS, Jacy de. *Comentários ao Código ...*, cit., p. 276-277.

As providências preliminares pertencem ao exame da causa pelo juiz, findo o prazo para a contestação (Art. 347). Destaque-se de tal etapa procedimental, conforme a regra indicada, a expressão *conforme o caso*. Trata-se do exame dos interesses, análise que transcende às alegações e que permite o trâmite de raciocínio *fato-caso-causa*, mediante o qual o juiz, ao confronto dos argumentos, se necessário em audiência de saneamento, toma contato com a totalidade do litígio e exerce a crítica à respectiva apresentação pelas partes.

O estado do processo coincide, já ao término da fase postulatória, com a estabilização da lide. Despontam os interesses contrapostos.

Pode eventualmente ocorrer a coisa julgada de decisão interlocutória (aquilo que os italianos chamam de sentença parcial, do Art. 277, do *Codice*). É uma das interpretações que sugere a regra do Art. 500, do CPC de 2015, da imposição da multa periódica, para compelir ao cumprimento de obrigação de prestação específica. Pense-se na separação, litigiosa ou tornada consensual, e a pendência da partilha não resolvida no mesmo momento. É também o que ocorrerá com o julgamento (agora, por decisão, Art. 550, §5º, do CPC de 2015) da primeira fase da ação de exigir contas (embora a fungibilidade recursal, que vem sendo admitida[441]). Aí se tem estabilizada a lide, parcialmente. E no incidente de desconsideração da personalidade jurídica (Art. 136) tem-se a estabilização quanto aos sujeitos da causa, para a limitação subjetiva da futura sentença.

Pode a urgência ter ensejado a tutela jurisdicional provisória e sua decorrente estabilização pela ausência de interposição de recurso (Art. 304): a prevalência de algum dos interesses pode realmente ensejar composição provisória e subsequente desestímulo à discussão da causa (a exemplo da autorização para cirurgia).

Nota-se que a atuação dos princípios dispositivo e inquisitivo resta sobrepujada pelo princípio de cooperação, que na estabilização (não definitiva) da lide, pode atender mesmo a requisitos puramente processuais (vista a argumentação incompleta, na urgência contemporânea à propositura da ação, do Art. 303, §1º, I) e não de mérito. Não se cuida de tutela de procedimento especial, ditada, esta sim, por peculiaridade inerente ao direito material, como vem desde as *formulas* pretorianas.

441. Pela fungibilidade, decidimos, com apoio na tradição, invocando Mortara, pela existência de duas lides, ambas apeláveis (Ap. 1.0702.15.080225-5/001, 16ª. Câm. Cív. TJMG, j. 20.06.2020.

Da reflexão sobre os interesses podem advir providências de equiparação (ditas providências preliminares), tais a abertura de vista para a réplica e para a contraprova: delas emergem o direito e os fatos (desligados, tal a fratura do fenômeno jurídico, já referida) – ora como aspectos incontroversos, ora como controvertidos (respectivamente *pontos* ou *questões*).

O processo recompõe, portanto, o(s) fato(s) jurídico(s) – depois de fraturado(s)[442] pela lide. Dê-se, pois, ao *fato jurídico*, acepção ampla, abrangente dos atos e fatos jurídicos e dos atos ilícitos, nenhuma dúvida cabe de a ele referir-se a estabilização da lide.

Sob pena de não se dar a equiparação processual das partes, é relevante o aspecto substancial da equiparação de interesses, no justo processo legal: destinado a atribuir-lhes igual *possibilidade de tutelar em juízo as próprias razões, com as formas e os meios que assegurem a instituição e o desenvolvimento do contraditório*[443].

Cumpre considerar que o *estado do pedido* pode apresentar a maturidade suficiente para o julgamento de mérito, em momento antecedente ao de comum ocorrência, quanto a algum pedido ou mesmo alguma questão: parcela antecipável da tutela do objeto litigioso, segundo o disposto no Art. 356. A decisão parcial de mérito, agravável, produz, se transitada em julgado, coisa julgada parcial, daí os Arts. 502 e 503, simétricos, alusivos a decisão (gênero de provimento jurisdicional). Conjuga-se-lhes a resolução do Incidente de Demandas Repetitivas (Art. 976, I).

44. TUTELAS DE URGÊNCIA. TUTELAS ESPECIAIS.

No cível, há o que se poderia chamar de espaço de não surpresa. Mas não se descartam as tutelas de urgência, que fazem coro com a *contemporaneidade bilateral balanceada*[444], segundo a qual a defesa, embora diferida, continue a ser considerada efetiva possibilidade técnica, sem receio de se recair no oposto informalismo das garantias do processo. Sirva-nos de exemplo o mandado monitório, que, à falta de oposição de embargos, constitui de pleno direito o título executivo judicial (Art. 701, §2º). A estabilização da lide ganha, então, o sentido de superação, de pleno direito, do procedimento comum, vale dizer que com a coisa julgada – a

442. V. n. 7, supra, sobre a lide, como fenômeno fraturado da vida do direito.

443. COMOGLIO, Luigi Paolo. *La garanzia costituzionale dell'azione ed il processo civile*. Padova: CEDAM, 1970, p. 143-144.

444. COMOGLIO, Luigi Paolo. *Etica e tecnica del giusto processo*. Torino: Giappichelli, 2004, p. 65.

demonstrar que o percurso integral da tutela jurisdicional de mérito, em procedimento sumário ou não, é o que vai da autoridade à imutabilidade do provimento. A tal movimento corresponde a regra do Art. 4º, do CPC, com a integração, à solução do mérito, da atividade satisfativa.

Reversamente, pode dar-se estabilização da lide sem a coisa julgada, quando sem integração ao mérito, da atividade satisfativa, bem que igualmente produzida[445]. A estabilização da decisão não seria estabilização da lide, ainda que extinta a pretensão. Trata-se da estabilização da tutela antecipada requerida em caráter antecedente, *ex vi* do disposto no Art. 304. Ao passar de provisória a permanente, a tutela jurisdicional não necessitou ter cumprido – por não ter havido recurso da parte ré – os trâmites, bilaterais, da cognição de mérito[446].

Agora, porém, retornemos à ação monitória. Caso opostos embargos e acolhidos, a eficácia é restrita aos embargos à monitória e não há coisa julgadada na monitória, podendo-se afirmar que *a simples observância dos requisitos da dívida representada por título não executivo, bem como sua constituição por inércia do devedor não importam em declaração de direito e obrigação*[447] (v. n. 61, infra). Faça-se, porém, o devido relevo. A monitória é (e continuará a ser) procedimento especial. A tutela deriva de solicitação inerente ao direito material (nas relações jurídicas indicadas nos três incisos do Art. 700, do CPC). Aplica-se à questão principal (de mérito, não processual) a mesma restrição do §2º, do Art. 503, do CPC. (Tem a questão principal os requisitos legais descritos na referência à prejudicial que, em função deles, se lhe equipare).

45. INTEGRIDADE EFICACIAL.

Em importante destaque, o que cumpre assinalar é que estabilização da lide não serve apenas, à tutela declaratória, bem podendo servir

---

445. Registre-se a visão de Elaine Harzheim Macedo (*Prestação jurisdicional em se tratando de tutela antecedente: procedimento, estabilização da decisão e decurso do prazo de 2(dois) anos: um novo caso de perempção?* In Revista de processo, n. 250, São Paulo: RT, 2015, p. 208.

446. VIEIRA, José Marcos Rodrigues e GUIMARÃES COSTA, Pedro Henrique. *Entre a estabilização da tutela e a composição da lide: a relevância da abertura ao contraditório.* In Inovações e modificações do Código de processo civil, Belo Horizonte: Del Rey, 2017, p. 166. No sentir de tais autores, a não interposição de recurso (Art. 304, caput) é ato de disposição de direito processual (para os fins do Art. 200, caput) e o decurso do prazo da ação de revisão, reforma ou invalidação (§§2º e 5º) enseja decadência do direito por esta tutelável.

447. SANTOS, Ernane Fidelis dos. *Manual de direito processual civil.* Vol. 3. 11ª ed. São Paulo: Saraiva, 2007, n. 1889, p. 189.

a qualquer delas, como a constitutiva. Eis algo de relevo diante da regra do Art. 2909, do *Codice Civile* italiano, com seu *far' stato a ogni effetto*, atribuído ao *accertamento contenuto nella sentenza*: não se veja, em que pese ao sentido clássico, a identificação de *accertamento* com declaração. A determinação contida na sentença é o seu amplo significado, como já assinalado ao se fazer a rápida análise de direito processual comparado (n. 9, supra).

Escrevíamos[448] sobre a antecipação de tutela, introduzida no processo civil brasileiro, em 1994, para assinalar que, se (como dela resultante) *a execução* (provisória) pôde *dispensar* [um dos pressupostos da execução] *o título (sentença)*, cabe ao executado o ônus de restabelecer o contraditório *desconstitutivo daquele pressuposto – agora o de cognição antecipada do inadimplemento* [o outro pressuposto] – *vertido em razões claras e precisas do convencimento do juiz* (ora ditas tais, no Art. 298, do CPC) na decisão interlocutória de mérito.

Tem-se, pois, com a estabilização da tutela antecipada, do Art. 304 e seu §1º, que é o aprimoramento do instituto, o ensejo de afirmar (nos quadrantes amplos em que a estabilização não enseja a coisa julgada) que a ação em juízo é direito ao estado ou relação jurídica processualmente constituída[449], aí expressa a hipótese em que a estabilização dos efeitos de mérito coincida (como a em que não coincida) com a já citada *equiparação de interesses*, que passa das providências preliminares (ou de sua desnecessidade) ao saneamento.

Porém, não há, aí, na só equiparação de interesses, coisa julgada (e, consequentemente, não há eficácia preclusiva). A ação (de revisão da estabilização de tutela antecipada) de que trata o §2º, do Art. 304 versa lide ainda não resolvida.

46. IMPRECLUSÃO E SANEAMENTO EM COOPERAÇÃO.

Já, se se trata de estabilização da lide, dá-se mais: a transcendência ao mérito de alegações antes insucetíveis de terem sido produzidas, decorrentes do contraditório e que devem ser exauridas, mediante *reductio ad unum* das situações jurídicas das partes litigantes. Também

448. VIEIRA, José Marcos Rodrigues. *A nova ordinariedade*: ..., cit., p. 151-165.

449. Em parte, neste sentido, Luís Loreto (*A sentença constitutiva*. In Estudios de derecho procesal civil, Univ. Central de Venezuela, Caracas, 1956, p. 176).

se deve concluir – para a totalidade do tema, em correlação, portanto, com os demais institutos processuais – que a imutabilidade do comando sentencial não é atributo exclusivo da coisa julgada, podendo advir da cessação do contraditório. A coisa julgada não deixa de ser efeito de algo (que não a sentença) no processo. É efeito da qualidade do contraditório (sob juízo competente, em profundidade e sem restrições probatórias). Já a qualidade que (liebmanianamente) se agrega às eficácias não deveria ser a de imutabilidade. É a de potestatividade (de poder), como veremos adiante (n. 59, infra). O justo processo legal permite a formação do poder sobre o litígio deduzido, o mesmo poder de direito em que se resolve, em última análise, o Estado democrático[450].

Da obrigatoriedade do enfrentamento dos argumentos decorre a vinculação do juiz de que trata o Art. 10, do CPC – não só ao pedido. Cabe ao juiz detectar, entre os argumentos, os relevantes, para situar a integridade da *causa petendi*. Há de ouvir as partes, de modo a propiciar que os argumentos sejam desenvolvidos de modo adequado, neutralizando-se uns aos outros, ou esclarecidas as partes quanto ao alcance respectivo, diante de pontos obscuros[451].

O juiz, proativamente, pode suscitar às partes o debate sobre fato jurídico de que dependa o articulado na inicial ou na contestação. Cuida-se de considerar a incindibilidade entre fato e fundamento jurídico, de que trata Cunha Campos[452], ao chamar a atenção para se não poder considerá-los em dois níveis – o que corresponde à técnica de aditamento do contraditório (Arts. 6º, 7º e 357 e §§) ante as novas circunstâncias de fato que esclareçam as já referidas na contestação, integrem as referidas na inicial e vice-versa.

---

450. Já divergimos, porém, a propósito, da tese de Emilio Betti (v. Nota 262, n. 30, supra), Porque, como veremos, a transferência de poder ao Estado se dá pelo ordenamento jurídico, a partir de faculdades processuais.

451. LOPES DA COSTA, Alfredo de Araújo. *Direito processual civil brasileiro.* Vol. II, São Paulo: RT, p. 244/245: à inicial de cobrança, fundada em mútuo, sucede a contestação com a objeção de pagamento e prova documental. Mas a quitação fora obtida sob coação. Assim, contra a *exceptio* do réu (pagamento), o autor teria arguído, na réplica, a exceção de anulabilidade. Mas há ainda uma dúvida do juiz. A exceção de coação estaria prescrita. A matéria é de necessária ampliação do contraditório. Coincidentemente, incide a regra do Art. 193, do Código Civil. No sentido da possibilidade de ampliações ou modificações objetivas do processo até a decisão de saneamento e organização com os esclarecimentos solicitados, até o fim da audiência, em cooperação com as partes, Fredie Didier Jr (*Curso...*, I, cit., p. 693).

452. CUNHA CAMPOS, Ronaldo. *Causa de pedir.* In Digesto de processo, vol. 2, Rio de Janeiro: Forense, 1982, p. 88.

É que convém devolver-se o exame da lide ao ângulo específico das afirmações de direito[453]. A afirmação de direito só pode passar a afirmação de violação de direito, tratando-se de direito já existente,[454] cuja revelação, porém, se dá *a posteriori*. Evolui-se do estado do processo – quando não seja o caso de extinção – para o estado do pedido, o de confronto com as dúvidas do juiz ante a inverossimilhança da inicial, das exceções ou, ante inverossimilhança da réplica, dos desdobramentos em contraexceções.

O legislador põe limites ao princípio dispositivo. Há uma abertura geral à instrução probatória, ante o argumento dubitativo do juiz. A este aviso, vai a regra – de sobredireito processual – do Art. 489, §1º, IV, do CPC, que impõe ao juiz a consideração de todos os argumentos deduzidos hábeis a infirmar a solução adotada, o que inclui os argumentos judiciais, dedutíveis na forma do Art. 10, como decorrência do dever judicial contraintuitivo (insuficiente a intuição, *ainda que se trate de matéria sobre a qual deva decidir de ofício*).

Para o justo processo e consequente justiça da decisão, persegue-se a detecção exata das questões de fato e das questões de direito. A sentença é justa, em tanto que realize duplamente a verdade formal: a correta interpretação das normas concernentes à espécie decidenda, superada a aparente insuficiência de qualquer delas, mesmo quando do uso legal de conceitos indeterminados; a reconstrução dos fatos, desde as circunstâncias, o mais proximamente possível da realidade extra-autos.

Ultrapassa-se, pois, o tema propício aos desvios (ou vieses) de cognição, com que as partes, em pré-compreensão estratégica das regras legais, selecionam suporte fático hábil a produzir o automatismo do efeito jurídico pretendido. É que os argumentos estratégicos remontam a juízos analíticos (de predicado ínsito), em situações contrapostas de exigibilidade de efeitos. O juízo sintético (jurisdicional) se faz de argumentos normativos, supostas as aquisições processuais, pela crítica de eficiência dos suportes fáticos e das consequências jurídicas alegadas.

Há ônus argumentativo compartilhado por ambas as partes e nisso se apoia o modelo cooperativo de processo, instituído pelo atual CPC. Há o ônus de impugnação específica dos fundamentos da inicial, o que

---

453. De que se faz a situação proposta à decisão, como observa Emilio Betti (*Diritto processuale civile*. Roma: Foro Italiano, 1936, p. 591).

454. GONÇALVES, Aroldo Plínio. *Técnica processual e teoria do processo*. Rio de Janeiro: Aide, 1992, p. 96.

reflete sobre os fatos narrados pelo autor. Ora, a impugnação do fato constitutivo não é sempre direta, tendo, não raro, de relacionar o fato com fatos diversos, na dinâmica da relação jurídica material.

O princípio dispositivo, a máxima de que delimitem as partes o objeto litigioso, projeta-se sobre os argumentos de uma e outra. São estes, em última análise, componentes da *causa petendi* e da *causa excipiendi*. O ônus de fundamentação qualificada supera, pois, aqueles juízos analíticos e transcende das partes ao juiz (Art. 489, §1º).

De outro lado, a agregação da *causa petendi* à *causa excipiendi*, no acabamento estrutural da relação controvertida, informa a tese ampliativa (propriamente, integrativa) da causa de pedir, o que se nota de modo ainda mais patente no Incidente de Resolução de Demandas Repetitivas, em que, para Carmona[455], admitida a ampliação, de ofício, do pedido e do objeto do processo.

47. INCONTROVERTIBILIDADE PELA EXAUSTÃO DO CONTRADITÓRIO.

O CPC brasileiro quer eliminar os tradicionais focos de incerteza quanto à reconstrução da espécie *sub judice*, nisto a desejável estabilização da lide. Mitiga o princípio dispositivo, a fim de excluir toda e qualquer tentativa de ganho de causa sobre espectro de inverossimilhança da pretensão deduzida. Convence-se o legislador de que a técnica a serviço de tal escopo seja a exaustão das argumentações das partes, no procedimento comum, com que dimensiona devidamente o princípio da demanda (núcleo do princípio dispositivo), a partir de todas as articulações e portanto, com justiça – que outra coisa não é que o ajuste do direito ao fato, segundo faz perceber a regra do Art. 123, do CPC (única, no Código vigente que atendeu ao referido tema, isto é, justiça como valor).

Seria de se dizer, com San Tiago Dantas, apenas aplicando-lhe a trilateralidade processual do contraditório, o método que atribui a Rui Barbosa,

> *ainda hoje seguido pelos maiores mestres do foro, da argumentação exaustiva, cobrindo a hipótese sob todas as suas perspectivas e possibilidades, e bloqueando todas as saídas perigosas, mesmo as improváveis*

455. CARMONA, Carlos Alberto. *O novo CPC e o juiz hiperativo*. In Questões controvertidas. São Paulo: Atlas, 2015, p. 68/69.

> *(...) até o ponto de saturação, produzindo sobre o Juiz, na apreciação da questão controvertida, sensação esmagadora da unanimidade.*[456]

Por fim, mas não em último lugar, ocorre observar que o CPC refuta a opção do legislador de 1973, em face de cujo Art. 515, §2º, o CPC de Buzaid formara a interpretação de que ao juiz seria lícito deixar de apreciar algum dos fundamentos do pedido ou da defesa, como assinalado por Guimarães Siqueira[457]: o CPC de 1973, *ao tratar da profundidade do efeito devolutivo da apelação, procurou deixar claro que a omissão do juiz singular* [e acrescentaríamos, dos tribunais - tal a evolução interpretativa que se experimentou] *em fazer a análise e rejeição de todos os fundamentos da defesa (e igualmente da ação) não constitui vício da sentença.*

Tal exegese é repudiada, ainda que o Art. 1.013, §2º, do CPC tenha o mesmo teor da regra correspondente (do Art. 515, §2º) do CPC de 1973. É que a profundidade do efeito devolutivo não permite opção, no CPC de 2015, para interpretação que não seja submissa ao disposto no Art. 489, §1º, IV, repetido, para os tribunais, pelo Art. 927, §1º, inclusive nas hipóteses de invocação de precedentes ou de julgado em demandas repetitivas: porque o legislador não poderia autorizar a *ratio decidendi*, sem autorizar sua transposição a hipótese idêntica - e a *ratio decidendi* se deduz do conjunto de razões, vale dizer, do complexo de argumentos.

Por isso que exige a exaustão do contraditório - para o qual é trazido o próprio julgador - tem-se que o percurso do ato sentencial há de resultar expresso. O processo ganhou, também, o objeto argumentativo[458]. À sentença não é bastante a dedução. Além da gênese lógica[459], reclama-se-lhe a confirmação empírica, indutiva. É que a problematização de dogmática relacionada aos fatos se extrai da alegação e da prova dos autos, com que a sentença, ao revelar a fatiespécie, faz-se ato de vontade normativa. Referida problematização recai no objeto argumentativo,

---

456. SAN TIAGO DANTAS, Francisco Clementino de. *O direito privado brasileiro. Aspectos gerais de sua evolução nos últimos cinqüenta anos.* In Arquivos do Ministério da Justiça, Brasília, ano 37, n. 155, 1980, p. 9-10.

457. GUIMARÃES SIQUEIRA, Cleanto. *A defesa.no processo civil,* Belo Horizonte: Del Rey, 1995, p. 364.

458. De que, com propriedade, falam Luiz Guilherme Marinoni, Sérgio Cruz Arenhart e Daniel Mitidiero, *Curso de direito processual civil,* vol. 2, 3ª. ed., São Paulo:RT, 2017.

459. Magistralmente estudada por Piero Calamandrei (*La genesi logica dela sentenza civile,* In Opere Giuridiche, Napoli: Morano, 1965).

subjacente ao objeto litigioso e matriz retórico-hermenêutica expressa no Art. 489, §1º, IV, do CPC.

Se o objeto litigioso deriva do pedido e da resposta, posta a intangibilidade do princípio dispositivo, o objeto argumentativo potencializa o contraditório e atrai o ônus de determinação das alegações, suposta a dialeticidade reveladora do percurso eficacial dos fatos jurídicos. O poder de direção do processo, vertido em poder cooperativo, produz o poder de estado do pedido – sua devida medida para a solução de mérito, como reconhece o binômio dos Arts. 141 e 490, do CPC.

Capítulo VI

LEGITIMAÇÃO EXTRAORDINÁRIA

48. PARTES E TERCEIROS

Da existência de feitos de natureza estritamente processual (ações declaratórias negativas, incidente de suspeição, ação rescisória por prevaricação, concussão ou corrupção do juiz, ações do controle abstrato de constitucionalidade), como também das hipóteses de substituição processual, infere-se o conceito processual de parte, mais não seja a sua necessidade para a disciplina dos limites subjetivos da coisa julgada e de que iremos tratar em sequência[460].

A concepção de parte como o sujeito atuante acarreta o risco de conversão dos casos de ampliação da coisa julgada em simples eventos de eficácia *ultra partes* da sentença. Assim, tem-se de tomar posição acerca dos casos do sucessor, do substituído processual, isto é, dos *aventi causa* do processo italiano e dos cotitulares do direito: ou seriam abrangidos pelo conceito de parte, sujeitos, pois, à coisa julgada; ou seriam terceiros, sem interesse de agir contra aquela[461].

Mas a diferença a se ponderar é sensível. Os sujeitos à coisa julgada podem ser por ela prejudicados. A coisa julgada se dá na sentença

---

460. Em igual sentido, Waldemar Mariz de Oliveira Jr. (*Substituição processual*, São Paulo: RT, 1971, p. 27. Para José Rogério Cruz e Tucci (*Limites subjetivos...*,cit., p. 39) parte, mesmo no sentido processual, é somente aquele que atua no processo. Posição que atenua, ao admitir que a coisa julgada possa, excepcionalmente, alcançar terceiro (pp. 39 e 41), ainda que para beneficiá-lo, quando esteja no mesmo plano jurídicomaterial que a parte ou em relação a esta conexa (Idem-idem, p. 209). Fala, pois, em prejuízo jurídico pela eficácia *inter alios* (p. 208) e em expansão *ultra partes* da coisa julgada (ob. cit., p. 210). E, afinal, da própria coisa julgada, em caráter excepcional (Idem-idem, pp. 30 e 211).

461. LIMA, Paulo Roberto de Oliveira. *Contribuição à teoria da coisa julgada*. São Paulo: RT, 1977, p. 43/44.

de procedência e na de improcedência. Ora, se a coisa julgada pode prejudicar a parte sucumbente, resta saber se é realmente terceiro o legitimado a intervir, ademais dos cotitulares e dos substituídos – uns e outros fora dos autos.

Registre-se, aliás, para quem adote a restrição da coisa julgada aos integrantes da relação processual, a difícil contingência – ao nela intervirem terceiros – de se ter de sustentar que tais intervenientes tenham, da sentença, o simples fato jurídico, sem a imutabilidade e, por isso, restem sujeitos apenas à respectiva eficácia[462]. É que a legitimação do terceiro a intervir, a recorrer e mesmo a propor ação rescisória não poderia diferir da legitimidade de parte.

Pode-se, perfeitamente, afirmar que vários dos ditos terceiros intervenientes sujeitam-se à coisa julgada, como legitimados a acionar e a contradizer, portanto partes incidentais[463].

É verdade que bons doutrinadores costumam confundir a eficácia reflexa e a coisa julgada relativamente aos chamados terceiros, falando em eficácia direta e eficácia reflexa ou *ultra partes*. Releva, portanto, considerar a necessidade de se definir terceiro, porque há sujeitos ausentes do processo e, no entanto, equiparados a partes, tanto que *não podem pretender um novo acertamento sobre a relação jurídica acertada a requerimento de outros e sem a sua participação em juízo*[464].

Este problema tem uma razão sintomática. A influência dos processualistas italianos é muito grande, todavia não se pode perder de vista o ponto (legal) de apoio da naturalidade com que remetem à eficácia da sentença, os casos de ampliação da coisa julgada. Ou consideram excepcional a ampliação da coisa julgada, perante a eficácia da sentença.

Adverte-nos disso a sintomática hermenêutica da coisa julgada, seja, embora, ponderável para o direito e o processo italianos, expressa nas palavras de Proto Pisani[465]: *o art. 1.351, do Código Civil de 1865 e o*

---

462. LIMA, Paulo Roberto de Oliveira. *Contribuição ...*, cit., p. 40/41. Por isso mesmo, José Rogério Cruz e Tucci termina por fazer uma concessão ao conceito processual de parte e, com ele, à coisa julgada excepcional para terceiros (ob. cit., p. 211). Thereza Arruda Alvim (*O direito processual de estar em juízo*, cit., p. 105), por isso critica a insuficiência do conceito de *parte integral*.

463. SEVERO NETO, Manoel. *Legitimação incidental no processo civil*, São Paulo: Juarez de Oliveira, 2001, p. 77.

464. ROCCO, Ugo, *Trattato di diritto processuale civile*, Parte generale, Vol.II, Torino: UTET, 1957, p. 334.

465. PROTO PISANI, Andrea. *Opposizione di terzo ordinaria*, Napoli: Jovene, 1965, p. 35.

art. 2.909, do Código Civil de 1942 não distinguem de modo algum entre eficácia direta e eficácia reflexa da sentença (identificadas pela doutrina tradicional com a coisa julgada), mas só entre partes e não partes: não se pode, em consequência, considerar a eficácia reflexa apoditicamente excluída do âmbito de previsão destas normas e portanto da sua esfera de aplicação.

Autorizar-se-ia, por isso, a eficácia como gênero? Converter-se-ia a coisa julgada em eficácia dita *ultra partes*?

À guisa de contraponto, porém, Ugo Rocco[466] mostra que não seria justificável a referida exegese: *malgrado tal regra, há exceções ao princípio da eficácia relativa (...)* [pelo que] *fazer consistir todo o problema dos limites subjetivos no justificar o fundamento e a natureza de tais exceções (...) significa mudar os termos do problema mesmo, com base em uma solução apriorística, não demonstrada.*

E realmente é equívoco o conceito de terceiro, que se esvai quando seja terceiro interveniente. Registre-se que *a denominação de terceiro à parte legitimada incidentalmente em sede de processo pendente é mais um dos mitos processuais, (...), porque os sujeitos denominados de terceiros não são terceiros. Ao contrário, são partes legitimadas incidentalmente, para, de permeio, integrar um dos polos da relação jurídica processual*[467].

Enquanto se digladia a doutrina italiana, diversamente, o Art. 506, do CPC brasileiro (neste ponto, repetindo o Art. 472, do CPC de 1973) toma por objeto expressamente, diretamente, distintamente a coisa julgada. Toma-a, pois, por distinta da eficácia reflexa. E, em cotejo com o Art. 996 e §ún., institui a possibilidade de terceiro equiparável a parte – o que impõe critério lógico interpretativo do texto da oração reduzida de gerúndio, *não prejudicando terceiros*. Possibilidade que é sistematicamente confirmada pelos Arts. 503 e §§ e 996 e §ún., do CPC vigente.

Identifica-se o mau vezo de se aplicar à lei brasileira a exegese porventura cabível para a lei italiana – a ponto de se tomar como gênero a eficácia (em aberta contradição com a letra do Art. 506). A coisa julgada, a teor do Art. 996 e seu §ún., é perfeitamente compatível com a existência e a dedução incidental da pretensão de terceiro – tanto que o recurso de terceiro prejudicado se destina exatamente a impedir a sua formação, ou pelo menos impõe que a coisa julgada se produza, se

466. ROCCO, UGO. *Trattato...*, cit., p. 330.

467. SEVERO NETO, Manoel. *Legitimação incidental...*, cit., p. 70.

necessário, sob provimento com observância do contraditório recursal (não de contraditório originário) para aquele.

Muito a propósito, manifestou-se Couture[468]: *dita intervenção, em si mesma, não representa senão uma antecipação preventiva a uma coisa julgada adversa.*

Do mesmo modo como se passou na convivência entre os Arts. 472 e 499, do CPC de 1973, tem-se que a coisa julgada pode prejudicar o terceiro de interesse jurídico idêntico ou decorrente, não o terceiro de interesse jurídico autônomo.

De interesse jurídico idêntico, os litisconsortes unitários. Os casos da solidariedade, em que também há o interesse idêntico, não derivam sempre da coisa julgada. Não concordamos que derivariam da eficácia reflexa (como prefere Talamini)[469], mas, segundo demonstraremos (v. n. 71, infra), de excepcional coisa julgada *secundum eventum litis* (como sugere Barbosa Moreira)[470].

Ao retomar-se, pois, o conceito de terceiro, não se pode perder de vista que abrangido no conceito processual de parte nas situações de legitimação incidental, o que é admitido por Chiovenda[471], Liebman[472] e Ugo Rocco[473].

É verdade que Allorio[474] faz a advertência de se dever desconfiar do fácil *allargamento* da qualificação de parte e do prejuízo geral de aplicá-la a quem não esteja em juízo[475]. Isto, todavia, não o impediu de considerar a coisa julgada para o substituído, pela atuação do substituto, apenas sob o subterfúgio de enquadrar a hipótese no conceito da legitimação[476]. Ora, tal atitude, para ser algo mais que sutileza doutrinária, outra coisa não é que a reação de evitar o conceito processual de parte, confirmado pela

---

468. COUTURE, Eduardo. *Estudios de derecho procesal civil.* t. 3, 3ª. ed., Buenos Aires: Depalma, 1989, p. 222.

469. TALAMINI, Eduardo. *Coisa julgada e sua revisão,* p. 103/104.

470. BARBOSA MOREIRA, José Carlos. *Litisconsórcio unitário,* cit., n. 83, p. 143/144.

471. CHIOVENDA, Giuseppe. *Instituições...,* Vol. I, cit., 1969, p. 416.

472. LIEBMAN, Enrico Tullio. *Eficácia...,* cit.,2ª. ed., 1981, p. 97.

473. ROCCO, Ugo, *Trattato di diritto processuale civile,* Vol. II. Parte geral. Torino: UTET, 1957, p. 353.

474. ALLORIO, Enrico. *La cosa giudicata...,* cit., p. 140.

475. Tal advertência parece ter sido obedecida por José Rogério Cruz e Tucci. *Limites subjetivos...,* cit., p. 39: *todo aquele que não atua no processo na condição de sujeito parcial ('parte') é considerado' terceiro'.*

476. ALLORIO, Enrico. *La cosa giudicata...,* cit., p. 260.

extensão da própria coisa julgada, na afirmativa de que *o substituído, sujeito da lide, (...) é, antes, o principal destinatário da sentença (...). E que não há necessidade de que se 'alarguem' os efeitos da coisa julgada, que são já 'diretamente' referíveis àquele*[477].

Pode-se afirmar que terceiro somente o é o não legitimado, ordinária ou extraordinariamente, a propor ou contestar ação em juízo. E que, por isso, a coisa julgada não haja de prejudicá-lo. Embora o possa a eficácia reflexa (para o terceiro de interesse jurídico subordinado). Pode, portanto, a coisa julgada estender-se ao substituído processualmente, pela atuação do substituto processual[478] (do legitimado extraordinário, se se preferir, dada a diversidade de situações de substituição processual[479], como a autônoma, dividida em exclusiva e concorrente, e a subordinada ou conjuntiva e a discussão de admissibilidade da substituição na legitimação concorrente[480]). Mais: como observa Aroldo Plínio Gonçalves[481], ao conceituar parte incluindo o substituto processual, a exemplo do que se passa no direito do consumidor (e, como veremos, na situação de pluralidade de legitimados à impugnação do mesmo negócio jurídico, quanto ao não atuante, isto é, o potencial litisconsorte unitário); e como ainda mais amplamente nota Crisanto Mandriolli[482], considera se parte (conceito a que chama de unitário) o legitimado a propor ação, ou:

> *(...) que, em seguida à propositura de uma demanda ou de um ato idôneo a provocar uma pronúncia do juiz, torna-se titular ou é considerado pela lei como titular de uma ou mais situações jurídicas subjetivas processuais (...) com a atividade ou com o nome ou (...) do qual sofre os efeitos substanciais.*

---

477. ALLORIO, Enrico. Idem-idem, p. 261.

478. Conclusões a que chega igualmente Manoel Severo Neto (*Substituição processual,* 1ª. ed., São Paulo: Juarez de Oliveira, 2002, p. 6). V. Notas 481e 482, a seguir, neste n. 48.

479. Analisadas em clássico estudo de José Carlos Barbosa Moreira (*Apontamentos para um estudo sistemático da legitimação extraordinária.* In Revista dos tribunais, n. 404, São Paulo: RT, 1969, p. 11).

480. Admitida só na autônoma, por José Carlos Barbosa Moreira (*Apontamentos...*, cit., n. 3, p. 9 e ss.). Admite-a na legitimação concorrente Antonio Carlos de Araújo Cintra (*Estudo sobre a substituição processual no direito brasileiro.* In Revista dos Tribunais, n. 438, p. 24, posteriormente publicado na mesma revista, n. 809/2003, p. 23/35).

481. GONÇALVES, Aroldo Plínio. *A coisa julgada no Código de Defesa do Consumidor e o conceito de parte,* In Revista Forense, vol. 331, 1995, p.70.

482. MANDRIOLI, Crisanto. *La rapresentanza nel processo civile.* Torino: UTET, 1959, p. 144.

Como adverte José de Moura Rocha[483], *a legitimação não é como a capacidade, (...), qualidade da pessoa considerada em si mesma,* [mas] *uma relação com o direito e sujeita a alguma determinada disposição.* Deve, também, ser posto em relevo que a regra institutiva de substituição processual não necessita figurar na lei processual, podendo pertencer a algum diploma de direito material. É mesmo comum tal fato, como outros decorrentes de que normas substantivas invadam a área do processo, assim como existem domínios comuns às duas esferas do direito, a exemplo da prova. Recorde-se Chiovenda[484] em seu esclarecimento de que *a natureza processual de uma lei não se deduz (...) do lugar em que se insere, mas de seu objeto.*

De outro lado, é bastante conhecido o desenvolvimento teórico da legitimação, que Carnelutti[485] transpôs do direito processual para o direito material. A legitimação é de se inferir da posição do sujeito em face do litígio, pela titularidade da ação – que o ordenamento juspositivo confira ao substituto, seja ou não, também, titular do direito material. O exercício processual da *facultas exigendi* conferido ao próprio titular do direito material ou a outrem, pode dar-se, pois, ao legitimado ordinário (no primeiro caso) ou ao extraordinário (no segundo).

Assinale-se que o substituto exerce direito de ação próprio[486], para defender direito alheio, o que faz: como unicamente legitimado (e apenas processualmente), ou como colegitimado (isto é, material e processualmente, por força da incindibilidade do direito, ao mesmo tempo próprio e alheio)[487] – *dado que a lei admite que no processo figure apenas o legitimado extraordinário, apenas o ordinário, ou ambos*[488].

O contato entre os institutos da substituição processual e do litisconsórcio, matéria controvertida, envolve discussão doutrinária da qual se há de partir, em ordem a resolver o problema da pluralidade de legitimados a impugnar um único ato (cuja abordagem iniciamos no n.

483. MOURA ROCHA, José de. *Teoria da legitimação.* In Revista brasileira de direito processual, Vol.16, Rio de Janeiro: Forense, 1978, p. 220.

484. CHIOVENDA, Giuseppe. *Instituições...*,Vol. I, 1969, cit., p. 72/73.

485. CARNELUTTI, Francesco. *Teoria geral do direito,* cit., p. 363/364 e passim.

486. SEVERO NETO, Manoel. *Substituição processual,* cit., p. 17.

487. SEVERO NETO, Manoel. Idem-idem, ibidem: na primeira situação, dito unisubjetivamente legitimado e, na segunda, de legitimado em tríade subjetiva.

488. Esta, a sistematização proposta por Barbosa Moreira, *Direito processual civil,* Rio de Janeiro: Borsoi, 1971, pp. 58 e ss..

12, supra). Não se pode deixar de considerar – e iremos superá-la no n. 71, infra – a existência também de oposição doutrinaria à coisa julgada decorrente da atuação do litisconsorte facultativo unitário, dado que *questão entre litisconsortes não faz coisa julgada*, porque prejudicial negativa e, portanto, apenas lógica[489]. Porque se discute, veja-se a palpável diferença, questão entre – potenciais – litisconsortes.

Mas não é esta a única visão de prejudicialidade, no problema. Adverte Sérgio Ferraz[490] que *a decisão proferida em processo, versante sobre lide, relativa à mesma relação jurídica processual, cuja solução é unitária, constitui uma prejudicial em relação ao julgamento de qualquer outra ação, que possa importar na produção de efeitos diversos para aqueles submetidos à unitariedade.* Com o que, *mesmo sendo facultativo o litisconsórcio unitário, os que poderiam litigar no mesmo polo* [ou aderir ao polo contrário] *da relação processual, mas não o fizeram (quer por não terem sido cientificados da ação, quer por não o terem desejado), serão atingidos pela coisa julgada.*

De qualquer modo, a circunstância de o terceiro de interesse jurídico próprio ou alheio estar habilitado a recorrer (Art. 996 e §ún) induz expressão de titularidade, de estar sujeito à coisa julgada (para substituído processual, sucessor ou cotitular). À eficácia reflexa, reportam-se o terceiro de interesse jurídico subordinado não equiparado a parte, ou o terceiro de interesse de fato.

Realmente, não são casos de substituição processual, embora agindo em nome próprio por direito alheio, os de litisconsórcio formado. Assim, nas hipóteses do (discutível) lisconsórcio decorrente de denunciação da lide. Assim, na atuação do curador do réu revel, porque citado e, pois, presente, de vez que lhe foi aberto o contraditório. Assim, o assistente simples, apesar de sua legitimidade extraordinária subordinada, como o fiador na demanda do credor contra o afiançado, em que discutida a validade da obrigação; e o sublocatário no despejo.

Convenhamos em que a doutrina ainda reluta em atribuir à coisa julgada o caráter de evento extintivo do direito de ação[491], isto desde Liebman[492], para quem a ausência, no processo moderno, do caráter

489. LAMBAUER, Mathias. *Litisconsórcio necessário.* São Paulo: Saraiva, 1982, nota 5, p. 9.

490. FERRAZ, Sérgio. *Assistencia litisconsorcial no direito processual civil.* São Paulo: RT, 1979, p. 39/40.

491. Tal a conhecida tese de Ugo Rocco, *Trattato...*, cit., Vol. II, p. 359.

492. LIEBMAN, Enrico Tullio. *Eficácia e autoridade...*, cit., p. 47.

da *jurisdictio* do processo romano clássico, impede se creia na extinção referida. De fato, não se produz a norma concreta, já que a sentença é, hoje, aplicação de direito legislado (ressalvada a vinculação jurisprudencial). Mas a constatação de tal fundamento não exclui outro, conducente a resultado coincidente com o da extinção.

A coisa julgada, antes de extinguir o direito de ação intraautos, fixa a decisão da questão prejudicial. Assim, para as partes (aí incluído o terceiro interveniente, salvo o assistente simples), a coisa julgada ou versa a questão principal ou a prejudicial interna (prejudicialidade de causa, em que a *causa excipiendi* supere a *causa petendi*). Para os terceiros não intervenientes (mas que poderiam intervir), assim os cotitulares, os sucessores, os adquirentes (os *aventi causa*), substituídos, a coisa julgada versa a questão prejudicial externa (prejudicialidade de efeito, em que o fato jurídico suspenda a eficácia de fato jurídico outro, conducente a solução diversa).

Ressalte-se (como, com propriedade, salienta Sérgio Ferraz[493], lamentando não ter sido versada por Barbosa Moreira em seu clássico) a figura da lide prejudicial, cuja decisão, já proferida, influi na de outra. Até mesmo na de outra não proposta, quiçá impedindo-lhe a propositura[494]. Tal aspecto integra a categoria (por nós sugerida) da prejudicialidade de efeito, abrangida na regra do Art. 503 e seus §§1º e 2º, do CPC. O processo prejudicial, considerado como questão prejudicial do novo processo, é gerador da proibição de repetição, assinada na lição de Rudolf Pohle[495].

Considere-se, ainda, a perspectiva explorada por Luiz Guilherme Marinoni[496], da proibição de relitigação da questão, ante a coisa julgada, que se produz em observados os requisitos dos §§1º 2º, do Art. 503, atendíveis mediante substituição processual, quer no processo individual, quer no processo coletivo.

Figure-se o caso da ação de responsabilidade civil contra os diretores da sociedade por ações, se, não promovida pela sociedade em tempo hábil, seja promovida, então, por qualquer acionista. A doutrina que nega

493. FERRAZ, Sérgio. *Assistência litisconsorcial...*, cit., p. 78, Nota 36, e p. 79.

494. LUCON, Paulo Henrique dos Santos. *Relação entre demandas*. Brasília: Gazeta Jurídica, 2016, pp. 136 e 137. O autor vislumbra a conexão por prejudicialidade para a convicção única entre as causas, pelo que se nega ou se afirma, com autoridade de coisa julgada, o efeito jurídico alhures pretendido ou a se pretender, por incompatível com aquela.

495. POHLE, Rudolf. *Reflexões sobre a natureza da coisa julgada*, trad. de Elicio de Cresci Sobrinho, Porto Alegre: Fabris, 2012, p. 33.

496. MARINONI, Luiz Guilherme. *Coisa julgada sobre questão*, cit., p. 264.

à legitimação concorrente disjuntiva (de cada um dos sócios para anular a deliberação assemblear) o poder de afastar a proponibilidade da ação de outro colegitimado e, com ela, o risco de coisa julgada concorrente, esquece-se de que a coisa julgada versa, com a questão principal, também a improcedência das teses de defesa que porventura oferecessem, incidentemente, outros sócios. Esquece-se, pois, tal doutrina, da prejudicialidade de efeito, que impede a ação contrária posterior.

O denunciado da lide, o chamado ao processo e o assistente litisconsorcial sujeitam-se à coisa julgada. A oposição tornou-se ação especial (Art. 682). Aliás, ação comum já o era, embora disciplinada juntamente a outros incidentes interventivos no CPC revogado. O opoente é parte, autor de ação outra, aliás, de todo modo titular de interesse jurídico autônomo, não sujeito à coisa julgada produzida entre os opostos. A nomeação à autoria desapareceu como forma de intervenção de terceiros. Importa em redirecionamento da ação. Da assistência, cogitaremos amplamente (n. 63, infra).

O referido poder de afastar a coisa julgada concorrente repousa no que temos chamado de poder de estado do pedido e consulta, em última análise, a julgados prejudiciais, advindos da colidência entre fatos jurídicos e o reconhecimento de um deles.

No ponto a que agora chegamos, fazemos apenas um reparo. O Art. 115, do CPC vigente afasta o risco de coisa julgada, se, não formado o litisconsórcio necessário, ainda assim seja proferida sentença de mérito. Resolve-se o problema com a nulidade relativamente aos não citados, se o litisconsórcio necessário for unitário. E com a ineficácia, se o litisconsórcio necessário for simples. Não se nos antolha o problema da ausência da *opposizione di terzo ordinaria.* Quer para o litisconsorte necessário preterido, quer para o falsamente representado (aí entendida sua representação pelos demais, como era do sistema do CPC de 1939).

Poderá ocorrer que a coisa julgada decorra de dolo ou coação da parte vencedora em detrimento da parte vencida ou de simulação ou de colusão entre as partes, a fim de fraudar a lei. São hipóteses de ação rescisória, pelo terceiro (Art. 966, III, combinado com o Art. 967, II, do CPC vigente). E não se questione a exiguidade de prazo decadencial, diversamente da não limitação, no processo italiano. O §3º, do Art. 975 estabelece o termo inicial coincidente com a ciência da simulação ou colusão, por parte do terceiro que não haja intervindo. E o prazo decadencial de dois anos para as hipóteses de dolo ou coação, tratando-se de vícios de conhecimento, portanto de nulidade relativa, não se revela exíguo.

Também se exclui a necessidade, entre nós, de algum equivalente à *opposizione di terzo revocatoria* do processo civil italiano, porque remonta às outras hipóteses de rescindibilidade, dos demais incisos do Art. 966, CPC.

49. LEGITIMAÇÃO CONCORRENTE.

Há quem entenda que nos casos de legitimação concorrente seria de repelir-se a substituição processual, por se considerar suficiente a simples possibilidade de ingressar no feito: para que a posição de parte possa advir, seria exigido o pessoal ingresso. É, por exemplo, a doutrina de Arruda Alvim[497], quando, a partir da habilitação como litisconsorte a qualquer cidadão na ação popular, generaliza a exclusão de substituição processual durante a litispendência. Observa, todavia, Ephraim de Campos Jr.[498] que absurdo seria se desse o substituído como colegitimado apenas após o trânsito em julgado, eis que indisputavelmente atingido pela coisa julgada, a qual haveria de ter-se formado antes daquele momento.

Os legitimados ausentes da ação (como exemplo, a popular) são substituídos pelo colegitimado que a promoveu[499].

O litisconsórcio (facultativo unitário) não formado não existe. E sua inexistência não pode ser impediente à legitimação extraordinária (à própria substituição processual, como será demonstrado). Neste sentido, o Art. 18, §ún., ao referir-se ao assistente litisconsorcial como qualidade que se atribui, para o antes substituído intervir, faz implícita a atuação do substituto, nos casos de unitariedade. Aliás, seria contrassenso a exclusão da substituição – mesmo na esteira de Liebman, como afirmada projeção da eficácia natural (ou da eficácia reflexa) da sentença – posição que, afinal, deixou de ser compartilhada por Ada Pellegrini Grinover[500], desde quando, a partir de 2005, a professora não mais entreviu o óbice

---

497. ARRUDA ALVIM NETO, José Manoel, *Código de processo civil comentado.* Vol. I, São Paulo: RT, 1975, p. 444.

498. CAMPOS JR., Ephraim. *Substituição processual,* São Paulo: RT, 1985, p. 46.

499. CAMPOS JR., Ephraim. Idem-idem, ibidem.

500. Sobre a matéria, Ada Pellegrini Grinover, ao tempo de suas anotações à *Eficácia e autoridade da sentença,* sustentou, à falta de regra legal introdutiva de caso de substituição processual, no caso da pluralidade de legitimados à impugnação de deliberação em assembleia geral de S. A., a prevalência de uma segunda c.j. sobre a primeira (ob. cit., p. 242), posição que posteriormente reviu, em face da substituição processual amplamente abonada nos processos coletivos, passando a sustentar a extensão da coisa julgada (*Coisa julgada 'erga omnes','secundum eventum litis' e 'secundum probationem'*. In Revista de processo, n. 126, São Paulo: RT, 2005, passim.).

de inexistência de regra legal autorizadora de substituição processual, na ação do sócio, anulatória de deliberação de assembleia geral de S.A. por violação da lei ou do estatuto. A nosso ver, o Art. 109 e seu §2º, da Lei 6.404, de 15 de dezembro de 1976, combinado com o Art. 168, *caput* e com o Art. 177, do Código Civil (em sua ressalva à indivisibilidade) perfazem a fonte legislativa da substituição processual.

Ephraim de Campos Junior[501] chega a ampliar o conceito de substituição processual. É assim que admite que nos casos de legitimação concorrente, os legitimados ausentes sejam sempre substituídos pelos legitimados atuantes. Também o faz Dinamarco[502], lembrando que o credor ou devedor que figurar na relação processual sem os demais em litisconsórcio será substituto processual dos não participantes. Como na defesa da propriedade comum por um dos condôminos, como para reivindicar de terceiros a coisa comum (Art. 1314, do Cód. Civil). Na ação do credor solidário para exigir do devedor o cumprimento da dívida por inteiro (Art. 267, do Cód. Civil). Assim, reciprocamente à exigibilidade por inteiro da dívida de qualquer dos devedores solidários, a defesa de um deles valerá pelos demais (Art. 275, do Cód. Civil).

Não colhe a objeção de que o agir do substituto (colegitimado à impugnação de um mesmo ato jurídico) possa prejudicar os substituídos e, com isso, reste ferido o Art. 506, do CPC[503]: o conceito processual de parte (explicitamente acolhido no Código de 2015, por força do Art. 18, §ún., ao admitir que o substituído intervenha como assistente litisconsorcial do substituto) é de ser tomado diante da categoria do efetivo contraditório – a que se refere o Art. 503, §1º, II, do CPC.

E, por último, em 2015, em sua comunicação a congresso de Cagliari, cf. a Nota 690, infra, passou a sustentar a substituição processual ativa (pelo sócio) e passiva (pela sociedade).

501. CAMPOS JR., Ephraim. *Substituição processual,* cit., p. 21/22.

502. DINAMARCO, Candido Rangel. *Instituições...*, III, 4ª. ed., São Paulo: Malheiros, 2004, p. 323.

503. José Rogério Cruz e Tucci (*Limites subjetivos...*,cit. p. 33/34) apresenta relação em que alinha ao conceito de parte – que proclama processual para efeito de sujeição à coisa julgada – *todos aqueles que forem citados, substituindo a parte originária (sucessores), ou que intervenham defendendo direito próprio (opoente), ou em auxílio da parte, figurando como titular das diversas posições ativas ou passivas inseridas na dinâmica da relação jurídica processual (interveniente litisconsorcial), ou ainda por provocação de uma das partes originárias (denunciado, chamado ou nomeado)* [e] *aquele que sofre os efeitos da desconsideração incidental da personalidade jurídica.* Omite o substituído processualmente, mas, depois, completa o rol, integrando-: ao admitir o prejuízo a terceiro, em decorrência da extensão subjetiva da eficácia da sentença – salvo se ante o substituído processualmente, caso em que o seria da coisa julgada (ob. cit., n. 24.1.3, pp. 221 a 225 e n. 24.2.3, pp. 231/232).

Capítulo VII

DIMENSÕES AMPLIATIVAS DA COGNIÇÃO

50. PREMISSAS DE FIXAÇÃO DOS LIMITES DA COISA JULGADA.

Recorde-se, na bibliografia italiana, Garbagnati[504], que se ocupa precipuamente do problema da efetividade do contraditório, ao dizer da existência de coisa julgada – e não só de executividade, na monitória (*ingiunzione*) e no despejo (*sfratto*), como exemplos de processo de mandado (e não de sentença). A efetividade deriva (esclarece) menos que do exercício, da plena abertura à faculdade de exercício posterior do contraditório.

A provocação a contradizer, em regra equiparada ao contraditório efetivo, passaria a exigir mais, conforme o magistério de Garbagnati, quando, depois de realizada, aguarde-se a preclusão da oposição dos embargos, o quais constituem *conditio iuris* suspensiva da coisa julgada substancial do decreto de injunção[505]. Não concordamos, em nosso direito, pela mesma razão por que não aceitamos a coisa julgada da estabilização da tutela antecipada antecedente[506]. O Parág. 2º, do Art. 503, rege a hipótese, como de restrição cognitiva, excludente da coisa julgada. Coisa julgada haverá no acolhimento dos embargos, tendo-se caso de condenação acoplada a constituição de direito.

Exatamente assim o nosso direito positivo (Art. 702, §8º), em que se constitui de pleno direito o título executivo judicial (sem coisa julgada) ante a não oposição (ou a rejeição) dos embargos à monitória.

---

504. GARBAGNATI, Edoardo. *I procedimenti di ingiunzione e sfratto,* cit., p. 23/24.

505. GARBAGNATI, Edoardo. Ob. cit., p. 44.

506. CRISTOFOLINI, Giovanni. *Processo d'Ingiunizione.* Padova: CEDAM, 1939, p. 27.

Ninguém discutiria que o julgamento contra o revel faça coisa julgada – quanto à questão principal. Não havendo cogitar-se de declaratória incidente por parte do réu revel (nem no processo italiano, nem no do sistema do CPC brasileiro revogado), não se cogita de coisa julgada, porque não se abre à prova a questão prejudicial. De igual modo, entre nós, por não oferecida contestação, que é a sede, no CPC de 2015, de arguição pelo réu da questão prejudicial.

O que para logo nos estabelece o critério geral de produção da coisa julgada: a abertura do tema ao contraditório ou, pelo menos, a produção de prova acerca do tema, sabido que no âmbito de discussão em juízo é admitida a produção de provas pelo revel – *desde que se faça representar nos autos a tempo de praticar os atos processuais indispensáveis a essa produção* – tal o teor do Art. 349, do CPC, de maiúscula proporção na tutela jurisdicional de mérito - ao que vem a necessária inferência: há uma como legitimação concorrente à tutela da evidência, no campo probatório[507]. A do autor, pela suficiência da prova documental (a dispensar, conforme o Art. 311, II, a contestação) e a do réu (ainda que não ofereça contestação, não considerada no teor do Art. 349), pela oposição (na verdade, proposição) de prova capaz de gerar dúvida razoável (não só documental e, pois, sem restrições probatórias, porque ao juiz só é dado decidir liminarmente nas hipóteses dos incisos II e III; logo, no inciso IV, hão de ser integrados os três momentos da teoria geral da prova: proposição, admissão e produção).

Ora, o que produz de pleno direito o título executivo judicial na monitória não pode ser a coisa julgada. Tanto que remanescem as pretensões de rediscussão da obrigação, como a de repetição do indébito. É o que também decorre da situação a que se refere o Art. 539, §2º, CPC, quanto à inércia do credor consignatário, ante a medida extrajudicial que o haja constituído em mora.

Do mesmo modo, o legislador brasileiro exclui a equiparação a principal da questão prejudicial decidida na hipótese da revelia. O motivo que o justifica é o mesmo por que, quanto à questão principal, a possível produção do efeito da revelia não desmente o julgamento *principaliter*: a abertura ao contraditório prévio e efetivo – sabido, a propósito, que a contestação pelo curador não alcançaria as exceções materiais.

---

507. "Evidência", no processo civil brasileiro, é suficiência de prova. O sentido de "evidence", no *Common Law*, é simplesmente o de prova, embora se fale em *burden of proof* (ônus da prova).

Deve o juiz, pois, ante a revelia, exercitar o disposto no Art. 349, *caput*, isto é, permitir-se sentenciar depois que o réu se constitua nos autos e isso, para poder aplicar o Art. 139, VIII e ensejar, no interrogatório livre, a prática dos atos indispensáveis à produção da prova, já que, bastante a dúvida razoável, exsurjam daquele os indícios a ser completados.

De outro lado, o contraditório, desde que prévio à sentença de mérito e em tanto que efetivo – isto é, aberto (ampla ou restritamente) a alegações e à suficiência dos meios de prova respectivos – é hábil a produzir a coisa julgada da questão principal (ampla ou restrita) ou da questão prejudicial equiparada.

A já referida obrigatoriedade de enfrentamento dos argumentos, no contraditório prévio e efetivo, é pressuposto geral da extensão da coisa julgada – quanto à questão prejudicial (vertida em principal) e quanto a terceiros (equiparados a partes) – num e noutro caso podendo derivar do saneamento em cooperação, como ampliação do *thema decidendum*.

Proto Pisani[508] confronta as hipóteses praticamente pacificadas em doutrina (a substituição processual e a sucessão no direito controverso) com as dos legitimados a deduzir a mesma relação (e não subordinados ou dependentes). Aduz, ainda[509], a imprecisão que, a seu sentir, teria ocorrido a Liebman – por não ter extraído todos os frutos das premissas de que partiu e, portanto, ter procurado resolver com a *eficácia natural* o problema dos terceiros prejudicados de direito, ainda que ressalvado algum caso de intrínseca injustiça.

É que a noção de subordinação (ou de prejudicialidade-dependência) não passaria de um muro[510] a recobrir a legitimação e, com esta, a eficácia direta *ultra partes* [diríamos da coisa julgada, refutando o eufemismo].

Ainda que não se negue à execução o caráter de processo jurisdicional, admite-se seja exclusiva do processo de conhecimento a cognição produtiva de coisa julgada. Faça-se a observação, porém, de executividade ínsita a alguns procedimentos de cognição e, reversamente, da coisa julgada dos embargos à execução ou da impugnação ao cumprimento de sentença.

O que parece, pois, ponderável é que a sumariedade assente aos provimentos cautelares, do mesmo modo que o adiantamento (ou dis-

---

508. PROTO PISANI, Andrea. *Opposizione di terzo*, cit, p. 25.

509. PROTO PISANI, Andrea. Ob. cit., p. 51, nota 52 e p. 46, nota 36.

510. PROTO PISANI, Andrea. *Opposizione di terzo...*, cit., p. 15. Do mesmo modo, Allorio (v. n. 48, supra).

pensa) de cognição, que preside à execução, atende a função outra que a de produção de certeza.

A profundidade de cognição é, portanto, admissível nos procedimentos sumários. Retornamos a Garbagnati[511] e sua fundamental observação, em combate ao *accertamento con prevalente funzione executiva,* da doutrina chiovendiana, de que que à profunda diferença estrutural dos procedimentos sumários (a exemplo da *ingiunzione* e da *convalida di sfratto*) não é exato que deva corresponder função diversa, voltados ao puro intento de tornar ágil a execução forçada, senão que também destinados a produzir coisa julgada.

Em parte por tal motivo, em parte pela incerteza da doutrina, a ductibilidade das regras definidoras de limites objetivos e subjetivos da coisa julgada recomenda a sugestão de Proto Pisani[512]: oportuno não contentar-se o intérprete com a tarefa de acertamento dos termos legais, corre-lhe o dever de levantar hipóteses de trabalho, a fim de não incorrer em afirmações apriorísticas e em petições de princípio. Entre questões principais e prejudiciais e entre dispositivo sentencial e fundamentos – no tocante aos limites objetivos. Entre partes e terceiros, substituídos e substitutos, litisconsortes efetivos e potenciais – no tocante aos limites subjetivos.

Não se pode esquecer o esforço persuasivo de Allorio para aproximação das duas ordens de limites da coisa julgada, tal o enucleado na constatação fundamental e sumamente refletida de que *nem sempre, no definir a 'fattispecie' de um dado efeito jurídico, a norma reclama fatos materiais: às vezes, a construção é, ao contrário, a seguinte: efeitos jurídicos são religados a outros efeitos jurídicos*[513]. Pois que, verdadeiro *sim que, 'mediatamente', os efeitos jurídicos dispostos com as normas se reconectam a fatiespécies materiais (...), 'diretamente', os efeitos jurídicos dispostos com as normas em palavra descendem de outros efeitos jurídicos.*

É o que vislumbramos (como apontado desde o n. 7, na Introdução, supra) quanto à ampliação dos limites subjetivos da coisa julgada: concatenação de efeitos em que se divisa – como passaremos a demonstrar – relação de prejudicialidade: prejudicialidade de efeitos.

Por outro lado, não é somente a interpretação legal o que se deva levar em conta, ainda que o problema da coisa julgada – como adverte

511. GARBAGNATI, Edoardo. *I procedimenti...*, cit., p. 32/33.

512. PROTO PISANI, Andrea. *Opposizione di terzo...*, cit., p. 227.

513. ALLORIO, Enrico. *La cosa giudicata rispetto ai terzi*, cit., p. 69.

Aldo Attardi[514], ao menos quanto aos limites subjetivos, seja de direito positivo – mas a conciliação de exegeses: o que é patenteado pela evolução de nosso direito processual civil, no histórico de 1939 a 2015, passando por 1973, como anunciamos quanto aos limites objetivos.

Visões sempre plurais cercam o tema dos limites da coisa julgada, que não deve, por conseguinte, ser abordado de um único ponto de partida. Admissível, no máximo, como premissa, aquilo que Busnelli[515] apresenta (conceda-se-lhe a assimilação semântica que faz à palavra *ponto*): *punto di partenza è la* ***ricerca*** *del fondamento logico e giuridico del giudicato* (o negrito é nosso). Quando muito, partiríamos da natureza jurídica da ação – o direito ao julgamento do pedido conforme o estado do processo, nosso repetido entendimento[516], do qual deduziremos, para confirmação do tratamento dos limites objetivos e subjetivos, a natureza jurídica da coisa julgada (v. n. 59, infra).

Em vista do CPC vigente, repete-se a técnica de confronto das interpretações existentes sobre o texto anterior, a verificar-lhes convergências e divergências, porque as interpretações divergentes de uma mesma lei podem revelar o espírito que haja animado sua modificação. Sendo as interpretações divergentes, antes, reflexos do ângulo visual de observação do mesmo fenômeno[517], a mudança de lei tende a adotar a resultante propositivamente unívoca. E, assim procedendo, importa conhecer as situações de imutabilidade para as partes e para os terceiros equiparados a partes, em decorrência do trânsito em julgado da decisão (normalmente da sentença) de mérito.

Cuida-se de proceder à verdadeira exegese do Art. 503 e §§1º e 2º, do CPC, regra geral sobre a formação da coisa julgada, da qual se extrai o fundamento buscado.

Assim como o Art. 489, §1º, estabelece o que não pode faltar à sentença de mérito, isto é, define-lhe o caráter, assim o Art. 503 e §§1ºe2º define-lhe a qualidade, isto é, o que se lhe acrescenta com o trânsito em julgado – a força de lei. (Valemo-nos, nesta passagem, da essência da

514. ATTARDI, Aldo. *Diritto processuale civile,* vol. I, parte generale, Padova: CEDAM, 1994, p. 493.

515. BUSNELLI, Francesco Donato. *Considerazioni sul significato e sulla natura giuridica della cosa giudicata,* cit., pp. 1.317 (*Sommario*) e 1.325.

516. VIEIRA, José Marcos Rodrigues. V. n. 28, supra.

517. PROTO PISANI, Andrea. *Opposizione di terzo...,* cit., p. 232/233.

máxima 5, do ensaio, pragmático e não especulativo, de Schopenhauer)[518]. Medeiam essas duas noções, de caráter e de qualidade, os termos sobre que recai o resultado *ad honorem*, que dela se espera: e aí se encontram os fundamentos da imutabilidade. Ao tratar da equiparação de questões prejudiciais a principais, o dispositivo legal alcança tanto a prejudicialidade interna (representada por alguma exceção substancial e que faz a ampliação objetiva da coisa julgada), quanto a prejudicialidade externa (advinda da unitariedade e que faz a ampliação subjetiva da coisa julgada).

De fato, curioso seria que a coisa julgada material, transcendente ao processo em que produzida, não refletisse a aptidão da sentença a projetar-se a sujeitos extraautos. Observada a efetiva legitimação, pessoal ou por substituição, ao contraditório, resulta este ser prévio e efetivo, como exigido pelo Art. 503, §1º, II, do CPC e, portanto, hábil a produzir a coisa julgada. E hábil tanto a provocar a extinção do processo com julgamento de mérito e imutável, quanto a impedir novo julgamento, ante a unitariedade, ainda que por provocação de legitimado não atuante. Portanto, a impedir a concorrência de coisas julgadas[519].

Se coisas julgadas concorrentes ainda seriam cogitáveis no sistema do CPC de 1973, o de 2015 tem a clara determinação de repelir tal possibilidade. O Código revogado realmente não tratava do percurso analítico com que a questão prejudicial possa ser alçada a principal. E, por isso mesmo, no âmbito dos limites subjetivos, não estabelecia a distinção entre a eficácia reflexa e a coisa julgada.

De prejudicialidade de processo já falamos (n. 48, supra), quando tratamos da lide prejudicial e da vedação à coisa julgada concorrente, sujeitando-se o julgado posterior à observância do decidido na causa prejudicial. Queremos agora referir-nos à proposição de Pugliese[520], que avança quanto aos modos como se opera a relação entre o juízo em que emitido o julgado e aquele em que seja feito valer, porquanto possam: 1º) a lide do primeiro juízo apresentar-se como ponto fundamental de nova lide do segundo juízo; 2º) as lides, no primeiro e no segundo juízos, vincular-se a um mesmo ponto fundamental, suscitando a eficácia

---

518. SCHOPENHAUER, Arthur. *A arte de se fazer respeitar*, São Paulo: Martins Fontes, 2004, p. 15.

519. Neste sentido, Humberto Theodoro Jr. *Curso...*, I, cit., p. 1.129, com a ressalva, todavia, de ação fundada em causa de pedir distinta.

520. PUGLIESE, Giovanni. *Relazione fra il processo in cui si è formato il giudicato e quello in cui lo si fa valere*, verbete *Giudicato civile (diritto vigente)* In Enciclopedia del Diritto, Milano: Giuffrè, 1969, p. 871.

preclusiva da coisa julgada (Art. 34, CPC italiano, correspondente ao Art. 508, CPC brasileiro); 3) a questão decidida *incidenter* no primeiro juízo ser posta *principaliter* no segundo, não havendo obstáculo a decisão contrária. Eis a imutabilidade extraautos, sob pena de a coisa julgada não significar nada mais que uma preclusão, isto é, ter valor intraprocessual.

Inverta-se a última hipótese: pode a questão decidida *principaliter* no primeiro juízo ser posta *incidenter* no segundo, havendo obstáculo a decisão contrária do segundo juízo.

Devemos insistir no que parece claro. Não se objete com as excludentes de não conhecimento inescusável do caráter litigioso (da coisa ou direito) e da má-fé (simulação ou conluio), pelo subadquirente. O mesmo Art. 503, §2º é suficiente ressalva de eventual impedimento legal à produção da coisa julgada para o sujeito não participante do processo, ainda que colegitimado, por não substituído.

É a partir da aludida metodologia de confronto de hipóteses que Proto Pisani[521] alcança os conceitos dogmaticamente justos de parte e de terceiro, após o encontro do meio de restringi-los o mais possível. O conceito de parte, que propõe, resulta tríplice: a) sujeito da ação ou da defesa, seja ou não proposta a ação em nome próprio; b) sujeito dos efeitos do processo, nominado como autor ou réu, seja ou não titular da relação material deduzida; c) sujeito dos efeitos da sentença, como titular da relação deduzida. E o conceito, que também propõe, de terceiro: a) sujeito não partícipe e, portanto alheio aos efeitos do processo; b) sujeito partícipe, todavia não titular da relação deduzida.

De nossa parte, adiantamos ao estudo dos limites da coisa julgada (que será empreendido pormenorizadamente (n. 66, 68 e 71, infra): 1) quanto aos limites objetivos, a eficácia jurídica, das duas, uma: a) ou decorre da invocação de uma única causa jurídica, a *causa petendi,* ante a não invocação de *causa excipiendi* (isto, ante defesa de mérito direta, para a questão principal); ou b) decorre da invocação de *causa excipendi* (isto para a questão prejudicial equiparada, pela qual resta excluída a principal, em hipótese de **prejudicialidade de causa**; 2) quanto aos limites subjetivos, a eficácia jurídica decorre do reconhecimento de efeito jurídico titularizado, excludente de efeito outro, de titularidade diversa ou decorrente, em hipótese de **prejudicialidade de efeito**.

521. PROTO PISANI, Andrea. *Opposizione di terzo,* cit., p. 232/233.

Esta exclusão de efeito remonta à *questão que envolve saber se determinada norma deve ser aplicada*, questão que é considerada prejudicial, mesmo sem a potencialidade de constituir objeto de ação declaratória autônoma[522].

Tem-se, de conseguinte, em ambas as vertentes limitativas, objetiva e subjetiva, o fundamento, aquilo que produz a *força de lei* (quanto a quê e quanto a quem) de que trata o art. 503, *caput*, do CPC: a cognição exauriente[523] em profundidade – haja ou não cognição exauriente em extensão (objetiva ou subjetiva) – da questão principal e da questão prejudicial.

Deixa, pois, no direito brasileiro, de ser limitada a coisa julgada, objetivamente, pelo pedido e, subjetivamente, pelos litigantes, como era consagrada enquanto a imutabilidade fora apenas do que atendesse àqueles litigantes[524] – na tradicional perspectiva de o processo dar tudo aquilo e exatamente aquilo que a parte tem direito de obter. Mediante a questão (e diríamos questão prejudicial, via equiparação constante do §1º, do Art. 503, do CPC brasileiro) transita a solução da matéria de mérito, das partes a terceiros[525] – quer os de vinculação fático-jurídica, quer os de vinculação exclusivamente jurídica. Daí, por que decorre da letra e do espírito do Art. 503, que a coisa julgada, no sistema do atual processo civil brasileiro, não mais se resume ao pedido, mas se estende às exceções substanciais (conforme autoriza inferir o Art. 1.054), nem se refere apenas às partes litigantes, mas abrange terceiros, quer os estreitamente vinculados à questão decidida, pela mesma relação jurídica (conforme autoriza deduzir o Art. 506), quer os amplamente vinculados à solução da questão, por relações jurídicas distintas (conforme deriva do Art. 927 e seu §1º, combinado com os Arts. 120 e 489, §1º).

De se notar que Marinoni[526], após identificar a reprodução por nosso CPC, dos dizeres do §27 do *Restatement (Second) of Judgments* (do que teria decorrido a invocação inadvertidamente repetida do mesmo requisito, no *caput* e no inc. I, do Art. 503), conclui que a coisa julgada sobre questão pode ser transposta de um a outro processo, seja entre as

522. MARINONI, Luiz Guilherme. *Coisa julgada sobre questão*, São Paulo: RT, 2018, p. 234.

523. Sem restrições probatórias, salvo se suficiente prova documental, seja o feito plenário ou sumário.

524. Como faz notar Luiz Guilherme Marinoni (*Coisa julgada sobre questão*, cit. Introdução e passim).

525. Cf. Luiz Guilherme Marinoni (*Coisa julgada sobre questão*, cit., p. 314).

526. MARINONI, Luiz Guilherme. *Coisa julgada sobre questão*, cit., p. 204.

mesmas, seja entre partes diversas, salvo se desatendidos os requisitos do aludido artigo 503, do CPC de 2015.

Faltou ao processualista paranaense apenas dizer que há um condicionamento – que distingue a nossa coisa julgada intersubjetiva sobre questão e o *collateral estoppel*. Há que ocorrer a transposição mediante uma das vias de que tratam os Art. 927 e seu §1º e 928, do CPC. A transposição não chega, portanto, a ser automática. Se, pois, quem é vencido não tem direito, sendo tal declaração transponível a outros litigantes, não se pode deixar de considerar que exemplo brasileiro de tal ampliação da coisa julgada, o do acórdão do STJ acerca de ação inibitória do uso de marca, com base na invalidade de seu registro no INPI, atendeu exatamente a uma das referidas vias do Art. 927, CPC, isto é, em sede de recurso repetitivo (REsp. 1.527.232/SP, Segunda Seção, Rel. Min. Luiz Felipe Salomão, DJe 05.02.2018).

51. O CONCEITO PROCESSUAL DE PARTE.

Note-se, o art. 506, do CPC, quer que a coisa julgada não prejudique terceiro. Espelha tal regra legal o sistema do processo coletivo, cuja coisa julgada, ainda que se dê *erga omnes*, não é, a rigor, sempre produtível *secundum eventum litis*, dada a possibilidade de o substituído excluir-se do efeito vindouro. E decorre, na improcedência, apenas da plenitude da prova. A exclusão da coisa julgada, por isso mesmo, na improcedência por falta de provas se dá a critério da ausência de prejuízo a terceiro, tanto quanto, no referente a direitos individuais homogêneos, a coisa julgada *in utilibus*. Serve-lhes o §2º, do Art. 503, do CPC.

É mister seja entendido o sistema do processo de corte individual, no CPC vigente. A coisa julgada no procedimento comum deve dar-se na procedência e na improcedência. As condicionantes *sem restrições probatórias* e *sem limitações à cognição* (§2º, do Art. 503) são atendidas em relação à parte – titular, originária ou por sucessão, do direito e da ação (ou da defesa) – ou ao substituído processualmente (parte equiparada), em conjunto ou não com o substituto. A coisa julgada atingirá os legitimados presentes e os processualmente substituídos. Estes não são terceiros. Nos procedimentos sumários, por sua vez, também a coisa julgada tem lugar nos limites da matéria suscetível de debate e, dentro dela, em tanto que não interfiram as restrições probatórias acaso existentes. Sirva de exemplo o mandado de segurança. A denegação por inexistência de direito líquido e certo não faz coisa julgada, dada a insuficiência da prova documental (única admissível na espécie). A concessão, ao contrário, por suficiente a prova documental produzida.

O legislador de 2015 estabeleceu gênero processual de legitimação, em decorrência do silêncio eloquente quanto a quem seja o sujeito do contraditório (no art. 503, §1º, II): cuja atuação não precisa ser pessoal, plena ou sumária seja a cognição. A prova é o elemento de compatibilidade entre o processo de corte individual e o coletivo – que são aproximados na regra do Art. 506. Substituição processual ativa ou passiva – quer a do potencial litisconsorte unitário, quer a do cotitular, quer a do adquirente da coisa ou direito litigioso – é instituto residual ante a não atuação dos substituídos, pela obviedade de que não é cabível falar-se de substituição processual de sujeito presente[527].

É verdade que Barbosa Moreira[528] considerou problemática a atuação conjunta de vários litisconsortes diligentes ou de todos os legitimados, com teses conflitantes, quando as regras do litisconsórcio unitário (e não da substituição processual) resolveriam o problema da solução uniforme. Mas não acreditamos que a simples possibilidade de exercício de teses conflitantes seja incompatível com o instituto da substituição processual (no que superado pela solução única, ao enfretamento e rebate dos argumentos aptos a infirmar a solução entrevista e cogitada, conforme o Art. 489, §1º, IV e §2º, do CPC), como será abordado no n. 55, infra.

Aliás, é ainda o processualista carioca[529] quem assinala que aproximar da substituição processual a atuação em lugar dos potenciais litisconsortes unitários ausentes do processo *permite superar a objeção relativa à circunstância de não agirem os litisconsortes diligentes 'em nome' dos omissos.* Ao que acresce considerar, pelo que adverte Zanzucchi[530], que *não se pode sustentar que agir em nome próprio equivale a agir no próprio interesse.*

É preciso, pois, que ocorra a substituição processual – ousamos dizer – como legitimação extraordinária *ab imis* da controvérsia, para que ocorra a extensão subjetiva da coisa julgada ao colegitimado que seria atendido por algum dos atuantes, eis que, mesmo ausente do processo, é tratado como legitimado a litisconsórcio facultativo unitário. Aliás, em

527. Conferir, por todos, Ephraim de Campos Junior – *Substituição processual*, São Paulo: RT, 1985, p. 19.

528. BARBOSA MOREIRA, José Carlos – *Litisconsórcio unitário*, cit., p. 160 ss.

529. BARBOSA MOREIRA, José Carlos – *Litisconsórcio unitário*, cit., p. 160.

530. ZANZUCCHI, Marco Tullio. *Diritto processuale civile*, cit., n. 150, p. 346.

última análise, a só existência do *potencial* litisconsórcio unitário não deixa mesmo dúvida da possibilidade de convivência de teses distintas, quando a fonte da comunhão de direitos ou de obrigações figure em fato ou efeito jurídico revelado ao se destacar de complexa ou controvertida causalidade[531].

Retenha-se que a coisa julgada alcança o substituto cotitular de direito, da mesma forma que o substituído processualmente, *não sendo necessária, à luz da finalidade que se quer atingir, a extensão subjetiva de eficácia quanto a 'todos' os atos dos litisconsortes atuantes*[532].

Neste passo, explorada a correlação entre limites subjetivos e objetivos, cabe lembrança ao argumento de Garbagnati[533], de que o substituto processual tem a legitimidade para excepcionar nos mesmos limites em que o poderia o substituído, ao que se acresce, conforme a lição de Ephraim de Campos Jr.[534], a exceção de compensação e, na linha do direito processual brasileiro de 2015, qualquer das exceções prejudiciais, erigida a contestação em via hábil de produção da coisa julgada.

52. INDIVISIBILIDADE E UNITARIEDADE. SUBSTITUIÇÃO PROCESSUAL.

Aqui exatamente chegamos ao problema das exceções pessoais. Produzida a coisa julgada, se a posterior ação anulatória de deliberação

---

531. O atrito de teses terá sido o motivo da (expletiva) ressalva com que Ada Pellegrini Grinover, mais recentemente, teria aderido a Barbosa Moreira, no tema da pluralidade de legitimados a impugnar o mesmo ato jurídico, a exemplo dos sócios na anulação da assembleia: *revendo minha posição anterior, radicada numa postura intransigente de total indiferença à coisa julgada por todo e qualquer terceiro, acompanho hoje a posição sempre lúcida de Barbosa Moreira, que demonstra que a extensão a terceiros, virtuais litisconsortes unitários, da coisa julgada que verse sobre bem de natureza indivisível torna impossível a formulação de regras jurídicas concretas diversas em relação àqueles que, se participassem do juízo, obteriam sentenças uniformes* (ressalvada, naturalmente, a hipótese de ações diversas, intentadas com base em outra '*causa petendi*'). (*Coisa julgada 'erga omnes',...*, cit., p. 13). A tal ressalva (em negrito) nem sequer socorreria Barbosa Moreira, de quem também a pontual observação de que, tanto em processos distintos e sucessivos, quanto em único de atuação conjunta, se dará a uniformidade sem distinção da *causa petendi* (*Litisconsórcio unitário,* cit., p. 133). Porque, ao longo da obra, Barbosa Moreira revela ser artificial tal indistinção – fruto apenas da estreiteza do conceito legal de conexão (Idem-idem, p. 134) – superado com a admissão da *não incidência excepcional da norma que tutele o comportamento determinante* do potencial litisconsorte (ob. cit., p. 165). V. n. 42, supra, e Nota 435.

532. CAMPOS JR., Ephraim – *Substituição processual,* cit., p. 82.

533. GARBAGNATI, Edoardo. *La sostituzione processuale,* Milano: Giuffrè, 1942, p. 239.

534. CAMPOS JR., Ephraim – ob. cit., p. 31.

societária não interessa à esfera jurídica do autor ou da sociedade, mas apenas à de um terceiro sócio, faltaria a este o interesse processual (Art. 17, CPC)[535]. No caso, o terceiro não teria exceção pessoal, dado que não quisera exercer o seu direito. Seria atingido pela coisa julgada, o que é negado por parte da doutrina, de que dissentimos.

Com efeito, a admissibilidade de exceção pessoal importaria em exclusão da coisa julgada, noutras palavras, em impedimento a sua ampliação subjetiva. Não cremos, entretanto, que resolva o problema do terceiro sócio o expediente doutrinário de sujeitá-lo à eficácia (natural) e não à coisa julgada.

Veja-se a regra do Art. 274, do Cód. Civil, acerca da solidariedade ativa, segundo a qual a improcedência da ação movida por um dos credores solidários não se estende aos demais. E mesmo o julgamento favorável, caso baseado em exceção pessoal cuja rejeição o credor tenha obtido.

Não se pode, porém, ampliar as hipóteses de admissibilidade de exceções pessoais, que são de direito estrito. Daí, a restrição ao terceiro sócio, como dito.

Isto não quer dizer que a substituição processual, na dicção legal de se litigar em nome próprio por direito alheio, signifique, em todos os seus casos, que o substituto, também e necessariamente, não possa ter interesse próprio em lide. Tem-se, pois, de ressalvar da substituição processual entre os colegitimados, apenas o exercício abusivo da pretensão de invalidação.

Waldirio Bulgarelli, por exemplo, após confirmar a substituição processual pela minoria acionária, verbera-lhe o abuso, hipótese também prevista no Art. 286, da Lei das S.A.: assim, em propor ação de suspensão de assembleia convocada para sanar vício de deliberação arguído pelos próprios minoritários[536]. Outra vez, a falta de interesse de agir. Mesmo porque o Art. 285, §ún., da Lei das S.A. estabelece que, *ainda depois de proposta a ação, é lícito à companhia, por deliberação da assembleia geral, providenciar para que seja sanado o vício ou defeito.*

---

535. Neste sentido, Erasmo Valladão A. e N. França e Marcelo von Admek, *Algumas notas sobre o exercício abusivo da ação de invalidação*, In Processo societário, São Paulo: Quartier Latin, 2012, p. 179.

536. WALDIRIO BULGARELLI. *Anulação da assembleia geral*. In Estudos e pareceres de direito empresarial, São Paulo: RT, 1980, p.151/164.

Não se pode obstar o andamento dos negócios sociais e não pode a sociedade por ações ficar sujeita à proliferação de demandas de impugnação do mesmo ato de sua assembleia.

Todavia, nenhum abuso, por exemplo, ocorre se o minoritário que suplante o piso de legitimação proponha ação para invalidar a deliberação aprovadora de alienação da participação majoritária de Banco estatal, mediante leilão de que excluído da mesma oportunidade de oferta pública, dado o decorrente risco de pulverização de sua participação acionária. E, se a alienação da maioria acionária depender de ação judicial, a coisa julgada que a autorize à sociedade não alcançaria o minoritário referido, que, observada prévia notificação, teria exceção pessoal a fazer valer pelos meios de direito, sob intervenção de terceiro, recurso de terceiro prejudicado, embargos de terceiro ou, antes, a referida ação anulatória.

Apropriadamente o §325, 2ª. alínea, da ZPO alemã, exclui dos limites subjetivos da coisa julgada os direitos ou efeitos pertinentes aos terceiros adquirentes de boa-fé. Já mencionamos a figura do subadquirente da coisa litigiosa. Porém, a contraexceção (por exemplo, sob comprovação de pagamento diretamente pelo subadquirente ao alienante originário e não ao subalienante[537]) pode elidir a alegação de boa-fé.

Pense-se, ainda, nos cessionários e nos endossatários – de boa-fé. Nos diferentes casos, não se lhes opõe a coisa julgada formada relativamente aos cedentes, aos endossantes e aos subalienantes. Examinaremos o tema ainda no n. 72, infra.

De seu turno, a indivisibilidade e a unitariedade implicam julgamento uniforme. Não importam, porém, *a priori*, em uniformidade de teses ativas ou defensivas. A atitude de se limitar a cognição pelo predimensionamento da coisa julgada é uma petição de princípio. Dizer-se que os qualificados a agir como litisconsortes unitários (que Barbosa Moreira chama de potenciais, por não ingressantes no feito) estejam sujeitos à coisa julgada que se forme relativamente aos que tenham comparecido e atuado, é correto. Tal não induz, porém, limitação das teses suscitáveis pelos litisconsortes. Pode até mesmo haver contradição entre os argumentos. A unitariedade não é efeito da pretensão (da *actio*) ou da resistência (*exceptio*). É efeito da relação jurídica material e não de toda a causalidade jurídica (cf. n. 54, infra).

---

537. Foi o que decidimos como Relator na Ap. Cível n. 1.0145.05.215841-0/002 – Juiz de Fora, publ. 11.02.2013.

Louve-se, por coerência, o CPC brasileiro, quando conjuga, nos §§1º e 2º, do Art. 489, técnicas intercambiáveis, lógica e jurídica, de superação dos *comportamentos determinantes* (utilizamos a terminologia de Barbosa Moreira, v. n. 67, infra): a) pela prévia exclusão dos argumentos hábeis, em tese, a infirmar a solução cogitada (§1º, IV); b) pelo afastamento da norma colidente (§2º). Trata-se o referido Art. 489 de magnífica regra de julgamento, a incidir exatamente sobre os dois núcleos da estrutura formal-substancial da coisa julgada, apontados por Busnelli[538], o *fundamento lógico e* [o] *jurídico da coisa julgada.*

Considere-se a discussão relativa ao litisconsórcio necessário ativo, que, em regra, é unitário (o que tem levado alguns processualistas[539] a sugerir a absorção do litisconsórcio facultativo). A indivisibilidade impõe litisconsórcio necessário (quer ativo, quer passivo), tanto que o Art. 115, I e §ún., o exige sob pena de nulidade da sentença, que seria, pois *inutiliter data,* à falta de integração de qualquer dos cotitulares ao contraditório.

Vários condôminos em gleba indivisa, objeto global de compromisso de compra e venda, e a pretensão de rescindir o contrato, ante o inadimplemento do promissário comprador, devidamente constituído em mora. Algum dos promitentes vendedores pode não querer a rescisão contratual. Poderá contestar a ação. Poderá pedir o adimplemento, o que significaria, de sua parte, excluir a mora do promissário comprador.

A revelha discussão sobre existência (ou não) de litisconsórcio necessário ativo, seguida da discussão sobre a possibilidade de citação como autor, não parece ter sido definitivamente sepultada pela alusão do §ún., do Art. 115, à citação de litisconsortes passivos. É que nada exclui que sendo réus, estejam a propor ação contrária, já que, no sistema do CPC vigente, a *exceptio* é prejudicial equiparada ao pedido (Art. 503, §1º). Além disso, citados, poderão celebrar negócio processual de integração em litisconsórcio ativo. E tais soluções resolvem o antigo impasse, sob pena de se negar direito de agir ao condômino isoladamente, quando o cotitular do direito, quiçá notificado, timbre em recusar-se a propor ação.

A exclusão de interpretação conducente ao absurdo, como ora verificado, demonstra que a variedade de teses, até mesmo que entre si incompatíveis, bem como a existência de ações distintas (ou dedução de pretensões, algumas via exceção) por parte dos colegitimados, não faz

538. BUSNELLI, Francesco Donato. *Considerazioni sul significato e sulla natura....*,cit., p. 1.325.

539. LIMA, Paulo Roberto de Oliveira. *Contribuição...*, cit., p. 44.

óbice à solução uniforme. O litisconsorte atuante é substituto processual do não atuante (que não pode ser compelido a comparecer e postular). E há, também, a fixação da tese prevalente, entre os atuantes, já que a manifestação de interesses contrários os põe em lados opostos da relação processual. Este o sentido e o alcance do processo de formação da coisa julgada única. A preocupação de não se saber *a priori*, dentre os litisconsortes atuantes, qual(is) deles, se com teses distintas, seja(m) o(s) substituto(s) processual(is) dos não atuantes é, pois, estéril perante o caráter processual, que lhes é comum, de partes: são-no, atuantes e não atuantes, todos, irrelevante que distintos ou opostos ou seus interesses. Já mencionamos a legitimação conforme o efeito sentencial, que outra coisa não é que legitimação pela cognição e pelo contraditório prévio e efetivo.

Já destacamos a hipótese de revelia. Cabe, porém, em correlação com a substituição processual, a difícil análise do §ún., do Art. 121, do CPC, que atribui ao assistente (simples, como tal o referido no *caput* do mesmo artigo legal) a qualidade de substituto processual do assistido revel ou, de qualquer modo, omisso. O revel que foi citado por edital ou com hora certa, tem curador nomeado, está nos autos e não tem por que ser substituído. O réu, citado embora pessoalmente, pode ser assistido dentro do prazo para contestação mas se também contesta, o assistente simples não passa de tal. Se o réu fica revel, tem no assistente que contestou tempestivamente (a hipótese é de rara ocorrência) um substituto processual, porque o assistente terá elidido o efeito da revelia[540]. Gera a substituição processual, responsabilidade processual (pelos ônus processuais, conforme o Art. 121) e não mais que isso, substituída a equiparação a gestão de negócios, do CPC revogado. E a coisa julgada é para o assistido.

O assistente simples não está sujeito à coisa julgada. E tem no julgamento da lide do assistido um ponto prejudicial[541], para impedir eventual ação posterior em que se discuta, para outro efeito, a justiça da decisão. Se não interveio como assistente simples, não está sujeito nem à justiça da decisão, nem à coisa julgada, e não tem lugar o processo posterior.

Diversamente, o assistente litisconsorcial. Sua relação jurídica para com o adversário do assistido pode ser idêntica à existente entre aquele e o assistido (caso da intervenção do condômino na reivindicatória da

540. FERRAZ, Sérgio. *Assistência litisconsorcial...*, cit., p. 65.

541. FERRAZ, Sérgio. Idem-idem, p. 81.

coisa comum movida por outro condômino). E aqui atua o regime da unitariedade. Pode ser a relação jurídica do assistente dependente da do assistido para com seu adversário (caso do adquirente da coisa litigiosa, não consentida a sucessão de parte). Tem-se em ambas as hipóteses a prejudicialidade de efeito, ante o direito reconhecido ao assistido. A coisa julgada atinge o assistente litisconsorcial, diretamente na primeira hipótese, indiretamente, na segunda[542].

A justiça da decisão é algo paralelo à coisa julgada. Não há comunicação entre os institutos. De ter (ou sofrer) o assistente pleito posterior pela injustiça (concernente aos fundamentos), segue-se que a coisa julgada perante o assistido é-lhe prejudicial para a ação posterior.

No processo de corte coletivo, ao dizer da ação civil pública, tem-se a possibilidade de o substituído recusar a atuação do substituto, refutando a injunção à suspensão de sua causa individual (e renunciando à eventual coisa julgada coletiva). Mais uma vez, quer-se o prévio e efetivo contraditório, restante o Art. 503, §§1º e 2º, do CPC, como regra de efeitos da substituição processual[543].

53. PREJUDICIALIDADE E FATO JURÍDICO. OBJETIVIDADE E SUBJETIVIDADE.

É irrelevante que não tenhamos a *opposizione di terzo ordinaria* – podendo, não obstante, mediante recurso, a discussão das teses contraditórias anteceder à coisa julgada em único processo. O óbice das coisas julgadas conflitantes não nos deveria assaltar, ao contrário do risco, a respeito, entrevisto por Liebman[544], que sustentava a irrelevância de terceiros em face da coisa julgada, pelo menos na formulação originária de seu pensamento, que seria atenuada quanto admitiu a imutabilidade também dos efeitos[545].

Não se argumente que, sendo facultativo o litisconsórcio, haja possibilidade de coisa julgada contrária posterior: o sócio não participante do processo não pode negar que fora antes convocado para a assembleia,

---

542. Conforme Sérgio Ferraz (*Assistencia litisconsorcial...*, cit., p. 79.

543. V. neste sentido Heitor Vitor Mendonça Sica, *Três velhos problemas do processo litisconsorcial*, In Revista de Processo, vol. 256, São Paulo: RT, 2016, p. 73.

544. No que apontada a debilidade da tese, por Barbosa Moreira (*Litisconsórcio unitário*, cit., n. 83, e sua Nota "49", p. 114).

545. LIEBMAN, Enrico Tullio. *Ações concorrentes* (Eficácia e autoridade..., cit., p. 217 e ss).

despicienda a citação dos demais por edital (apesar do Ac. STF, RE 87.001, v. RTJ 84/1.042), mesmo porque a Ata é publicada. Aliás, a convocação é edital, não havendo por que a duplicação. Corre ao sócio o interesse de propor ação, quando participaria da formação da coisa julgada: pela reunião de processos conexos (sob a amplitude da regra do §3º, do Art. 55, do CPC vigente, já que o risco de julgados conflitantes sobrepaira o conceito de conexão); pela intervenção na causa, mesmo sob recurso de terceiro prejudicado.

A imposição do ônus de participar do feito, ou de propor ação antes que se produza a coisa julgada, será por nós debatida (n. 71, infra). Eis, portanto, que a inércia do sócio (caso não queira impedir que se forme a coisa julgada sobre causa de pedir que não a sua) deságua na figura da substituição processual pelo sócio atuante, pela prejudicialidade suspensiva de eficácia de norma jurídica outra[546] - em decorrência da ponderação de argumentos[547] perante a tese exercitada. Tanto o recurso de terceiro prejudicado, quanto a ação anulatória de sentença enfrentariam a prejudicial (interna ou externa, respectivamente) em que se constituiria a sentença da ação já julgada em primeiro grau, em busca da uniformidade sob modificação de tese, a menos que produzido o transito em julgado na primeira causa, como demonstraremos.

O trânsito em julgado da sentença, seguido da ação de outro sócio, traria o único problema a ser resolvido pela doutrina. Em contrário a nosso entendimento, quem não admita a correlação de litisconsórcio facultativo unitário e substituição processual - já que não exigida a distribuição por dependência a processo findo (§1º, do Art. 55, CPC) - poderia sustentar a possibilidade de conflito de coisas julgadas.

Observa Marinoni[548] que não colhe o argumento de que o juiz do segundo processo possa entender que o vencido não tivera oportunidade

546. V. o exame da tese de Barbosa Moreira, cf. n. 68, infra. Acrescente-se que Ephraim de Campos Jr. (*Substituição processual*, cit. p. 81/82) reúne cópia de argumentos em defesa da substituição: o de que a pluralidade de legitimados não impõe o raciocínio de Liebman, de que todos possam propor ações diferentes; o de que os efeitos podem produzir-se para substituto e substituído, conforme a modalidade de substituição processual, ao contrário do que pensa Barbosa Moreira, bem como descabe indagar quem substitui a outrem, dado o julgamento uniforme. Ademais, acrescentamos, divergência houvesse, resultaria em prejudicialidade em favor do atuante (e não do omisso), conforme decorre do critério de suspensão de incidência de regra legal contrária, já citado, de Barbosa Moreira (v. n. 54, infra).

547. V. nossa interpretação do §1º, IV e do §2º, do art. 489, do CPC, exposta no n. 64, infra.

548. MARINONI, Luiz Guilherme. *Coisa julgada sobre questão*, cit., p. 287.

de adequado contraditório. É que a cognição só poderia versar o veto à relitigação, a isto reduzido o exame do atendimento, quando do processo anterior, dos requisitos do Art. 503. Tanto que cabível ação rescisória por violação da coisa julgada (Art. 966, IV), a questão prejudicial se demonstra de ordem pública e fora da disponibilidade das partes.

É verdade que o legislador (admitida, *ad argumentandum*, a relitigação sobre a decisão prejudicial) deveria estabelecer prazo decadencial curto para ações e a contar da data da assembleia. E poderia ser adotada a suspensão da primeira ação.

Nosso extenso prazo decadencial[549] (de dois anos, conforme Art. 286, LSA; e ainda maior em outros tipos societários, Art. 48, §ún., 178, 179 e 1.078, §4º, do Cód. Civil) realmente poderia trazer problemas de ordem prática para o funcionamento e a sequência de atos societários. E o Incidente de Resolução de Demandas Repetitivas não caberia, porque exige a efetiva repetição de demandas (não lhe servindo a apenas potencial).

Para quem não admita ampliação subjetiva da coisa julgada aos sócios não atuantes durante a tramitação do primeiro processo, seria encontrada, no sistema do CPC, a conjugação de dois dispositivos legais: o da suspensão do processo *ex vi* do disposto no Art. 313, V, alínea 'b', isto é, por estar a sentença de mérito a depender da ocorrência ou não da propositura de ações contrárias dentro do prazo decadencial; e o da tutela de urgência, quer sobre a ação primeiramente intentada, quer sobre a ação concorrente, quiçá associada(s) à caução (§1º, do Art. 300), com que coibido o abuso de direito de ação de invalidade[550].

Por outro lado, alinha-se à evolução processual a utilização de processo de cunho coletivo para tratamento de direitos individuais homogêneos, a exemplo do condomínio, quando atua na tutela de iguais direitos de condôminos a reparação por vícios na construção (REsp 1.560.728/MG, 3ª. Turma, Rel. Min. Paulo de Tarso Sanseverino, j. 18.10.2016, Info 592). Cuida-se de adoção de técnica de equiparação do condomínio a consumidor.

No CPC brasileiro de 2015 surgiu excelente regra sobre a distribuição por dependência, a do Art. 286, III e §ún. Segundo o ditame, basta

---

549. Erasmo Valladão de A. N. França e Marcelo V. von Adamek (ob. cit., p. 160) referem os prazos, muito menores, constantes de outras legislações, até de países de menor economia.

550. Assim atendida sugestão de caução *pro expensis*, dos doutrinadores referidos na Nota anterior, ob. cit., p. 174.

o risco de julgados conflitantes – de modo amplo descrito no Art. 55 e §§1º e 3º - entendendo-se que tal risco é justificador da distribuição por dependência, observada a prevenção ante qualquer hipótese de ampliação objetiva ou subjetiva do processo, a exemplo de ação posterior e de reunião de ações. E, em grau de recurso, mesmo que uma das ações já tenha sido julgada no tribunal, excluída a aplicação da ressalva da parte final do §1º, do Art. 55, prevalente a prevenção (Art. 79, do Regimento Interno do TJMG). Tem-se solucionada a ampliação da coisa julgada, objetiva e subjetivamente, por outra técnica, a do julgamento coletivo de demandas individuais.

E com a reunião de processos, tanto quanto as hipóteses de julgamento de processos repetitivos, pode ser cogitada a publicidade de ampliação do mérito resultante da oposição de exceções substanciais, irrelevante que não anotada quando da distribuição de cada feito: também não haveria como anotar os nomes de todos os integrantes do quadro societário, na já comentada ação anulatória de deliberação assemblear.

É de se esperar que os meios tecnológicos viabilizem a satisfação da vontade da lei[551]. Verdade é que uma companhia aberta, com seus milhares de acionistas não poderia levar o distribuidor à difícil (senão impossível) tarefa de identificação do quadro de sócios. Porém, a só identificação da companhia ré e da causa de pedir mediata (a deliberação assemblear) sugere o critério de trâmite reunido das causas coetâneas, sob o juízo prevento da primeira distribuída (Art. 59).

A solução que busca apoio na figura da substituição processual para projeção da coisa julgada a todos os potenciais litisconsortes unitários, resta confirmada. Não se trata de acomodação de terceiros ao conceito de parte. O próprio legislador sanciona a categoria de parte processual, quando, ao tratar da renovação da instância, após a extinção do processo sem resolução do mérito (Art. 286, III), exige a observância da prevenção – irrelevante que acrescidos litisconsortes à nova propositura (Art. 286, III).

Julgada procedente a demanda, anulada a deliberação societária com trânsito em julgado, pergunta-se: poder-se-ia ainda dizer que restasse intacta a pretensão de algum outro sócio, de anular a sentença e restabelecer a eficácia da deliberação assemblear? Sabe-se que a doutrina

551. Registre-se que, *de lege ferenda*, Erasmo Valladão A. e N. França e Marcelo V. von Adamek, *Algumas notas sobre o exercício abusivo...*, cit., p. 181, fazem sugestões.

diverge. Sabemos que, entre outros, Federico Carpi[552] nega exatamente a substituição processual pelo sócio atuante, relativamente aos demais.

Ora, a admissão do litisconsórcio facultativo unitário não poderia servir jamais de justificativa para a abertura de distinção de eficácia da sentença – direta para os presentes e natural ou mesmo reflexa para os ausentes. Nem merece apoio a tese de relativa incontestabilidade da sentença, no tocante aos terceiros, conforme constitutiva, para os atingidos pela procedência, ou declaratória, para os não atingidos, em face da improcedência da ação anulatória. Este, aliás, um dos aspectos que Barbosa Moreira aponta como ponto tíbio da doutrina de Liebman (v. linhas acima, cf. Nota 544).

Tem-se, pois, a prejudicialidade de efeito, pelo fato suspensivo de incidência da regra legal que consulte a algum dos interesses conflitantes, de potenciais litisconsortes, e que, no entanto, hajam de harmonizar-se na unitariedade (e pela indivisibilidade).

54. CAUSALIDADE E AQUISIÇÕES PROCESSUAIS.

Não cabe falar em terceiro, para quem aceitou ser substituído processualmente. Trata-se de hipótese admitida pelo ordenamento jurídico (a dos colegitimados em situação de indivisibilidade do bem jurídico objetivado), a teor do disposto no §ún., do Art. 18, do CPC – confirmado pelo Art. 109 e §ún., da Lei das S.A., combinado com o Art. 168, do Código Civil, superados os óbices doutrinários de que dissentimos no n. 53 antecedente.

Busca-se o acertamento da existência dos fatos jurídicos, bem assim o confronto com os contrafundamentos (objeção, exceção) para a integridade útil da relação de ação (processo). A cognição versa, portanto, a causalidade jurídica, que se dá dos fatos jurídicos às consequências jurídicas (direitos/ deveres, pretensões/ obrigações, ações/ exceções)[553].

Apropriadamente, divisa-se o *fato suspensivo* de eficácia da norma legal que invocariam os potenciais litisconsortes. Questão também prejudicial. Não foi inutilmente que dissemos, invocando Galeno Lacerda[554] (v. n. 34, supra), do fato suspensivo de eficácia de regra jurídica: o devedor

---

552. CARPI, Federico. *L'efficacia 'ultra partes' della sentenza civile*. Milano: Giuffrè, 1974, n. 36, p. 155.

553. VILANOVA, Lourival. *Causalidade e relação no direito*, 4ª. ed., São Paulo: RT, 2000, Prefácio, pp. 10/11 e passim.

554. LACERDA, Galeno. *As defesas de direito material...*, cit., p. 166.

ingressa em juízo, com declaratória negativa de sua mora. Diz que não há cláusula de vencimento antecipado da dívida. Mas a prescrição ocorre a cada parcela. E também não foi sem razão que invocamos o ensaio de Liebman[555], de 1962, em que atribui a extensão da coisa julgada (objetiva e subjetivamente) à resultante ditada pelas relações entre ação e exceção.

A tese de Barbosa Moreira[556] – do comportamento determinante, do litisconsorte unitário presente, no ponto de incidência da norma afetada e ante a omissão dos potenciais litisconsortes, cujo comportamento resta determinado – é, pois, complementada pela identificação da *causa genitrix*, o fato suspensivo de incidência de norma jurídica, como tal, questão prejudicial do comportamento, não exercitado, do potencial litisconsorte unitário:

> *Assim se pode descrever (...) interessante mecanismo: ele atua pela modificação das relações normais que vinculam certos efeitos jurídicos a certos esquemas de fato. Ora se faz corresponder ao esquema de fato um efeito jurídico 'mais' amplo, ora 'menos' amplo do que o efeito jurídico que ordinariamente lhe corresponderia – podendo até chegar a ser 'nenhum', no segundo caso, o efeito jurídico.*

Nulidade de contrato e cobrança. Ação (e contestação de cunho reconvencional, no CPC vigente). Cobrança e nulidade do contrato (ação e exceção prejudicial, também dita substancial).

A questão prejudicial não é, sempre e necessariamente, atinente a outra relação jurídica material. Mais importante: pode remontar ao próprio fato jurídico.

55. DIMENSÕES AMPLIATIVAS DA COGNIÇÃO *PRINCIPALITER*.

No CPC vigente não é necessário que a prejudicial enseje ação, vale dizer, sob o contraditório autônomo. Não se exige, portanto, a relação jurídica prejudicial, bastante a questão substancial – deslocado o critério para a profundidade da cognição e, pois, sob concessão quanto ao objeto.

Falamos, pois, de dimensões ampliativas da cognição apta à coisa julgada. São elas: a estatura (objetiva, de cognição sem peias instrutórias

555. LIEBMAN, Enrico Tullio. *Intorno ai rapporti...*, cit., p. 74.

556. BARBOSA MOREIRA, José Carlos. *Litisconsórcio unitário*, cit., p. 165.

ou não excluída pela sumarização por matéria); e a envergadura (subjetiva, de alargamento a outro legitimado pela não interposição de recurso ou não propositura de ação concorrente).

Vejamos a primeira dimensão ampliativa da cognição de mérito: a estatura (objetiva). Refere-se à questão – principal ou prejudicial. Esta última, inerente à mesma ou a outra relação jurídica. Daí, abrangente das exceções substanciais, ora ditas exceções prejudiciais, como da doutrina do CPC de 1939. Interpretam-se, no Art. 503, do CPC vigente, o *caput* (questão principal) e o §1º (questão prejudicial equiparada a principal), como limites objetivos indicados à coisa julgada.

Não é necessário que a parte esteja presente, bastante que processualmente substituída (contraditório efetivo). A fonte da substituição processual é ampliada da lei ao ordenamento jurídico, conforme o Art. 18, do CPC (que pode compreender a substituição acordada via negócio jurídico pré-processual). A temática da substituição processual (legitimação extraordinária, queira-se, conforme explanado no n. 48, supra) recobre os potenciais litisconsortes vencidos, na unitariedade, em seu interesse substancial ponderado ante as teses vencedoras, do(s) litisconsorte(s) atuante(s). Esta ponderação consulta ao reconhecimento da questão prejudicial, aplicada no âmbito das relações intersubjetivas. Dizer-se que possível contradição entre as teses de litisconsortes, atuantes ou potenciais, o seja de natureza lógica não oferece empecilho à produção da coisa julgada, porque, mesmo lógica, desde que não exclusivamente tal, poderá ser suficiente a definir a espécie decidenda.

Esta, a segunda dimensão ampliativa da cognição de mérito: a envergadura (subjetiva). Refere-se a quem se fez substituído no processo, equiparando-se a parte, embora ausente dele. E isto, acrescente-se, mesmo que tivesse pretensão concorrente, porque, como assinala Rosenberg[557], referindo-se ao concurso de ações do mesmo autor, se a sentença decidiu uma das pretensões concorrentes [e aqui, por analogia *juris*, de outro autor, o substituído], não se poderá iniciar um novo processo, fazendo valer a pretensão não acolhida nem recusada.

Admita-se que, porque fora de tal dimensão da coisa julgada, a existência da extensão subjetiva de eficácia, como se vê, por exemplo, no julgado de improcedência, na situação de que trata o Art. 274, do Cód.

---

557. ROSENBERG, Leo. *Derecho procesal civil*, II, trad. de Angela Romera Vera, Buenos Aires: EJEA, 1955, p. 41.

Civil (depois de alterado pelo Art. 1.068, do CPC de 2015). Também a legitimação ativa para a execução pode não derivar diretamente do título executivo judicial. Com base no mesmo Art. 274, do Cód. Civil, o contraditório, que no cumprimento de sentença promovido pelo credor solidário atuante afaste o respectivo crédito, nem terá sido prévio, nem efetivo – para os demais credores.

Falávamos de prejudicialidade, como modalidade de conexão de fatos jurídicos (n. 53, supra). E agora de novo salientamos a ação anulatória de deliberação assemblear. Não se trata de exercício de direito de crédito, por algum dentre credores solidários. E por isso não assalta dúvida ante o tratamento, diverso, atribuído à pluralidade de credores ou de devedores em obrigação indivisível (Art. 281, do Código Civil).

Insista-se. Os sócios da companhia, no exercício de demanda anulatória de deliberação da assembleia, não agem como credores, nem contra devedores (que não o são os demais sócios, ausentes do processo), mesmo em se tratando de incindibilidade, de indivisibilidade. Ocorre, portanto, substituição processual, o contraditório prévio e efetivo se perfaz com o sócio atuante e o critério do fato jurídico conexo (suspensivo da regra que consultaria ao interesse de algum dos não atuantes) é de *prejudicialidade de efeito.*

Assinalamos que, na unitariedade pela indivisibilidade (litisconsórcio ativo facultativo), advém a chave de volta do sistema – de equiparação da prejudicial (deduzida pelo litisconsorte unitário atuante) a principal (com coisa julgada para o litisconsorte não atuante). O art. 274, do Cód. Civil, ressalva disposição em contrário. É que não se pode dizer o mesmo na obrigação indisível, valendo lembrar a análise de Giorgio Giorgi[558], de que *na indivisibilidade a coisa julgada não estende os seus efeitos de devedor a devedor,* como também *aos outros credores.*

A *prejudicialidade de efeito* opera distinção no âmbito subjetivo da imperatividade sentencial, retirando supostos terceiros dos espaços da eficácia natural e da eficácia reflexa da sentença, perante o interesse jurídico autônomo e determinativo do legitimado atuante.

A regra do §2º, do Art. 503, do CPC, de limitações à cognição ou restrições probatórias, devolve ao âmbito subjetivo de eficácia natural,

558. GIORGI, Giorgio, *Teoria delle obligazioni nel diritto moderno italiano.* Vol. I, ristampa della 7ª. ediz., Firenze: Fratelli Cammelli 1924, p. 283/284; Índice, 1911, p. 156/157.

a exemplo dos Arts. 274 e 281, do Cód. Civil, os casos não cobertos pela coisa julgada (que, para a corrente majoritária da doutrina, se dá *secundum eventum litis*).

Capítulo VIII

NATUREZA JURÍDICA DA COISA JULGADA

56. ELEMENTO E EFICÁCIA DECLARATÓRIOS.

Ao deduzir a imutabilidade do efeito constitutivo e resgatá-lo da figura de efeito anexo ao *accertamento*, Corrado Ferri[559] destaca que, para se chegar a esta conclusão, nenhuma necessidade há de se forçar a letra do Art. 2.909, do Codice Civile italiano (que se refere ao *accertamento contenuto nella sentenza*), pois o que passa em julgado é *o acertamento de que a modificação jurídica deva ser produzida e, assim, a declaração do efeito constitutivo que emana da pronúncia*[560].

Não é por outra ordem de considerações que, ao propugnar pela imutabilidade de todo o comando sentencial, com suas variadas eficácias, Liebman[561] verbera (como visto supra, n. 1) o expediente medíocre com que a doutrina italiana restringia o vocábulo *accertamento*, para confiná-lo à eficácia declaratória – em que a incontestabilidade sustentaria outro efeito que se lhe conjugasse (então, acessório), constitutivo ou condenatório.

Lembra Barbosa Moreira[562], o processo civil brasileiro não precisa do medíocre expediente, porque a regra de nosso Art. 468, do CPC de 1973 se refere à *sentença* (tanto quanto o Art. 503, do CPC de 2015 à *decisão*, isto é, à sentença e à interlocutória de mérito), não à declaração

559. FERRI, Corrado. *Profili*, cit., p. 234.

560. É exatamente como os alemães vêem o elemento declaratório, em seu amplo espectro, abrangente da eficácia constitutiva (v. n. 15, supra).

561. LIEBMAN, Enrico Tullio. *Eficácia e autoridade*, cit., p. 5-6.

562. BARBOSA MOREIRA, José Carlos. *Coisa julgada e declaração*. In Temas de direito processual. 1ª série. São Paulo: Saraiva, 1977, p. 85.

nela contida. Pelo que não devemos (diz) assumir problema alheio e adotar a respectiva (e mesmo ali, discutível) solução.

É sabido que o Art. 2.909, do Codice Civile italiano se deve a forte influência alemã,[563] do que resultou o "medíocre expediente" adotado para estender a imutabilidade às eficácias condenatória e constitutiva, como decorrência do seu caráter de "elementos adjuntivos e conseqüenciais" da eficácia declaratória e, pois, uma vez que se não possa mais contestar o acertamento, também não se possa mais contestar "nem ao menos o só elemento consequencial"[564].

Outro não menos medíocre expediente poderia ser utilizado quanto à expressão *a ogni effetto* (também do Art. 2.909, Codice Civile italiano), emprestando-lhe acepção não de efeitos de mérito, mas de efeitos processuais. Dir-se-ia também que se estaria a forçar a letra da lei – embora nem tudo que esteja na lei civil tenha de ser necessariamente substancial, bem podendo invadir a área do processo – ou seria um meio de ladear o texto legal.

Há que se considerar a concepção de Hellwig[565], que ditou a fusão entre coisa julgada e declaração: a declaração persistiria, enquanto a constituição ou a condenação se extinguiriam, uma vez produzidas, com o trânsito em julgado; e isto porque a mutação prática valeria *erga omnes* e, por sua vez, a declaração somente valeria *inter partes*.

Pode-se extrair de Hellwig[566] a seguinte passagem: *se um direito nasce ou perece, isto deve valer em face de todos*, o que, no entanto, seria aplicável a qualquer das classes sentenciais. A Hellwig adere Rosenberg[567], para dizer que o efeito constitutivo se realiza, tanto quanto o objeto da declaração, mediante a sentença, a qual, quando teria de ter por objeto o direito à modificação jurídica, extingue-o.

---

563. MERLIN, Elena. *Compensazione ...,*, II, cit., n. 6, p. 32.

564. VELLANI, Mario. *Appunti sulla natura della cosa giudicata*. Milano: Giuffrè, 1958, p. 50-51.

565. HELLWIG, Konrad. Ob. e loc. cit. Liebman (*Eficácia*, cit., ed. bras., p. 20-23) rebate a tese de Hellwig (de que o efeito constitutivo e o condenatório se produzem *erga omnes* e só a declaração apenas às partes). Assinala: "parece estranho valer só entre as partes a declaração de nulidade e 'erga omnes' a que decrete a anulação" (de um mesmo contrato). Conclui: "os efeitos declaratórios ou constitutivos são, antes, da lei [que o juiz aplica], não da sentença" (*Eficácia*, cit., ed. bras., p. 22-23).

566. HELLWIG, Konrad. *Wesen*, loc. cit. (trad. de BARBOSA MOREIRA, *Coisa julgada e declaração*, cit., p. 81).

567. ROSENBERG, Leo. *Tratado de derecho procesal ...*, cit., n. 2, p. 443.

Ocorre, todavia, que o processo civil alemão se prende ao Klagerecht, no que tange à ação em juízo, e não ao Anspruch, do BGB (§194). Veja-se que o §322 da ZPO pode permitir que o poder formador do direito à sentença constitutiva derive do ordenamento jurídico[568]. Se não se pode, pois, descartar, como elemento comum da demanda, qualquer seja a sua eficácia, *a alegação de fatos, isto é, dos acontecimentos ou causas empíricas, do estado de fato*, a regra da ZPO (§141, I)[569] determina ao juiz intimar as partes a prestar esclarecimentos sobre a matéria de fato, com o fito de proceder à subsunção ao ordenamento jurídico – o que trai exatamente a função declaratória, presente à tutela constitutiva e o retorno ao problema dos italianos.

É o mesmo que nos faz retornar à crítica de Barbosa Moreira[570] contra a atribuição à só declaração, do caráter de essência da coisa julgada, entrevista por Hellwig[571]: de que, sendo a coisa julgada a indiscutibilidade ou imutabilidade, naturalmente, apresenta características ínsitas à sentença declaratória. Tal não bastaria, contudo, na convivência das eficácias, à não contaminação da declaração pelas demais eficácias, menos ainda a converter a constitutividade e a condenatoriedade em agregados eventuais e não homogêneos, por suscetíveis de mutabilidade.

57. QUESTÃO PREJUDICIAL NEGATIVA.

Vimos no n. 53, supra, a decisão prejudicial impeditiva de relitigação. Cuida-se de questão prejudicial negativa, expressão da conhecida função negativa da coisa julgada.

Apresenta Barbosa Moreira[572] a argumentação *ab absurdo*, partindo de uma concessão de razão à tese de coisa julgada só da declaração: o contrato judicialmente declarado nulo poderia ser objeto de ação em que ainda se lhe exigisse o cumprimento.

Ademais, a premissa de que coisa julgada e declaração se identifiquem é errônea, sendo certo que inclusive Hellwig[573] teria assumido que a coisa julgada não poderia referir-se à declaração (do direito de obtê-

568. ROSENBERG, Leo. *Tratado de derecho procesal* ..., cit., n. 2, p. 22.
569. ROSENBERG, Leo. *Tratado de derecho procesal* ...,, cit., n. 1-b, p. 30.
570. BARBOSA MOREIRA, José Carlos. *Coisa julgada e declaração*, cit., n. 2, p. 82.
571. HELLWIG, Konrad. *Wesen*, cit., p. 12 e 18-19.
572. BARBOSA MOREIRA, José Carlos. *Coisa julgada e declaração*, cit., n. 3, p. 83.
573. HELLWIG, Konrad. *Wesen*, cit., p. 12 e 18-19.

-la) depois que obtida, já, a modificação. O que demonstra que poderia referir-se ao efeito da modificação, em si mesmo e, com fundamento neste, ao direito correspondente.

É que a passagem direta ao *Klagerecht* (tal como empreendida por Rosenberg[574]), com abandono do *Anspruch*, apenas teria lugar se a prejudicialidade do direito à modificação ocorresse na forma mais simples, *più piana*, como diria Menestrina[575], a do ponto prejudicial, como no exemplo de renovatória de locação comercial, em que discutido pelo locador apenas o aluguel proposto. O direito à renovação (a pretensão) emerge incontroverso. E a ação é puramente constitutiva positiva, não se generalizando, evidentemente, a hipótese, porque possa, diversamente, ser discutida a pretensão mesma, que assim deixaria de ser ponto prejudicial.

Caberia, então, repetir Menestrina[576], no sentido de estar-se diante do "modo mais simples com que a prejudicialidade se insinua no processo lógico do juiz. A asserção da parte se converte quase sempre em asserção do decidente".

E, continua: "deve-se observar que no momento em que o processo de declaração é proposto e naquele com o qual é encerrado, a prejudicialidade não se manifesta senão nesta sua forma mais simples"[577].

O que de todo modo ocorre, portanto, com ou sem o ponto prejudicial, é que o autor tem de reunir, para ajuizar ação, os requisitos dos atos jurídicos e estar atento às consequências da respectiva inobservância – não se tratando de problema afeto a consequencialidades da eficácia declaratória.

O mesmo impulso de projeção da declaratividade se pode dizer das sentenças condenatórias, modalidade de eficácia que a doutrina alemã, desde os pandectistas ao produzirem ciência por sobre o direito romano, faria por generalizar, a exemplo da ação reivindicatória, que, adstrita, embora, a direito real, tido por absoluto, tornou-se relativa, posta a respectiva eficácia na dependência de colaboração do condenado, como se se tratasse de direito relativo[578].

---

574. ROSENBERG, Leo. *Tratado de derecho procesal...*, cit., p. 23-24 e n. 2, p. 443.

575. MENESTRINA, Francesco. *La pregiudiziale nel processo civile*, cit., p. 137.

576. MENESTRINA, Francesco. *La pregiudiziale nel processo civile*, cit., p. 138.

577. MENESTRINA, Francesco. *La pregiudiziale nel processo civile*, cit., p. 138.

578. Veja-se o excelente estudo de Ovídio A. Baptista da Silva, *Reivindicação e sentença condenatória* In Sentença e coisa julgada, 3ª. ed., Porto Alegre: Fabris, 1995, pp. 223/272 .

Aliás, de restrita à declaratividade não foge mesmo a concepção de Proto Pisani[579], ao equiparar as situações de vantagem relativamente a algum bem, sobre a base de um direito, seja real, seja pessoal, como critério geral da pretensão de tutela jurisdicional, a crise de colaboração do sujeito passivo. O direito real não depende de prestação e, pois, não existe na dependência de tal colaboração.

Certo é que os processualistas alemães, a exemplo de Rosenberg[580], contentam-se em incluir as sentenças condenatórias no campo dos direitos a prestação, com o que também a condenação nada acresceria de seu, à eficácia declaratória, restituída a coisa julgada à eficácia de declaração, reconhecendo-se-lhe, quando muito, efeitos acessórios.

58. DECLARATIVIDADE E PREJUDICIALIDADE.

É preciso, porém, retomar-se regressivamente o fio evolutivo da discussão, para encontrar-se em Chiovenda[581] a sintomática equiparação: "todo direito absoluto ou relativo se converte em obrigação no momento do processo". É exatamente deste gênero, condenatório (e de confins nada mais que declaratórios), com a execução transposta a processo outro, originariamente executivo, que Liebman[582] se serviria, vindo a tornar-se o corifeu da separação entre cognição e execução – hoje renegada. Nunca, porém, se deu o devido valor à concepção de eficácia constitutiva do título executivo, com que Liebman[583] pretenderia depois obter, no âmbito da tutela jurisdicional, o que obtivera com a coisa julgada (a equiparação das eficácias). Pontes de Miranda[584], aliás, entendendo que o direito à execução não é mais que o direito ao procedimento executivo, retornou ao previsto no Art. 301, do CPC de 1939 (em que a executiva era contestada e recaía no rito ordinário), para dizer que, enquanto o *título executivo sentencial 'pressupõe', de ordinário, a condenação, o não-sentencial a pospõe ao ingresso da execução.*

579. PROTO PISANI, Andrea. *Lezioni*, cit., p. 36-37.

580. ROSENBERG, Leo. *Tratado de derecho procesal...*, cit., §85, p. 6 e ss.

581. CHIOVENDA, Giuseppe. *Instituições de direito processual civil*, I vol., cit., p. 55.

582. LIEBMAN, Enrico Tullio. *Processo de execução.* São Paulo: Saraiva, 1946, p. 83.

583. LIEBMAN, Enrico Tullio. *Embargos do executado.* 2ª ed. São Paulo: Saraiva, 1968, n. 81, p. 135.

584. PONTES DE MIRANDA, Francisco Cavalcanti. *Comentários ao Código de Processo Civil* (de 1973). Vol. IX. Rio de Janeiro: Forense, 1976, p. 29-30.

Com isso, porém, nada mais se diz que ter de reunir o autor (isto é, ter realizado), para ajuizar ação, os requisitos dos atos jurídicos substanciais e de estar atento às consequências da respectiva inobservância, vale dizer – estar infenso às resistências sob alegação de fatos impeditivos, modificativos ou extintivos do atendimento daqueles requisitos.

A coisa julgada é, decididamente, o que perpassa a eficácia – não obstaculizada – dos fatos jurídicos inerentes à dedução do pedido ou da exceção material. E sendo estabilidade do comando (imutabilidade, incontestabilidade), repousa – de volta à estática do direito, depois de exaurida a sua dinâmica – na já referida *reductio ad unum* dos argumentos jurídicos, com o que confrontados, sob o *jura novit curia*, os efeitos pretendidos dos fatos estabilizados.

Neste sentido, se situa a coisa julgada no *estado do pedido*.

Recorde-se o *far' stato*, do Art. 2.909, do Codice Civile italiano: eis a *força de lei*, do Art. 503, do CPC brasileiro. Se *força* é algo retirado do ordenamento jurídico (dir-se-ia, menos que a coisa julgada, também da vinculatividade do precedente), o ponto de apoio, fundamental e sintético, de há muito fora tangenciado por Pugliatti[585]: fonte de qualquer efeito jurídico é a norma, mas não sendo ela a totalidade do fenômeno jurídico, tem-se de incluir-lhe dois fatores à produção da eficácia jurídica. Os pressupostos de fato e as condições para a aplicação da norma.

Ora, neste sentido, a caminho da descoberta das condições para a aplicação da norma, toda *fattispecie* em última análise pode ser tratada como complexa, a reclamar o papel ativo do juiz (expresso nas regras do Art. 357 e seu §3º, do Art. 139, VIII e do Art. 10, todos do CPC brasileiro), pelo que o conjunto de regras legais ou sistema de regras legais a reger a espécie se revela sempre *a posteriori*, isto é, após conhecido o complexo factual. Há espaço no ensinamento de Corrado Ferri[586], para tal afirmativa: *só com a sentença se integra a fattispecie complexa.* Sem indagar do porquê, ou sem percebê-lo, Cogliolo[587] havia chegado ao mesmo ponto: identificando (os limites objetivos da) coisa julgada com a retirada do teor da sentença de todo o conteúdo jurídico, para ver restantes os fatos, sabendo tratar-se de fatos jurídicos, os fatos já por ela considerados.

---

585. PUGLIATTI, Salvatore. *Esecuzione forzata e diritto sostanziale*, cit., p. 63-64.

586. FERRI, Corrado. *Profili ...*, cit., p. 70.

587. COGLIOLO, Pietro. *Trattato ...*, cit., p. 180.

Podemos agora dizer que toda sentença de mérito é constitutiva do fenômeno jurídico-processual (do qual, em se tratando de sentença constitutiva, também a sentença desde o fato jurídico). Não é, por conseguinte, somente a pura exegese (eficácia declaratória), como síntese dos elementos formal (norma) e material (fato), a discutida categoria da imutabilidade do provimento jurisdicional, mas algo que depende visceralmente do pedido.

Descendo-se, portanto, à procura do que origina a coisa julgada – que não sendo, embora, efeito da sentença, é-o, porém, do processo e de efeitos processuais –, tem-se os fatos jurídicos fixados pelo contraditório, associados a dois outros fatores, um, de fato (as aquisições processuais), outro, de direito (a aplicação do princípio *jura novit curia*). Eis o núcleo essencial da coisa julgada, que tomamos a liberdade de identificar como *estado do pedido* – na esteira da noção pugliattiana de causa como síntese unitária dos efeitos[588].

Podemos, portanto, raciocinar com a *fattispecie complessa*, de Corrado Ferri[589], extraindo-lhe a essência (n. 69, infra) para resgatá-la dos casos de cumulação de ações e orientá-la, também, para os de cumulação de causas de pedir ou de cumulação por prejudicialidade (ou concurso com exceção prejudicial).

No aspecto da resistência, mesmo tendo-se por superado o brocardo *reus in excipiendo fit actor*, não se exclui a pretensão processual de improcedência do pedido, não se exclui o pedido processual.

Por fim, do ângulo dos limites subjetivos, a coisa julgada tem de conferir o direito (e seus efeitos) a quem o tenha. Daí, a legitimação pelo resultado, a verificar quem sejam os legítimos contraditores e, dentre eles, qual o de interesse jurídico prevalente.

Sinaliza Ugo Rocco[590], *a demanda judicial, ou outro ato do gênero, é aquela, portanto, que determina os sujeitos ativos da relação jurídica obrigatória (relação de ação e relação de contradição em juízo)*. É também, portanto, das relações entre ação e exceção que se verifica a legitimação das partes, respectivamente, ao aspecto benéfico ou não, do provimento dotado de coisa julgada.

---

588. Cf. IRTI, Natalino. *La scuola di Messina*, cit., p. 386/388.

589. FERRI, Corrado. *Profili* ..., cit., p. 70.

590. ROCCO, Ugo. *Trattato*..., cit., p. 104.,

E o critério definidor é o mesmo ditado pelo Art. 503 e seus §§, do CPC, regramento com que se estabelece a passagem da *cognitio* ao *judicium*. Confirma-se tal critério comum, em que a prejudicialidade tem por base a instrumentalidade, segundo observa Miguel Teixeira de Souza[591], assim a de existência ou concreta, quanto aos limites objetivos, como a de eficácia ou abstrata, quanto aos limites subjetivos, conforme a terminologia do processualista lusitano.

59. OBJETO DA COISA JULGADA.

No n. 7, supra, referimos o bem jurídico tutelado, como o objeto da coisa julgada. E estabelecemos sua descoberta com a verificação do "estado do pedido" – que se define perante a resposta do réu, ao embate de razões da pretensão e da resistência, ou seja, ante o conjunto de questões.

O pedido autoral e as exceções materiais têm de ser resolvidos por sobre todas as respectivas questões (ou contrastes ao bem deduzido[592]). Assim, da junção dos Arts. 503 e 489 (e também do Art. 10), passando pelo confronto de argumentos, resulta a série de soluções que se vão entrosando, no dizer de Lopes da Costa[593] – porque o processo se constrói em polissilogismo, ainda que não seja pura lógica. É que a sentença há de ser lógico-jurídica, portanto técnica.

Porém, ainda antes de se proceder ao exame da técnica sentencial, retenha-se a advertência de Lopes da Costa[594], de que questão é uma palavra que se presta a dúvida. Também Fazzalari[595] distingue questão e questão controvertida, porque a dúvida pode surgir sem contraditório – sobre os requisitos legais do ato jurídico. Do mesmo modo, Menestrina[596]. Por isso, o CPC brasileiro de 2015, no que prima pelo apuro da técnica, exige que o juiz e as partes submetam até mesmo a dúvida ao contraditório (Arts. 10 e 357 e §§). Do completo trabalho de saneamento resultam definidas as questões principais, quer as indicadas pelo(s) pedido(s), quer as que, pela prejudicialidade impeditiva ou determinativa, se lhe equiparem: a ampliação do contraditório é hábil a esclarecer a consciência do juiz, por

591. SOUZA, Miguel Teixeira de. *Revista Forense*, n. 292, p. 125.

592. V. n. 23, supra, cf. Chiovenda (*Instituições...*, Vol. I, cit., n. 1, p. 528).

593. LOPES DA COSTA, Alfredo de Araújo. *Direito processual civil brasileiro*, III, cit., p. 121.

594. LOPES DA COSTA, Alfredo de Araújo. *Direito processual civil brasileiro*, III, cit., p. 121.

595. FAZZALARI, Elio. *Istituzioni di diritto processuale*. VIII ediz. Padova: CEDAM, 1996, p. 85-86.

596. MENESTRINA, Francesco. *La pregiudiziale ...*, cit., p. 138.

isso que, como aponta Herbert Spencer[597], estará no espírito do julgador, sob exercício de indução e dedução e pelo maior número de vezes em soluções concordes, o encontro da certeza perante os argumentos constantes dos autos. É que o juiz, antes de proferir a sentença de mérito, deverá submetê-la, em seu raciocínio, ao confronto com as questões do pedido e da resposta e ao contraste com os fatos jurídicos invocados e os decorrentes das aquisições processuais. Ao obter sua redução à unidade, supera os argumentos de parte a parte, por razões de decidir, em revisão, se necessário, da solução antes encontrada. Eis como a sentença une os elementos da discussão da causa. E, consciente disto, o Art. 489, §3º, do CPC de 2015, determina seja a sentença interpretada a partir da conjugação de todos os seus elementos, que derivam e se extraem daqueles.

A aludida redução à unidade se verifica também em relação aos legitimados conforme o resultado, no que entende com os limites subjetivos da coisa julgada (e da eficácia reflexa). A menos que se adote – contrariando o direito positivo – a adstrição da coisa julgada exclusivamente aos legitimados ordinários, tem-se de admitir a legitimação extraordinária como autor ou como réu, seja ela plural ou exclusiva, seja ela inicial ou superveniente. Nas hipóteses, destaque-se, de legitimação concorrente disjuntiva ou autônoma, a negativa de possibilidade de ampliação de limites subjetivos importaria em elaboração de construção doutrinária incongruente com o sistema juspositivo, pois, com efeito, ter-se-ia de admitir que o julgamento de mérito pudesse sofrer cisão após o trânsito em julgado, dele se extraindo questões já superadas pela prejudicialidade de efeito, para admiti-las discutidas em processo posterior sob *causa petendi* reversa de sedizente terceiro. Seria admitir que a própria afimação sentencial de mérito, legitimamente provocada, pudesse não consumir em si as contraafirmações de validade. Já falamos da insuficiência dos *tria eadem* e do relevo (mais amplo) do bem jurídico (n. 7, supra). Quanto a este, cuida-se, já, do percurso descendente, pós-coisa julgada, envolvente das pessoas, dos interesses contrapostos e dos bens, não mais do percurso ascendente, de partes, pedido e causa de pedir.

Ainda outra via pode reafirmar o raciocínio, no tocante aos potenciais litisconsortes não atuantes. O litisconsórcio facultativo ulterior tem restrições a sua formação. Porque significa a quebra do juízo natural, já se sabendo, por antecipação, o juízo da causa. Quisessem

---

597. SPENCER, Herbert. *A Justiça ...*, cit., p. 137.

os sócios interessados na validade da deliberação comparecer ao lado da sociedade (insistamos, caso não se aceitem substituídos pelo sócio atuante, de tese contrária) seriam seus assistentes litisconsorciais, é o que estabele o CPC brasileiro (Arts.18 e §ún. e 996 e §ún.). E a assistência é intervenção espontânea. Não se lhes impõe, portanto, a citação e sequer a intimação.

Note-se que o Art. 18, §ún., do CPC, especifica a figura interventiva: assistência litisconsorcial, com a qual se confirma a ocorrência de coisa julgada para o legitimado a intervir, tenha havido a intervenção ou não[598], isto é, para o terceiro (assim nominalmente indicado).

Queremos referir-nos às posições de autor e réu, já que a coisa julgada se refere a ambas, acolhendo ou rejeitando o pedido (e o fato constitutivo, da ação, da reconvenção), acolhendo ou rejeitando a defesa indireta de mérito (e o alegado fato impeditivo, modificativo ou extintivo, aliás constitutivo de direito do réu).

A coisa julgada tem por objeto o estado do pedido, revelado ao encontro com a defesa de mérito, direta ou indireta. Objeto (na acepção de ciência do direito) que também se explica subjetivamente. É que *o objeto científico* não pode ser compreendido apenas objetivamente. Porque *também o direito civil conhece efeitos jurídicos e relações jurídicas existentes, somente, entre determinadas pessoas*[599].

Distingue-se, no processo, seja em função da ação, seja da exceção ou da objeção substancial, o percurso progressivo, a caminho da coisa julgada, a que vêm os elementos partes, pedido e causa de pedir. E, após a coisa julgada, o percurso regressivo, a que vêm as pessoas, os bens e os interesses, construídas, como efeitos extraprocessuais, a objeção de coisa julgada e a eficácia preclusiva.

Assim o interesse estatal na composição da lide corresponde ao poder (concreto) do ordenamento jurídico. É o *poder de estado do pedido*. Porque *a sentença tem o mesmo significado ou valor de uma situação fática que, correspondendo à exposição do vencedor no processo, justifica o efeito jurídico por este solicitado*[600].

---

598. FERRAZ, Sérgio. *Assistência litisconsorcial...*, cit., p. 83.

599. POHLE, Rudolf. *Reflexões...*, cit., p. 23.

600. POHLE, Rudolf. *Reflexões sobre a natureza da coisa julgada*. Porto Alegre: Fabris, 2012, p. 21.

De se rememorar o conhecido ensaio de Luiz Eulálio de Bueno Vidigal[601], que aponta duas diretrizes para o direito de ação, a do Estado como titular da situação jurídica ativa (o particular teria o direito de fazer agir) e tal situação ativa como poder (possibilidade de agir para satisfação de interesse alheio, da coletividade). Tal resposta ao direito potestativo de agir chiovendiano mostra que o poder de atuar a vontade concreta de lei não é da parte e que nada mais é que realidade já abrangida pela esfera de poder estatal. Seria, por isso, de se dizer, a propósito das sentenças constitutivas, de eficácia que *não consiste na criação de um direito potestativo, mas na alteração normativa provocada pelo exercício de um direito potestativo*[602].

Somente nos atreveríamos a assinalar, recordando o importantíssimo ensaio do Professor das Arcadas, que a análise ultrapassa a ação (seja ela direito, seja jurídico-ativa) e se dirige à coisa julgada. Eis o poder, destinado a *far' stato* (por força do estado do pedido) a qualquer efeito, na fórmula do Art. 2.909, do Codice Civile italiano, e que entre nós se chama de autoridade de imutabilidade e indiscutibilidade (Art. 502, do CPC de 2015).

A preclusão é a transferência (progressiva, no processo e a cada momento) de faculdades processuais (ou direitos subjetivos processuais) ao Estado. Culmina tal transferência com a coisa julgada. A ela vêm ter os trâmites da preclusão de questões, quer por deduzidas e decididas, quer por não deduzidas, embora dedutíveis (Art. 508, do CPC).

A justificativa, pois, da proposição *coisa julgada = poder de estado do pedido*, a nosso ver fixada pelo Professor paulista, deslinda outro estratagema chiovendiano – o do esgotamento da coisa julgada na preclusão, quando supervalorizado o elemento comum[603] perante a distinção.

E, ao lado da preclusão, intraprocessual, observa Cândido Rangel Dinamarco[604] que a eficácia preclusiva garante a indiscutibilidade dos

601. VIDIGAL, Luiz Eulálio de Bueno. *Existe o direito de ação?* In Revista de Direito Processual Civil, n. 5, São Paulo: Saraiva, 1962, p. 7 e ss.

602. CRESCI SOBRINHO, Elicio de. Notas como tradutor In Rudolf Pohle. *Reflexões...*, cit., p. 53.

603. CHIOVENDA, Giuseppe. *Sulla cosa giudicata*. In Saggi di diritto processuale civile. Vol. II. Milano: Giuffrè, 1993.

604. DINAMARCO, Cândido Rangel. *O conceito de mérito em processo civil*. In Revista de Processo, São Paulo: RT, n. 34, 1984, n. 10, p. 36. A tese é também de Botelho de Mesquita (*A autoridade da coisa julgada e a imutabilidade da motivação da sentença*. In Teses, Estudos e Pareceres de Processo Civil. Vol. 2. São Paulo: RT, 2005, p. 144).

motivos com referência à demanda já julgada (até mesmo perante modificações acidentais). São ultraprocessuais, portanto, a coisa julgada e sua eficácia preclusiva.

Assinale-se, de passagem, o Voto do Ministro Alfredo Buzaid, no Rec. Extr. 94.530 (RTJ 103/759 e ss.), lembrado por José Carlos Moreira Alves[605], como límpida e sintética explicação da razão de o Art. 469, do CPC de 1973, excluir da coisa julgada os motivos. Tal é a conhecida passagem de Chiovenda[606] (citada no Voto), de que *as razões de decidir, que constituem alvo da inteligência do juiz, preparam em operações lógicas a conclusão a que vai chegar no ato de declarar a vontade da lei, mas o juiz, enquanto razoa, não representa o Estado; representa-o enquanto lhe afirma a vontade.*

A manifestação do poder (do Estado) explica, sim, a vontade sentencial – ora integrada da vontade legal de explicitar as prejudiciais, segundo o disposto no Art. 503 e seu §1º, do CPC de 2015, visto como não tenha sentido um direito à tutela jurídica contra o Estado: *pois dar razão a quem a tem é interesse do Estado, a que provê com a instituição dos juízes*[607].

Isto, porém, não quer dizer que o Estado não se obrigue a tutelar o direito. Há o direito exercitável contra o Estado. Não se trata, apenas e de imediato, do direito à tutela jurídica. Cumpre inserir no sistema jurídico processual a visão de Ugo Rocco[608], sobre o direito de ação como relação jurídica fracionada (entre os sujeitos legitimados) e que, uma vez realizada a citação, publiciza-se, tornando-se então íntegra – pelo que a coisa julgada atinge todos os legitimados, atuantes e não atuantes, bem como os legitimados a intervir, intervenientes ou não. O que faz com que se extinga o direito de ação (sob a mesma causa de pedir devidamente íntegra) para todos os legitimados.

De outro lado, do confronto entre a *causa petendi* e a(s) *causa(ae) excipiendi*, tem-se a apontada integração de relação jurídica antes fracionada.

---

605. MOREIRA ALVES, José Carlos. *Alfredo Buzaid, uma vida dedicada ao direito*. In RUFINO, Almir Gasquez; PENTEADO, Jacques de Camargo (Org.). Grandes juristas brasileiros. São Paulo: Martins Fontes, 2003, p. 24.

606. CHIOVENDA, Giuseppe. *Instituições* ..., Vol. I , cit., n. 115, p. 515.

607. VIDIGAL, Luiz Eulálio de Bueno. *Existe o direito de ação?...*, cit., n. 2, p. 7.

608. ROCCO, Ugo. *Trattato...*, cit., Vol. I, p. 410.

Portanto, quer do ângulo subjetivo, quer do ângulo objetivo, a recomposição do fracionado direito de ação (a *actio nata*) reúne as questões principais e as prejudiciais equiparadas – quer as prejudiciais (objetivas), que as dizemos *de causa*, quer as prejudiciais (subjetivas), que as dizemos *de efeito*.

Já falamos da lide como fenômeno fraturado da vida do direito (geradora da referida relação jurídica fracionada) e da função da sentença de mérito, como de devolução de eficácia ao fato jurídico (n. 7, supra).

Capítulo IX

EFICÁCIAS SENTENCIAIS

60. CLASSIFICAÇÃO DAS SENTENÇAS.

Que dizer do sincretismo processual, unindo, sob a citação única, cognição e cumprimento? Subsistiria a eficácia condenatória?

A tríade eficácial de declaratividade, condenatoriedade e constitutividade, seja por sobrevivência ao passar do tempo, seja pelo caráter de primária, por concernente à redutibilidade de outras eficácias, deve merecer exame direto, em busca de manifestação sobre a categoria geral do instituto da coisa julgada.

Desde o clássico de Wach[609] (que equiparava, como pretensões de proteção do direito que se distinguem como pretensões à decisão judicial, a condenação e a declaração), era descrito o elemento gerador da pretensão declaratória, a ameaça[610] ao direito.

Não se tratando de violações a direito, não se descartam, porém, fatos (atos ilícitos, entre eles) produtores de insegurança[611] jurídica (ou de incerteza[612] jurídica subjetiva).

Entre nós (e com notável anterioridade), superando a vinculação da declaratividade aos direitos a uma prestação, Torquato Castro[613] adiantou que *qualquer que seja a natureza do direito ou da relação jurídica, muitas vezes a simples declaração judicial da sua existência, ou de um modo de ser dessa existência, se apresenta como forma de tutela autônoma.*

609. WACH, Adolph. *La pretensión de declaración*, cit., p. 71.

610. WACH, Adolph. *La pretensión de declaración*, cit., p. 103.

611. WACH, Adolph. *La pretension de declaración*, cit., p. 103.

612. WACH, Adolph. *La pretensión de declaración*, cit., p. 111.

613. CASTRO, Torquato. *Ação declaratória*. 2ª ed. São Paulo: Saraiva, 1942, p. 12.

Cuida-se, pois, da pretensão de eliminar o dano injusto, filiação conceitual do *neminem laedere* jusromanista, presente embora em outras pretensões (condenatória, constitutiva). Mas, se a declaratividade presente a toda cognição pôde levar à tese da restrição da coisa julgada à declaração - não se exclui que sua propriedade de afastar o dano ou o risco de dano, não sendo exclusiva da declaração, faça estender-se a coisa julgada ao âmbito das demais eficácias sentenciais.

Sobremodo o dizemos: se fosse inarredável da jurisdição declarativa a incontrovertibilidade[614], por que a existência de recursos? Seria menos declarativa a sentença, que o acórdão de apelação?

Bastante conhecidas as críticas ao confinamento da coisa julgada à declaração - apesar da adesão de Celso Neves[615], na esteira da tese de Hellwig[616]. A atribuição da imutabilidade própria da coisa julgada *ao próprio conteúdo da sentença, como norma jurídica concreta*[617] também oferece o risco de não consultar às diferentes eficácias sentenciais, nomeadamente a constitutiva. E isto: a) seja porque a solução das questões de modificação do estado jurídico suponha a atividade do juiz, ulterior pressuposto para o efeito da norma[618] (a atividade do juiz não poderia ser conteúdo de seu resultado); b) seja porque como mero fato jurídico, a coisa julgada, a não aderir à nova situação jurídica, retornaria, apenas como *eficácia anexa*[619], ao elemento declarativo.

Ainda a crítica de Ovídio Baptista da Silva[620] (dirigida a Barbosa Moreira), de que o conteúdo (ou elemento) declaratório (tomado em

614. A premissa é de Barbosa Moreira (*Coisa julgada e declaração*, cit., p. 86).

615. NEVES, Celso. *Contribuição* ..., cit., p. 443 e ss. (e conclusão n. 7, p. 505).

616. HELLWIG, Konrad. *Wesen und subjektive Begrenzung der Rechtskraft*, 1967 (reimp. da ed. de 1901), p. 1 e ss. Importante a observação de Thereza Celina de Arruda Alvim (*O direito processual de estar em juízo*. São Paulo: RT, 1996, p. 103): "O fato de os efeitos não restarem imutáveis não justifica entender-se recair a autoridade da coisa julgada material somente sobre a parte declaratória da decisão". E avança, em crítica à assertiva de que só aos terceiros se refeririam as eficácias constitutiva e condenatória, para lembrar que quando o juiz parece 'limitar-se' a declarar (...), pode, na verdade, estar ditando normas de interferência muito mais ampla, não apenas em relação às partes, mas a terceiros, como na ADI, na usucapião, na insolvência, na inexistência de relação jurídica tributária, na investigatória de paternidade, na nulidade de cláusula contratual sob o CDC e na ação coletiva declaratória".

617. BARBOSA MOREIRA, José Carlos. *Coisa julgada e declaração*, cit., p. 89.

618. CARNELUTTI, Francesco. *Sistema* ..., Tomo I, cit., p. 146.

619. CALAMANDREI, Piero. *Appunti sulla sentenza come fatto giuridico*. In Opere Giuridiche. Vol. I. Napoli: Morano, 1965, p. 272-273.

620. BAPTISTA DA SILVA, Ovídio Araújo. *Conteúdo da sentença e coisa julgada*. In Sentença e coisa julgada, 3ª ed. Porto Alegre: Sérgio A. Fabris, 1995, n. VIII, p. 209.

lugar da eficácia declaratória) se confine ao dispositivo sentencial, daria ensejo a duas projeções igualmente sintomáticas sobre a coisa julgada: a) não seria suscetível de alterar o efeito declaratório; b) seria suscetível de confinar à fundamentação o efeito declaratório (visto como os fundamentos se considerem relevantes para determinar o alcance da parte dispositiva da sentença, veja-se o Art. 504, I e II, do CPC).

Aliás, deixando de lado algum elemento eficacial, mesmo tomada a coisa julgada, de si e originariamente, como fato jurídico, não se o justifica como produtor de *eficácia constitutiva anexa*[621], pois a nova situação jurídica não restaria independente, senão como superação de eficácia de declaração.

Sobre a condenatoriedade não se fixou a doutrina, diante de ponderável diversidade de explicações. Merece destaque a teoria da dupla declaração, do preceito e da sanção,[622] tanto sofreu o processo civil brasileiro a influência da *actio judicati*, a ponto de só recentemente ter passado a admitir o cumprimento de sentença independentemente de nova citação e, pois, de novo processo. Nem mesmo Calamandrei[623], de quem talvez o maior esforço de emancipação da categoria eficacial condenatória, vendo-a como transformação da obrigação em sujeição, traria para o interior do processo de realização do direito o *quid* eficacial extradeclaratório.

Não foi, portanto, a condenação (em que pese à generalização que se lhe atribuiu) hábil à transcendência da coisa julgada do âmbito da declaração para o das demais eficácias sentenciais.

61. APROXIMAÇÃO DE EFICÁCIAS.

Não se podendo negar que toda cognição seja declaratória, cabe a análise da passagem em que, diversamente, Liebman[624] aproxima a eficácia condenatória da constitutiva, por fazerem surgir, aquela como esta, situação jurídica diversa da antecedente, apenas se distinguindo: a condenação, como instrumental da execução forçada; a constituição,

621. CALAMANDREI, Piero. *Appunti sulla sentenza...*, cit., p. 272-273.

622. BARBOSA MOREIRA, José Carlos. *Reflexões críticas sobre uma teoria da condenação civil.* In Temas de direito processual. 1ª Série. São Paulo: Saraiva, p. 76.

623. CALAMANDREI, Piero – *La condanna civile.* In Opere Giuridiche, vol. V, cit., p. 492.

624. LIEBMAN, Enrico Tullio. *Il titolo esecutivo riguardo ai terzi.* In Problemi del processo civile. Napoli: Morano, 1962, p. 362 e ss., sobretudo 364-365.

como satisfativa (a modificação existiria na sentença em si). Em breve síntese, quanto à aptidão à passagem em julgado, a eficácia constitutiva não diferiria da eficácia declaratória, porque a declaração também satisfaz à eliminação da dúvida acerca da qualificação jurídica de relação litigiosa.

Já o sincretismo expresso em conhecimento e cumprimento, nomenclatura atual do processo de sentença, isto em, de que próprio o procedimento comum, mostra que a epígrafe do Livro I, da Parte Especial, do CPC brasileiro de 2015, põe em xeque a subsistência da tradicional classificação de eficácias sentenciais.

Retornamos, de relance, ao trecho antes transcrito de Ernane Fidelis dos Santos (n. 44, supra) – de que somente os embargos à monitória conduziriam à coisa julgada, porque não haveria declaração de direito e obrigação, fora da sentença daqueles[625]. A discussão dos pressupostos da execução, aliada à inércia do devedor (confissão de inadimplemento) dispensaria a cognição condenatória. A constituição dita de pleno direito do título judicial poderia expressar, em tal hipótese, a eficácia constitutiva – mas não a coisa julgada.

A origem ontológica da coisa julgada, que lhe pode firmar a referência à multiplicidade de eficácias sentenciais, é o contraditório, cuja efetividade se traduz, nos dizeres de Carnelutti[626], tanto no acertamento como fenômeno processual, quanto no acertamento como fato jurídico material, pois *o processo serve a dois escopos diversos, quais sejam o 'accertamento' de um estado jurídico já existente, ou a 'costituzione' de um estado jurídico ainda não existente* (aí onde *estado jurídico* significa modo de ser de um conflito de interesses segundo o direito).

Considera-se o processo relação dinâmica, relação de ação[627], sendo a ação coextensa àquele[628] (estrutura progressiva de preclusões)[629] – no concerto de questões e dadas as questões de modificação do estado ju-

625. V. n. 44, supra. E, por isso mesmo, a sentença de improcedência da monitória (como a que reconheça a prescrição) ou a de acolhimento dos embargos não se equiparam à sentença de mérito de improcedência, não operam de pleno direito, não impedindo a repropositura (cf. Edoardo Garbagnati, ob. cit., p. 45/46).

626. CARNELUTTI, Francesco. *Sistema di diritto processuale civile*. Tomo I. Padova: CEDAM, 1936, p. 134 e ss.

627. VIEIRA, José Marcos Rodrigues. *Do processo à ação: dogmática e hermenêutica*. In Processo Civil – Novas tendências. Belo Horizonte: Del Rey, 2008, p. 409.

628. VIEIRA, José Marcos Rodrigues. *Do processo à ação ...*, cit., p. 409.

629. VIEIRA, José Marcos Rodrigues. *Do processo à ação ...*, cit., p. 400-404.

rídico entre as partes, em que exatamente surge, como pressuposto para a atuação da norma, a atividade do juiz[630]. Justo processo, diga-se enfim.

Neste ponto, imprescindível a crítica ao direito potestativo de ação, agudamente empreendida por Carnelutti[631]: depois de assinalar que a obrigação derive sempre do *comando jurídico*, para cuja relevância, somente, é que varia a atuação da vontade do titular do interesse protegido[632], restaria afastada a figura chiovendiana de explicação da tutela jurisdicional constitutiva. Aliás, não há direito que não reflita algum comando legal. A potestatividade não é um precipitado exclusivo da vontade do sujeito.

A própria doutrina chiovendiana da ação no sistema dos direitos, em que pese a todo o engenho de, sem perda da nota de imperatividade, situar-se contra o adversário e não contra o Estado, não tem como não sofrer crítica, porque esvaziaria uma classe dos direitos materiais. A condição potestativa grava ou qualifica o direito subjetivo material, classe substancial que se evidencia na vedação a cláusulas – puramente – potestativas (Art. 122, do Cód. Civil). Logo, se condição, o caráter potestativo, a categoria não deveria ser aplicável a toda e qualquer pretensão. Também restaria difícil a explicação da transação com pacto adjeto para o prosseguimento da execução pelo título original, em caso de inadimplemento.

Daí, insistirmos: a potestatividade não é caráter da ação, mas inerente a um de seus elementos, o pedido: assim, o estado do pedido (nele, a qualidade explorada por Liebman) é que permite a imperatividade, sobre a qual recai o poder, a força de lei em que consiste a coisa julgada.

Advirta-se que Alfredo Rocco[633] define *o direito subjetivo como interesse violável, suposta a ordem imposta (...) de concorrer para sua satisfação.* Sem a norma, não atua, não existente potestatividade fora da permissão legal.

É verdade, entretanto, que a tese chiovendiana alude à atuação automática do Estado sobre o adversário (do autor). Calamandrei[634] socorre a construção, colmatando o hiato com a investidura na função

630. CARNELUTTI, Francesco. *Sistema* ..., I, cit., p. 146.

631. CARNELUTTI, Francesco. *Sistema* ..., I, cit., p. 148 e ss.

632. CARNELUTTI, Francesco. *Sistema* ..., I, cit., p. 54-55.

633. ROCCO, Alfredo. *La sentencia civil.* Mexico-DF: Stylo, 1944, p. 149.

634. CALAMANDREI, Piero. *La relatività del concetto di azione.* In Opere giuridiche ..., cit., p. 439 e 442-443.

pública (a fim de que não se resvale para o direito subjetivo público à jurisdição). E termina por assinalar a orientação publicística das sentenças constitutivas necessárias, determinativas ou dispositivas, nas quais não haveria mais o inadimplemento, como fundamento, e que derivariam do só direito de ação e não do direito subjetivo material. Por sua vez, hiato jurídico da tese de Calamandrei[635] também não se faria por esperar. Ao tratar da sentença como fato jurídico, somente cuida dos efeitos externos (como a hipoteca judicial) e não dos internos, como ocorreria (ou deveria ocorrer) na sentença constitutiva. É que a sentença não só acerta as consequências dos fatos controversos, como pode ser, em si mesma, o fato a que a lei ligue a produção de consequências jurídicas diversas das inerentes à declaração.

É assim, que, aludindo a Betti[636], contenta-se em referir os efeitos do julgado como queridos pelo Estado e provocados pela vontade do juiz ou pela vontade da lei, de que o primeiro é mero descobridor.

Eis os problemas atinentes à classificação de eficácias sentenciais, postos em contato com a coisa julgada – a induzirem o exame das ditas eficácias sob outro ângulo, como veremos no n. 63, infra.

62. VIOLAÇÃO DE DIREITO E EFICÁCIA SENTENCIAL.

A sentença serve, também, como fato a que a lei conecta a produção de consequências jurídicas além das inerentes ao julgado. A exposição de Carnelutti, vista no n. 61, esteve a um passo do que podia alcançar.

Vem de Fazzalari[637] a superação da velha ideia do direito (potestativo) à modificação jurídica. É que não se prescinde da violação de direito (lesão) para a sentença constitutiva, ao contrário da lição de Chiovenda[638]. Já não cabe afastar a coisa julgada dos provimentos jurisdicionais de eficácia constitutiva, pelo motivo comumente invocado de não se resolver acerca de declaração de recíprocos direito e obrigação (ou sujeição) – mas de simples constituição *ex lege* de título jurídico (v. n. 45, supra).

---

635. CALAMANDREI, Piero. *Appunti sulla sentenza come fatto giuridico*. In Opere giuridiche..., cit., p. 272-273.

636. CALAMANDREI, Piero. *Appunti sulla sentenza come fatto giuridico*. In Opere giuridiche..., cit., p. 270-271.

637. FAZZALARI, Elio. *La giurisdizione volontaria*. Padova: CEDAM, 1953, p. 164-166, nota 74.

638. CHIOVENDA, Giuseppe. *Instituições* ..., I, cit., p. 20 e ss.; 174 e ss.

Ao reclamar, Fazzalari[639], o encontro do meio de, segundo o ordenamento, poder-se modificar o estado jurídico, chega à ação. Com o que assinala: coordenada a sentença ao poder de ação, é-se levado a não ver a lesão; mas isso, para qualquer sentença, não só a constitutiva; não, se já se parte da premissa de assumir a violação de obrigação ou já a lesão, como pressupostos do provimento jurisdicional. Assim, há sempre o direito de exigir o adimplemento de obrigação intrínseca ao anterior estado, ou o direito à constituição de um novo estado jurídico.

Dá-se, aliás, em face do Art. 503, §1º, do CPC brasileiro de 2015, a confirmação definitiva da coisa julgada das sentenças constitutivas. Falamos do fato constitutivo de direito do réu, do qual decorre – sem declaratória incidental – a contraeficácia (a dita *força de lei*) atribuída ao provimento de mérito pretendido pelo autor, seja ele declaratório, condenatório ou constitutivo.

Exatamente a superação da necessidade de ação declaratória incidente negativa, no CPC brasileiro de 2015, é razão muito boa para se proclamar a coisa julgada dos provimentos jurisdicionais constitutivos, tanto se fala em declaração de inexistência, quanto de declaração de nulidade absoluta ou de decretação de nulidade relativa.

Tem-se a palavra de Liebman[640], desde 1934, apenas amadurecida quando da obra de 1935, em que, distinguindo a instrumentalidade da satisfatividade, superaria as objeções a sua tese da coisa julgada coextensiva a todas as eficácias sentenciais. O Mestre de Milão sempre atentou a que *exeqüibilidade e imutabilidade são qualidades diversas da sentença e uma pode existir sem a outra*[641].

Existe uma virtude eficacial da satisfatividade, portanto, que não se confunde com a declaração e sequer com a condenação, porém, do mesmo modo que estas, hábil a adquirir imutabilidade, isto é, a ser recoberta por qualquer que seja a modalidade (espécie sentencial). Destarte, não só o *accertamento*, mas também os efeitos constitutivos adquirem a imutabilidade própria do julgado de mérito trânsito[642]. E a demonstração

---

639. FAZZALARI, Elio. *La giurisdizione volontaria*, cit., p. 164, nota 74.

640. LIEBMAN, Enrico Tullio. *Il títolo esecutivo* ..., cit., p. 366, em que a particularidade do efeito constitutivo da *condanna* o diferiria da verdadeira e própria sentença constitutiva.

641. Cf. BUZAID, Alfredo. *Da ação renovatória*. São Paulo: Saraiva, 1958, p. 433.

642. PARÁ FILHO, Tomás. *Ensaio sobre a sentença constitutiva*. Tese. São Paulo, 1973, p. 149.

convincente é dada por Corrado Ferri[643], ao refutar a tese de se confinar a coisa julgada ao efeito declarativo. Porque, se não estendida a todas as eficácias, para garantir-se a estabilidade dos efeitos constitutivos, mesmo não contestado o precedente acertamento, poder-se-ia propor nova demanda, declaratória de inexistência do efeito constitutivo, por não se poder operar, pela só declaração, a modificação da relação jurídica acertada.

É o que leva, como foi e será visto, à coisa julgada da questão prejudicial equiparada a principal pelo contraditório – pois não seria, por exemplo, admissível que se julgasse a cobrança procedente e depois se declarasse alhures a inexistência da relação de crédito.

Mais ainda, em termos de incindibilidade do acertamento constitutivo: *o órgão judicial não pode acertar a existência do poder de atuar a modificação jurídica pelo trâmite da sentença, sem atuar contemporaneamente a modificação jurídica requerida pela parte, pois que de outro modo desconheceria na sua mesma pronúncia a existência do poder de atuar a mutação mediante sentença*[644].

É o mesmo que se colhe de Pontes de Miranda:

> *O que resulta é o elemento constituição de nova situação ou de nova relação jurídica, incluindo-se a negativa (resolução do contrato por inadimplemento da outra parte, desquite, etc.), e a sentença integra ou constrói, de todo, o negocio jurídico ou o 'status'. Os efeitos o são da nova situação ou relação jurídica. A sentença, essa, tem força constitutiva. (Algumas vezes parece que tem efeito, e não força, como se apenas habilita a registro. Mas há ilusão: esse efeito é da situação ou da relação que ela constituiu ou integrou; e não efeito dela, diferido).*[645]

Tem-se, afinal, que a coisa julgada não é algo que se busque a alguma propriedade da relação controvertida ou da pretensão (*actio nata*), mas ao grau (pelo menos o peso 3, pontiano)[646] de qualquer das eficácias sentenciais de cognição, o que reflete a completude de cognição, produtora do provimento de mérito *principaliter*.

---

643. FERRI, Corrado. *Profilli ...*, cit., p. 224-225.

644. FERRI, Corrado. *Profilli ...*, cit., p. 225.

645. PONTES DE MIRANDA, Francisco Cavalcanti. *Tratado da ação rescisória*. 5ª ed. Rio de Janeiro: Forense, 1976, p. 55-6.

646. PONTES DE MIRANDA, Francisco Cavalcanti. *Tratado das Ações*. Tomo I. Campinas: Bookselleer, 1998, p. 36. Para o Mestre, sempre que a sentença, de qualquer classe seja, apresenta 5, 4 ou 3, de declaratividade, produz coisa julgada. Mas não é só. Também produz coisa julgada a sentença constitutiva em que não haja declaratividade.

Cabe retorno ao pensamento de Proto Pisani[647], de que a *fattispecie* complexa abrange os elementos de validade e os requisitos de eficácia: aí vêm a exame os fatos conexos que não concorram a determinar o evento, mas a atrair um evento diverso, sem o qual aquele não possa ocorrer. Com o que a sentença constitutiva sempre influi sobre o direito material, irrevelante se adote concepção substancial ou processual da coisa julgada.

63. EFICÁCIA NATURAL. EFICÁCIA DIRETA. EFICÁCIA REFLEXA. EFICÁCIA DE ASSISTÊNCIA.

Não é apenas a classificação objetiva de eficácias, segundo a natureza da consequência de direito material, que se apresenta útil ao discernimento da aptidão da sentença a produzir a coisa julgada. Nem a tríade eficacial apontada merece ser considerada a mais importante sobre o tema.

Já visto que qualquer das eficácias sentenciais é recoberta pela autoridade de coisa julgada – a consabida lição liebmaniana (em que pese a alguma ainda relutante resistência doutrinária) – convém procurar outro critério classificatório, o do *status*, perante a sentença, dos sujeitos atingidos, já visto que o objeto da coisa julgada – vale a redundância – não é apenas objetivo mas também subjetivo (v. n. 59, supra).

A propósito, lembre-se a arguta observação de Marinoni[648], de que *a despeito de a maioria dos doutrinadores italianos do século XX não ter se escondido por detrás da diferença conceitual entre autoridade da coisa julgada e vinculação dos terceiros, admitindo que o problema dos terceiros também está na coisa julgada, nunca foi explicado o que significa dizer que uma decisão, que a princípio obviamente diz respeito às partes, vale 'perante todos'.*

Queremos referir-nos à classificação quanto aos sujeitos atingidos, isto é, à classificação subjetiva. A distinção se dá entre: 1) a eficácia natural, tida como a resultante de consciência e respeito geral à sentença de mérito trânsita, como coisa julgada entre as partes (a respeito da qual incide a crítica antes transcrita); 2) a eficácia direta (benéfica ou prejudicial), relativa às partes[649], aí abrangidos os cotitulares e os sucessores a título universal ou singular, *inter vivos* ou *mortis causa,* substituídos

647. PROTO PISANI, Andrea. *Appunti ....*, cit., p. 395 ss.

648. MARINONI, Luiz Guilherme. *Coisa julgada sobre questão,* cit., p. 194.

649. Voltamos ao discutido na Introdução, quanto à relevância do conceito processual de parte, para tratamento dos limites subjetivos da coisa julgada. Negá-la significa simplesmente

processualmente, eficácia que, ao trânsito em julgado, se converte em coisa julgada; 3) a eficácia reflexa, a relativa aos terceiros prejudicados, de interesse jurídico subordinado (sabido que, a teor do Art. 506, do CPC, os terceiros de interesse jurídico autônomo não estão sujeitos a qualquer das duas, quer à coisa julgada, quer à eficácia reflexa); 4) por fim, a eficácia de assistência, por um lado, mais intensa que a coisa julgada, eis que indiscutibilidade também dos fundamentos e não só do dispositivo sentencial e, por outro, menos intensa, a admitir, em processo posterior, a discussão da justiça da decisão perante o assistido.

Tem-se, portanto: a eficácia direta, antes e após o trânsito em julgado (embora, já após, vertida em eficácia extraprocessual, a própria coisa julgada); a eficácia reflexa, antes e após o trânsito em julgado, sem alteração de sua natureza jurídica; e a eficácia de assistência, após o trânsito em julgado e sem prejuízo de sua convivência com a coisa julgada, relativa a fato jurídico correspondente a ônus processual de alegação e prova do assistido, não cumprido durante a controvérsia original: para discussão em processo posterior, de iniciativa do ex-assistente (contra o ex-assistido, ressalvada a *exceptio male gesti processus,* salvo quanto ao assistente do revel, que passou no CPC atual a substituto processual), ou de iniciativa do ex-assistido contra o ex-assistente (a exemplo do adquirente que ignorasse o caráter litigioso da coisa ou direito adquirido).

A eficácia direta (que, como visto, se identifica, no momento do trânsito em julgado, com a própria coisa julgada) é ampliada, a benefício ou em prejuízo das partes. Considere-se que o conceito de parte há de ser hábil a excluir a necessidade doutrinária de acomodações a eventos outros que não a coisa julgada, nomeadamente a eficácia *ultra* partes (salvo em sua utilização no processo coletivo, por contraposição à *erga omnes*) ou outro qualquer eufemismo.

O tema da prejudicialidade define tais repercussões e – pelo critério do Art. 503 e §§, do CPC – equipara certas defesas a pedidos, como certos terceiros (fora dos autos) a partes, para o trato da ampliação dos limites da coisa julgada. A prejudicialidade, em nossa visão, apresenta duas espécies. Há pouco víamos a natureza jurídica da coisa julgada (sobretudo no n. 59), quando chamávamos a atenção para que o estudo de natureza jurídica se apoia na investigação das relações de causa a efeito.

---

deslocar o problema para a definição de limites entre a eficácia direta e a eficácia reflexa da sentença, com acomodações à segunda (V. n. 7, supra).

Por isso, exatamente, a natureza da ampliação se distingue: 1) em objetiva, se não há transferência de causa (como no confronto entre a prejudicialidade da *exceptio*, relativamente à *actio*); 2) em subjetiva, se há transferência de causa (como nas hipóteses dos *aventi causa*, que as recebem dos *danti causa*, iguais ou modificadas, ou demais casos de coordenação).

Capítulo X

CAUSA DE PEDIR E EFICÁCIA PRECLUSIVA

64. EFICÁCIA JURÍDICA.

Vem à baila a passagem de Cunha Campos[650] em que, após registrar que afirmação de direito é afirmação da eficácia jurídica do fato e que a causa de pedir é razão, torna-se inadmissível a dicotomia – razões de fato e razões de direito. É verdade, os Arts. 319, III e 357, II e IV,do CPC, aludem, o primeiro, ao fato e aos fundamentos jurídicos do pedido e, o segundo, à fixação distinta, na decisão de saneamento e organização, dos pontos controvertidos (ou questões), de fato e de direito. Mas tais dispositivos legais não descuram que a razão de decidir atrai sua junção na solução das questões.

Mesmo os sistemas que distinguiram, para certos casos, *juges du fait* (Arts. 7 e 9, do CPC francês) e *juges du fond* (Art. 480, I, do CPC francês), ou os julgamentos da matéria de fato (Art. 653º, CPC português revogado, de 1961) e do aspecto jurídico (Art. 658º, do mesmo CPC de 1961) não apresentaram solução isolada, mas da aglutinação de uns e outros.

Ligam-se na fundamentação sentencial (vale dizer, estabelece-se uma relação[651], a *ratio decidendi*) os elementos de fato da lide e as hipóteses previstas pelo direito (positivo ou jurisprudencial uniforme), não sendo de se tratar de modo estanque as alegações[652]. Não pode o julgador assumir o risco de substituir sua versão dos fatos à das partes (ou à de alguma delas), sem antes demonstrar que excluídas ambas ou, alguma, pela adversa. O Art. 489, §1º, IV, do CPC, portanto, não cuida

650. CUNHA CAMPOS, Ronaldo. *Causa de pedir (verbete)*, cit., pp. 77, 80 e 81.

651. Para Betti, como visto no n. 46, supra.

652. CUNHA CAMPOS, Ronaldo. *Causa de pedir*, cit., p. 80.

apenas de fundamentação analítica ou qualificada da sentença. Reflete-se em rol de requisitos acrescidos à formulação da *causa petendi* e da *causa excipiendi* – impondo-lhes o trâmite da argumentação. As partes (no justo processo legal) têm de expor a razão de sua pretensão (o que deriva do Art. 141, do CPC). O elemento causa de pedir (ou de excepcionar) vai além da fundamentação direta: o autor, de modo a preexcluir a do réu (para fins de tutela antecipada); e o réu, de modo a excluir a do autor (atitude idêntica à que este deverá tomar, quando da réplica). Trata-se de técnica de não se permitir que o processo se converta em instância de simples confirmação de hipótese[653], dando-se corpo à atitude do juiz de enfrentar todos os argumentos que possam influir na solução, vale dizer, que em *feedback* possam infirmar a solução (hipoteticamente) encontrada. Isto, pois, ainda quando persistente a dúvida do juiz, apesar de fixados os pontos controvertidos e produzida a prova, evolua o procedimento para a simples determinação *ex officio* de mais provas. Insta que, antes de determinar a produção de provas, determine o juiz o unívoco acertamento das alegações, isto é, confirmatório da mesma hipótese, ou, pelo contrário, se do contraditório inicial resultam (daí a necessidade do debate em audiência de cooperação) razões excludentes da hipótese e atraentes ou includentes de outra. É que justo processo é o que permite: a) a escolha e a interpretação corretas da norma de direito (da hipótese); b) a definição dos fatos relevantes da tese causal (atos e fatos jurídicos).

O fato jurídico é uma resultante de fatos simples, por vezes contrapostos. E a matéria complexa de fato ou de direito enseja o contraditório específico (sobre os fatos jurídicos) em audiência de cooperação, se necessário com o interrogatório livre (Art. 139, VIII, do CPC).

Outra razão também suporta a possibilidade de ampliação da *causa petendi*, como decorrência da tentativa de precisação. Entre a petição inicial e a sentença, não se exclui que surja algum *fato novo*, uma nova *causa petendi*, a qual, pela correlação com a já descrita, deva sujeitar-se a ampla discussão, mormente após a apropriação da regra da economia processual no direito fundamental à duração razoável do processo. É

653. SCHMITZ, Leonard Ziesemer. *Entre produzir provas e confirmar hipóteses: o risco do argumento da 'busca da verdade real' na instrução e fundamentação das decisões*. In Revista de processo, n. 250, São Paulo: RT, 2015, p. 91 e ss.

o que se vê em Cruz e Tucci[654], que o extrai da inteligência do Art. 5º, LXXVIII, da Constituição da República.

Note-se que os dois institutos da epígrafe deste Capítulo (causa de pedir e eficácia preclusiva) interagem, a ponto de o CPC os envolver em um plexo que dá azo a duas teorias sobre a *causa petendi*: progressivamente, a ampliativa (a rigor, integrativa), para o que há espaço na audiência de saneamento em cooperação; regressivamente, a restritiva, com a fixação dos pontos controvertidos (sem a necessidade de audiência para o saneamento).

De todo modo, uma vez fixadas, as questões de fato e as questões de direito estabelece-se a proposição do problema jurídico (posto pelo juiz, com a cooperação das partes). A solução da causa é, portanto, uma resultante de eficácia jurídica, tema de correlação fato-direito.

Não vêm ao caso as teorias substancial e processual da coisa julgada, com suas feições extremas: a substancial, de ver na *exceptio rei judicatae* uma *exceptio stricti juris,* o que não a explicaria, ante a cognoscibilidade de ofício; a processual, de ver na *exceptio rei judicatae* uma *exceptio litis ingressum impedientes*, o que não explicaria sua ligação ao mérito da causa.

Há, porém, um ponto comum às duas teorias. A natureza jurídica da sentença, como fato jurídico. E aqui, também, tendo-se de superar outra dualidade: se fato jurídico processual ou substancial (ou se processual, na sentença declaratória e na condenatória, e substancial, na constitutiva). É que, como afirmação autoritativa do direito, reconectado o fato ao efeito jurídico, dissociados pela lide, seria sempre fato processual, como reafirmação do fato jurídico, e sempre fato substancial, no sentido de constituir-se a si própria no ordenamento jurídico.

Mas há que se ver que semelhante discussão não tem tanto porte. É que releva considerar a prejudicialidade, em que se estrutura o sistema de projeção da coisa julgada, no CPC de 2015. Tome-se a questão prejudicial, a partir da conexão entre fatos jurídicos, como questão de eficácia (ou ineficácia) de um fato jurídico na dependência de outro. Assim, da ineficácia de exceção substancial, depende o pedido. Assim, da eficácia da causa originária dependem as coaquisições e as aquisições derivadas.

Para nós, porém, há um aspecto lateral e impercebido pelo critério do fato jurídico em suas conexões subjetivas. A sentença: é fato jurídico

654. CRUZ E TUCCI, José Rogério. *A 'causa petendi'...*, cit., p. 188 ss.

processual e substancial para as partes (e terceiros a ela equiparados), aí se cuidando da eficácia principal ou da eficácia prejudicial; é fato jurídico puramente processual para os terceiros de interesse jurídico autônomo; e é fato jurídico puramente substancial para os terceiros de interesse jurídico subordinado, aí se cuidando da eficácia reflexa.

65. SANEAMENTO E ORGANIZAÇÃO. PROGRAMA EFICACIAL.

Na origem, a discussão doutrinária versou a diferenciação entre direitos ditos autodeterminados e heterodeterminados. Hoje, afastado o rigor de termos pelo chamado sincretismo processual – em que todos os direitos materiais, para efeito de cumprimento de sentença, resultam absolutos (isto é, com a qualidade de integrados ao patrimônio do vencedor da demanda, eis a projeção final da doutrina liebmaniana, como assinalávamos ao início de toda a exposição, no n. 1, supra) – há forçosa convivência entre as teorias da individuação e da substanciação da *causa petendi*, cuja relatividade se impõe sempre ante o dever jurisdicional de aferir as questões da lide. Estas, tenham sido ou não declinadas pelo autor ou pelo réu, não se excluem como suscitação de dúvida pelo juiz: é que no CPC brasileiro avulta a exigência de transposição dos contra-argumentos a questões – quando suscetíveis de infirmar a solução alvitrada: tal o sentido da importante regra do Art. 489, §1º, IV, do CPC, que apresenta a dinâmica da causa de pedir. Nisto uma relevante inovação, pela crença, retomada, na insuficiência da visão estática, de estabilização da demanda como imperativo de celeridade. Eis que o legislador fala em duração razoável (Art. 4º, CPC), percebia-o, já, Carnelutti[655] (em visão que terá sido singular), ao dizer que *toda concessão à justiça compromete a certeza e vice-versa.*

Considere-se mesmo a existência de processos incompatíveis com a celeridade e com o julgamento antecipado: o das ações de divisão e demarcação e o da de exigir contas, exemplos convincentes, que envolvem fatiespécies complexas.

Ora, exatamente para que não ocorra tal comprometimento da certeza ou da justiça é que se tem, no procedimento comum, a decisão de saneamento e organização, com a técnica – equilibrada – do contraditório

655. CARNELUTTI, Francesco. *Como se faz um processo*, cit., p. 121.

específico. Dir-se-ia do saneamento em contraditório, em cooperação sobre as questões da lide, esta cuja composição (redução à unidade, pela *ratio decidendi*) confirma a técnica do processo justo (fala-se, pois, em justa composição da lide).

Os argumentos fixam os fundamentos. Destacam-se os sobreargumentos, a compor a referida *ratio decidendi*, mediante interpretação, sob o contraditório, da *causa petendi*, em confronto com a *causa excipiendi*, sabido que, em última análise, a solução da causa é a composição entre as razões da pretensão e as razões da resistência. E nesse âmbito também se descobrem, quer a legitimação dos sujeitos do contraditório em confirmação da coisa julgada pelas vias de comunicação da *causa petendi* ou *excipiendi* aos cotitulares ou aos *aventi causa*, quer a exclusão da coisa julgada, pela existência de *exceção pessoal*.

Dois exemplos irão permitir a demonstração da técnica processual engendrada no novo sistema juspositivo. A *causa petendi* pode resumir-se ao efeito jurídico. Pode, diversamente, referir-se ao antecedente jurídico. Vem ao primeiro caso o não cumprimento do contrato, a inadimplência. Vem ao segundo a invalidade ou mesmo a inexistência do contrato.

O CPC revogado determinava a ação declaratória incidente, em cumulação de demandas, ensejadora da transmutação da *causa excipiendi* prejudicial em outra pretensão processual, embora a conservação da *causa petendi* prejudicada ou sucessiva no pleito originário. O CPC vigente toma, por sua vez, a figura da *causa excipiendi* prejudicial como integrante do mesmo pleito e transforma a pretensão em amálgama da inicial e da contestação. Basta-lhe a questão, como tal erigida em pretensão processual, e tornada hábil a configurar sede de coisa julgada[656], derivada da compatibilização entre a *actio* e a *exceptio* (pretensões substanciais). Nisto, afinal, a consistência da equiparação da prejudicial a principal, a que se refere o Art. 503, §1º, do CPC vigente.

A coisa julgada é interação entre fundamento e eficácia da *causa petendi* – na linha de reconhecimento do direito afirmado, como confirmação de eficácia jurídica do fato alegado (constitutivo da ação ou da exceção)[657].

---

656. Neste sentido, Luiz Guilherme Marinoni (*Coisa julgada sobre questão,...*,cit. pp. 236/237)..

657. Conforme Ronaldo Cunha Campos (*Causa de pedir*, cit., p. 81).

Porque, verdadeiramente, o que leva a se alegar uma *causa petendi* é a eficácia jurídica de um dado suporte fático. eis o relevo da causa de pedir, cujo perfil se transpõe ao âmbito da discussão e de um a outro sujeito de direito. Daí, a afirmativa de que nenhum processo posterior pode desmentir o bem da vida conferido – sob os limites subjetivos e objetivos – pela coisa julgada. E esta, intrinsecamente, vai ter à interação entre fundamento e eficácia da *causa petendi* secundária, que remonta aos fatos instrumentais – eis a chamada eficácia preclusiva da coisa julgada, que remonta a causa integrativa da causa de pedir declinada. Acresce considerar (cf. n. 6, supra) que as modificações ou integrações, pelo saneamento em contraditório, oferecem rigor de interpretação ao Art. 508, do CPC, diminuída a esfera da respectiva incidência.

Capítulo XI

LIMITES DA COISA JULGADA

66. LIMITES DA COISA JULGADA E JUSTO PROCESSO.

Poder-se-ia questionar a utilização, agora, do gênero, limites, e não das expressões clássicas: limites objetivos e limites subjetivos. É que queremos, primeiro, examinar a comum origem de ambos. Não que nos interesse repetir o pensamento de Allorio[658], que sabidamente reduz os subjetivos a objetivos.

Por outro lado, admitamos que não se deva ao processo em si a imposição de limites temporais à coisa julgada, por exaurida a tramitação daquele. Nem o CPC alterou a matéria (Art. 505, I e II). Adverte Cunha Campos[659], a sentença é, por sua(s) razão(ões) de decidir, afirmação da eficácia jurídica de fato(s) e fato não é coisa, mas algo que se desenvolve e transforma no tempo. O tempo pós-processual não interessa ao iter de formação da coisa julgada. A este (no justo processo legal) interessam os limites objetivos e os limites subjetivos. Não (ao menos diretamente) os temporais.

O sistema do CPC brasileiro revogado definia os limites objetivos da coisa julgada em duas regras: o Art. 468 e o Art. 469. O primeiro, afirmativamente, apontava-os: a lide e as questões decididas. O segundo, positivamente, apontava-lhes, como sede, o dispositivo sentencial; e, negativamente, a verdade dos fatos, os motivos e a solução *incidenter tantum* da questão prejudicial.

---

658. ALLORIO, Enrico. *La cosa giudicata rispetto ai terzi*, cit. p. 68 ss; p. 70 ss.

659. CUNHA CAMPOS, Ronaldo. *Causa de pedir* (verbete), cit., pp. 81 e 86.

O Art. 469, III, se articulava com o Art. 470, do CPC de 1973, ao enunciar a situação em que a questão prejudicial resolver-se-ia com o caráter de coisa julgada: por meio de ação declaratória incidental.

De um passo, destacamos que a *força de lei* de que tratava o Art. 468, do CPC de 1973, era analiticamente apresentada – referida à lide e às questões decididas – no Art. 470, do aludido CPC, como propriedade (qualidade) do pedido em juízo. Dir-se-ia que as questões da lide principal – invertendo-se a proposição do Art. 469, III – seriam as prejudicadas, perante a declaratória incidente.

O CPC de 2015 (Art. 1.054) aboliu a ação declaratória incidente, enquanto, por outro lado, assinalou como limites objetivos da coisa julgada as *questões principais* (Art. 503, *caput*) e as prejudiciais que – na defesa, *sob contraditório prévio e efetivo* – se lhes equiparam, por incidentemente decididas *em profundidade* (§§1º e 2º, do Art. 503), *principaliter* independentemente de ação.

No sistema do CPC vigente ainda se podem divisar as regras do Art. 141 (que define o mérito sob *os limites propostos pelas partes*) e do Art. 490 (mérito, como matéria abrangida pelos *pedidos formulados pelas partes*). Necessitamos – sistematicamente confirmado – de provimento incidente, não apenas declaratório e não decorrente de ação, bastante o pedido processual (de improcedência) ao fundamento de alguma exceção material.

Excepcionalmente, a questão de falsidade documental, suscitada incidentemente, não é prejudicial, por excluída do sistema do Art. 503 e §1º do CPC. Trata-se de caso expresso de restrição procedimental por limitações à cognição, consoante o §2º do Art. 503, combinado com o parág. ún. do Art. 430 - este que exige, como questão principal, a ação declaratória autônoma.

67. CONEXÃO E *CAUSA EXCIPIENDI*.

É fácil demonstrar que o CPC vigente retornou ao sistema do CPC de 1939, sendo de se mencionar a advertência de San Tiago Dantas[660]: *os estudos dogmáticos construídos sobre a lei, reinvertem na própria legislação os seus melhores produtos, pois muitas reformas e inovações legislativas encontram sua origem, não nos fatos econômicos ou políticos, mas na própria elaboração doutrinária que o Direito anterior suscitou.*

660. SAN TIAGO DANTAS, Francisco Clementino. *A nova dogmática jurídica*. In Revista Forense, Vol. 421, pp. 29/31

Releva, consequentemente, considerar o que ocorria desde o Código de 1939, a conexão por prejudicialidade ensejadora da reconvenção declaratória, como modalidade de cumulação ulterior de ações. Advertia Barbosa Moreira[661]: *a conexão pode não ter por sede quer o pedido, quer a causa de pedir, quer a 'causa excipiendi'*. Isto, de vez que para efeito de declaração incidente se depare a influência sobre a questão (dita) principal, influência que se equipara a *principaliter*: a) tornando dispensável ou impossível a solução daquela outra (prejudicialidade impeditiva); b) predeterminando o sentido em que a outra haja de ser resolvida (prejudicialidade determinativa)[662].

De valia a releitura das lições de Moacyr Amaral Santos[663], que interpretou como pertinente à reconvenção a pretensão de *modificar ou excluir* o pedido constante da inicial, segundo o velho Art. 190, do CPC de 1939, porque a reconvenção era, é e será, entre nós, ampla, não só de eficácia condenatória[664], mas também constitutiva ou declaratória, ante a amplitude de termos, quer de tal Art. 190, do CPC de 1939, quer do Art. 315, do CPC de 1973, quer, finalmente, do Art. 343, do CPC de 2015.

À variabilidade de eficácia reconvencional se referia, às vésperas da vigência do CPC de 1973, Ada Grinover[665], no sentido de que não fosse unicamente condenatória, bem podendo abrigar a declaratória incidente.

No CPC de 2015, porém, a defesa de mérito indireta, a exceção substancial, de toda evidência é equiparada a ação – tanto quanto a própria reconvenção se tornou integrada à contestação – que significa o amplo meio de se suscitar a discussão da própria relação jurídica controvertida em face dos fatos jurídicos (impeditivos, modificativos ou extintivos do direito do autor) não narrados na inicial. Fica a reconvenção no âmbito da contestação, mas com o requisito da atribuição de valor da causa, conforme Art. 292, *caput*, para a discussão de relação jurídica conexa de forma simples e não prejudicial[666].

---

661. BARBOSA MOREIRA, José Carlos. *A conexão de causas como fundamento da reconvenção*. São Paulo: Saraiva, 1979, p. 130-137.

662. BARBOSA MOREIRA, José Carlos. *Questões prejudiciais e coisa julgada*, cit., p. 32-33.

663. AMARAL SANTOS, Moacyr. *Da reconvenção no direito brasileiro*. São Paulo: Max Limonad, 1958, n. 65, p. 172-177.

664. Contra, minoritariamente, José Frederico Marques (*Instituições ...*, Vol. III, cit., p. 142).

665. GRINOVER, Ada Pellegrini. *Ação declaratória incidental*, cit., p. 94-95.

666. Falamos de prejudicialidade ínsita ao pedido inicial. No âmbito desta, merece trabalho de Marcos de A. Cavalcanti (*Coisa julgada e questões prejudiciais*, São Paulo: RT, 2019, p. 407/408)

Já apontada a insuficiência dos requisitos de identidade de pedido ou de fundamento da defesa, desde as fórmulas dos Arts. 315 e 103, do CPC de 1973 (tanto que sempre completadas com a regra do Art. 105 do mesmo Código), a conexão é agora incluída em sistema corretamente definido: como existência de qualquer elemento ou circunstância hábil a ensejar o risco de julgados conflitantes (Art. 55 e seu §3º, do CPC de 2015), lembrando-se que a conexão sempre foi o fundamento geral da reconvenção.

68. LIMITES OBJETIVOS.

Torna-se, portanto, acentuadamente prático o critério do CPC de 2015. Os limites objetivos da coisa julgada são as questões dos pedidos, principais diretos (inicial e reconvencional, este, na própria contestação) e os equiparados (os prejudiciais, das exceções materiais), *ex vi* do disposto no §1º, do Art. 503.

Lembre-se o exemplo trazido na obra de Enzo Vullo[667], em que a reconvenção por nulidade de todo o contrato (a que acrescentaríamos a tese de inexistência) seria prejudicial da cobrança. Pode hoje a nulidade ser eficientemente arguída, como prejudicial para julgamento em caráter principal, na contestação. Pense-se na fraude de terceiro, de posse de documentos alheios e em negociação a distância, por exemplo, via telefônica com o estabelecimento de crédito, exemplo frequente nos dias atuais.

Em casos tais, Proto Pisani[668] assinala que o *petitum* da demanda reconvencional constitui questão prejudicial relativa a fato extintivo (e acrescentaríamos, a relativa a fato impeditivo) do direito objeto da demanda principal.

---

quando equipara os limites da c. j., estendidos às questões prejudiciais, aos casos de pedido implícito, porque *a pretensão declaratória do resultado da questão prejudicial está 'implicitamente' incluída no pedido da demanda*. Isto, porém, é cabível ante as defesas diretas de mérito (contestação absoluta e contestação relativa), adstritas ao fato jurídico narrado pelo autor. Não às defesas indiretas de mérito, salvo as objeções (cognoscíveis *ex officio*). As *exceptiones* – estas, sim, questões prejudiciais atinentes à mesma relação jurídica, novação, compensação, *non adimpleti contractus, doli, metus causa, plurium concubentium, erro, fraude, incapacidade relativa* – são cognoscíveis somente a requerimento, inclusive a prescrição (apesar de arguível em segundo grau, por isso que a não arguição não importa em renúncia).

667. VULLO, Enzo. *La domanda riconvenzionale*. Milano: Giuffrè, 1995, p. 305-311.

668. PROTO PISANI, Andrea; CAPONI, Remo. *Lineamenti di diritto processuale civile*. Napoli: Jovene, 2001, n. 24, p. 82.

Em matéria de prejudicialidade tradicionalmente duas atitudes metodológicas poderiam estar à base da descrição da abrangência ou não pela coisa julgada. Primeira, a de estender-se a cognição a todos os temas da causa, mesmo que além da competência do juízo, mas sem a coisa julgada para as questões fora daquela. Segunda, a de estender-se a coisa julgada à questão prejudicial, se decidida na competência do próprio juiz da questão principal. Próximo a esta última, o CPC de 2015 opera uma novidade[669]: a elevação da questão prejudicial, nos próprios autos da causa principal, a questão principal, embora suponha igual competência *em razão da matéria e da pessoa*, ao dizer de competência *para resolvê-la como questão principal* (Art. 503, III, CPC de 2015). Em confronto com a regra do Art. 470, do CPC de 1973, vê-se que ocorre a supressão da exigência de *a parte o requerer*, em tanto que a declaração tem lugar (e até mais do que apenas a declaração) na própria contestação, na reconvenção, ou mediante a oposição de exceção, que é bastante ao prévio e efetivo contraditório[670], reaberto, para outras exceções, com a réplica.

Supera o CPC de 2015 a exigência de a prejudicial ter de percorrer ação autônoma. E não se vale o legislador apenas da relação jurídica prejudicial, considera de igual modo a simples questão jurídica, desde que substancial – o que faz em simetria com os julgamentos de casos repetitivos (Art. 928, CPC) e a reunião de feitos, para evitar o risco de julgados conflitantes (Art. 55, §3º). Já eram neste sentido algumas vozes doutrinárias, como a de Adroaldo Fabrício[671] e Arruda Alvim[672], que reconheciam bastante a questão e inexigível a relação prejudicial, contrariamente a Carnelutti[673]. Note-se, a ação declaratória autônoma, coerentemente, passa a abranger, no CPC de 2015, não só a existência ou inexistência (de relação jurídica): também o modo de ser – questão, pois – da mesma relação jurídica (Art. 19, I).

Será preciso lutar contra a aplicação abusiva do princípio dispositivo – no procedimento comum e nos sumários que nele recaiam após

669. Reprimida, embora, por Daniel Amorim Assumpção Neves (*Manual de direito processual civil*. Vol. ún., 7ª ed. São Paulo: Método, 2015, p. 631).

670. Que Daniel Amorim Assumpção Neves (*Manual de direito* ..., cit., p. 630), só diria exigível no caso de revelia, invertendo a letra da regra legal, porém longe de pensar na hipótese da réplica.

671. FABRÍCIO, Adroaldo Furtado. *Ação declaratória incidental*, cit., p. 35-36 e 57-58.

672. ARRUDA ALVIM, J.M. *Ação declaratória incidental*. In Direito processual civil-3 – Estudos e pareceres. São Paulo: RT, 1995, p. 214.

673. CARNELUTTI, Francesco. *Instituciones* ..., cit., p. 407 e ss.

fase inicial. A ciência do direito processual quer superar critérios, quer acomodar visões opostas e, ora, propicia o núcleo harmonizador – a existência de prévio e efetivo contraditório ou mesmo a respectiva injunção pelo juiz às partes, conforme as importantes regras dos Arts. 10, 139, VIII e Art. 357, §3º, do CPC de 2015.

Não se antolham ao juiz brasileiro as barreiras do trâmite preclusivo da abertura da causa à prova, da velha *Ley de Enjuiciamiento Civil* espanhola, como era verberado por Fairén Guillén[674]. Porque há no CPC de 2015, *ex vi* de seu Art. 357, §3º, a oportunidade da audiência de saneamento, com o efeito de prévia injunção das partes a *integrar ou esclarecer suas alegações.*

Busca o CPC brasileiro de 2015 o encontro sistemático da antiga necessidade de harmonia entre os princípios dispositivo e inquisitivo. Não é inutilmente que adota o princípio da cooperação (Art. 6º) entre os sujeitos processuais.

No tema das questões prejudiciais, conjugam-se, pois, a competência do juiz e a profundidade da cognição, requisitos adotados pelo CPC brasileiro de 2015 – de inclusão sistemática no Art. 503 e §1º – para a produção da coisa julgada. Noutras palavras, para o tratamento de qualquer causa ou questão como principal, do grau de cognição que, desde o Código de 1939, reclamava Barbosa Moreira[675]: cujo critério discretivo sobre as prejudiciais agora o enunciaria – sem contato com ação declaratória incidente.

O limites objetivos da coisa julgada, acrescente-se, quer quanto às questões principais, quer quanto às prejudiciais, aplicam-se aos processos individuais e aos coletivos[676].

69. TÉCNICA DA PREJUDICIALIDADE *VERSUS* PREJUDICIALIDADE TÉCNICA.

Pode-se dar por revivido o ciclo iniciado por Menestrina[677] com a abrangência da prejudicialidade, desde a apenas lógica, e que pretenderia

674. FAIRÉN GUILLÉN, Victor. *Las transformaciones de la demanda en el proceso civil*, cit., p. 126 e ss.
675. BARBOSA MOREIRA, José Carlos. *Questões prejudiciais*, cit., p. 70.
676. Como observa Fredie Didier Jr. *Curso...*, cit., Vol. 4, 13ª. ed., 2019, pp. 472/473.
677. MENESTRINA, Francesco. *La pregiudiziale nel processo civile*, cit., p. 110-111.

ser fechado por Alsina[678] com a restrição da prejudicialidade a relação outra que não a que motive o juízo e, além disso, não correspondente à competência de outro juízo.

Hoje, considera-se prejudicial até mesmo a questão lógica, além de que não se exige seja absolutamente independente, quer na substância, quer na competência: é o que faz, no processo italiano, a construção pretoriana da coisa julgada sobre a prejudicial lógica e independente de declaratória incidental – na hipótese de *fattispecie* complexa (relação jurídica material ensejadora de pluralidade de pretensões em sequência)[679], caso do despejo por múltiplas *causae petendi* .

Aqui queremos chamar a atenção para a concepção atávica de sinonímia entre motivos e fundamentos, responsável pela constância com que historicamente a coisa julgada pôde servir tão pouco à satisfação dos contendores, presa à rigorosa substanciação. Após a transposição do milênio, em tema de revisão doutrinária e sob critério deduzido da correção da experiência de injustiças, alcança-se a garantia de coisa julgada justa, representada pelo justo processo legal – único capaz de conjurar qualquer lesão ou ameaça a direito, superação da função de apenas submeter qualquer destas à apreciação imutável.

Tem lugar, necessariamente, a análise dos fundamentos. E o encontro de abundantes razões elisivas da suposição de que, por integrar os fundamentos da solução da ação principal, a solução da questão prejudicial não possa integrar explicitamente o dispositivo em que resolvida a causa – ou de, não o tendo eventualmente integrado, a ele não poder equiparar-se.

À maneira do exigível em qualquer ciência, não deve, no processo, ser o fundamental tratado como efêmero – o que não quer dizer que não possa a metodologia trocar os termos da proposição científica, alternando do fato para o efeito e do efeito para o fato. O fundamental, essencial e não acidental, há de ser perene, porém é descoberto nos trâmites e não só no inicialmente proposto.

O Código de Processo Civil de 2015 estruturou os procedimentos e as tutelas jurisdicionais. São dois institutos igualmente relevantes. Aqueles, da dinâmica do processo. Estes, de sua estática. Os primeiros, destinados a prosseguir os fatos jurídicos, quando o direito material continua a vi-

---

678. ALSINA, Hugo. *Las cuestiones prejudiciales en el proceso civil*. Buenos Aires: EJEA, 1959, p. 66.

679. Informam-na, analisando a evolução jurisprudencial, Remo Caponi e Andrea Proto Pisani (*Lineamenti di diritto ...*, cit., p. 82).

ver, no âmbito da tramitação, nos atos do processo. Os segundos, para produzir os efeitos jurídicos, quando o direito processual, no espectro do provimento, continua a viver nos fatos da vida.

Pense-se nas tutelas de urgência. Significam (*in genere*, sejam satisfativas, sejam cautelares) técnicas processuais em que se induz o efeito antes do reconhecimento definitivo da causa. A prejudicialidade, por seu caráter de aptidão a definir o litígio, é de ser prosseguida e tutelada desde antes da tutela do pedido principal. E, para isso, supõe trâmites de provisoriedade, com a verificação da factualidade jurídica, se necessário com a ampliação do contraditório – via saneamento em cooperação.

Menestrina, aliás (como visto no n. 25, supra), admitia e propunha se tratasse – pelo menos *a priori* – como prejudicial, para efeito de discussão, questão que não o fosse.

Não nos parece, portanto, que considerar-se a prejudicialidade incidente como tema alheio aos motivos seja ato de ficção jurídica, porque não há cognição sem trâmite incidente e nem toda cognição de resultado incidente o é *incidenter tantum*. Nem ficção legal nos parece ter-se admitido a extensão da coisa julgada à decisão incidente (conforme Art. 356, CPC)[680].

Também assim as apontadas tutelas de urgência. São incidentes, no entanto, não o são *incidenter tantum* – e, negando-o, estar-se-ia a retroceder ao velho *nulla executio sine titulo*, que durante mais de dois milênios sustentou a equivocada crença de que o juiz só decide, *de meritis*, na sentença.

A propósito, convém observar que o legislador procurou evitar, ao tratar dos procedimentos, qualquer utilização da palavra *lide* (com que homenagearia o conflito, ooposição concreta de efeitos jurídicos, entre o pretendido e o existente) substituindo-a por *mérito*. Sirvam de exemplo os Arts. 355 (julgamento antecipado do mérito), 356 (julgamento antecipado parcial do mérito) e 503, *caput* (julgamento total ou parcial do mérito). E também se observe que, na vertente em que cuida das tutelas jurisdicionais, o legislador evitou utilizar-se da palavra *mérito*, preferindo fazer uso do étimo *lide* (com que homenageia os fatos processuais, as

680. São as duas observações de Daniel Amorim Assumpção Neves: O CPC de 2015 mantém, em seu Art. 504, a regra do Art. 469, I e II (não o inciso III), do CPC de 1973. A exegese há de ser de harmonia: não fazem coisa julgada os motivos (fatos secundários), fazem-na os fundamentos (fatos jurídicos, principais) (*Manual* de direito processual civil..., cit., p. 631).

alegações, em plano argumentativo). Mencionem-se, neste sentido, os Arts. 303 (exposição da lide, na indicação da tutela final, inerente ao pedido de tutela antecipada antecedente), 305 (indicação da lide e seu fundamento, para a tutela cautelar antecedente) e 505 (questões decididas da mesma lide, para a preclusão *pro judicato*).

Examinemos, pois, a técnica processual, a serviço da coisa julgada – desde a fixação e a estabilização do objeto litigioso – para chegar-se à sentença definitiva. Desdobra-se em duas dimensões.

Do ponto de vista objetivo, explora a conexão de fatos jurídicos. Garante a efetividade do processo, ante a constatada possibilidade de existência e de validade do ato ou fato jurídico, relativamente a seu iter formativo.

Do ponto de vista subjetivo, explora a divisibilidade ou indivisibilidade dos efeitos jurídicos. Garante a efetividade do processo, ante a constatada possibilidade de produção de eficácia, isto é, de sua obrigatoriedade relativamente a outrem, que não o(s) seu(s) praticantes.

Ora, foi possível ao legislador de 2015 ter dogmaticamente estruturado e erigido em coisa julgada: 1) a *causa excipiendi* (Art. 503, §1º), causa prejudicial arguida pelo réu, excludente da causa de pedir deduzida pelo autor; 2) o efeito jurídico prejudicial deduzido, excludente de efeito dedutível por sujeito não constituído nos autos. Uma e outro, pelo contraditório técnico – prévio à sentença e efetivo (ante a competência jurisdicional e a profundidade necessária).

70. COISA JULGADA E FUNDAMENTOS.

Não estamos falando de fatos simples, mas de fatos e efeitos jurídicos, aos quais pode perfeitamente dizer respeito a coisa julgada. O dispositivo sentencial nada mais é que a resultante sistemática da solução das questões (que remonta ao fato ou efeito jurídico) contido na regra legal aplicada.

E o dizemos, forte em San Tiago Dantas[681], *já que, sendo o direito a ciência do justo, não é possível esvaziar de seu conteúdo* ético essencial, o labor de quem a ela se consagra (o juiz e a doutrina). O justo processo é ético (dialético), não apenas jurídico (legal).

---

681. SAN TIAGO DANTAS, Francisco Clementino. *Ciência e consciência – um estudo sobre Clóvis Beviláqua*. In Figuras do direito. Rio de Janeiro: José Olympio, 1962, p. 93.

O direito processual civil, se bem exija a competência material para o julgado *principaliter*, admite a questão prejudicial sob a mesma competência. E sob o contraditório, pleno ou não, mas em profundidade cognitiva, em cognição *principaliter*.

Esta, a categoria fundamental da coisa julgada: o contraditório é sua base ontológica, como se vê da regra do Art. 503, §1º, II, do CPC. E, se essencial à coisa julgada sobre a prejudicial – para equiparação à questão principal – inarredável que o seja à coisa julgada sobre a própria questão principal.

Neste sentido, a coisa julgada material (*rectius*, a aptidão do julgado a produzi-la) pode ser considerada pressuposto da coisa julgada formal, no percurso progressivo, do procedimento, linha (não mais isolada) carneluttiana, traçada em conhecida polêmica (a que já nos referimos, no n. 5, supra). O justo processo, afinal, aproveitou os resultados da polêmica, tanto na área dos limites objetivos, quanto na dos subjetivos da coisa julgada: a *causa petendi* e o *petitum* (este, confrontado com a *exceptio*) viram-se ampliados para a tutela do bem jurídico, aproveitando-se a conexão das razões com que resolvidas as questões, a prejudicialidade intra e extraprocessual, *inter* e *ultra partes*.

71. LIMITES SUBJETIVOS.

Resta-nos alinhar ao tratamento da prejudicialidade, o exame – para os fins de análise perante o justo processo legal – do tema dos limites subjetivos da coisa julgada (e dizermos, por fim, que a coisa julgada atinge o terceiro equiparado a parte mediante legitimação pelo contraditório, prévio e efetivo, pessoal ou por legitimação extraordinária).

É fundamental o exame de uma passagem de Allorio[682]: nos casos de eficácia reflexa, *as normas, pelas quais se produz o efeito de reflexão, não são, em si, normas sobre a coisa julgada. (...). Para as hipóteses de alargamento, (...) as relações, às quais a coisa julgada estende seu império, não são relações subordinadas à decidida.*

Sobre a matéria e com os olhos postos no futuro, que se inaugurou com o CPC de 2015, José Rogério Cruz e Tucci[683] argui que os tempos atuais assistem ao espetáculo de propagação da relação jurídica por seus

---

682. ALLORIO, Enrico. *La cosa giudicata...*, cit., p. 248.

683. CRUZ E TUCCI, José Rogério. *Limites subjetivos ...*, cit., p. 17-18.

nexos prejudiciais, *resultando daí a ampliação da possibilidade de extensão subjetiva da coisa julgada a terceiros, ao que se alia a decorrência do enfoque constitucional sobre a tutela do direito de defesa do terceiro, que não participou do contraditório, mas que sofreu prejuízo.*

É a preocupação que inspira a objetivação da coisa julgada, estampada – como procuramos entrever – nos requisitos contidos nos incisos e parágrafos do Art. 503, do CPC: que definem a coisa julgada sobre a abrangência da questão principal, no julgado de procedência e no de improcedência (no procedimento comum e, nos sumários, se sem restrição cognitiva ou probatória). E sobre a abrangência da questão prejudicial, se com a mesma profundidade de cognição que aquela.

A disciplina tem seu balanceamento na regra do Art. 506, ao excluir o prejuízo para o terceiro (não equiparado a parte, isto é, não partícipe, a qualquer título e sob qualquer figura processual), bem podendo, ao contrário, ser beneficiado.

Por primeiro, entenda-se o referido prejuízo como prejuízo jurídico, não o de simples fato[684], do mesmo modo como assente que o interesse de fato não habilita o terceiro a intervir na causa entre as partes, a exemplo do disposto no Art. 119, do CPC. Em segundo lugar como prejuízo para o interesse jurídico subordinado, a que bem se refere a eficácia reflexa, mas não a coisa julgada. Por óbvio que o terceiro de interesse jurídico autônomo não sofreria nem a coisa julgada, nem a eficácia reflexa, o mesmo se podendo dizer do terceiro indiferente.

Não se contente o jurista com o simples cotejo de regras de duas codificações, já denunciada, antes como agora, a *falsa idéia de que um terceiro não partícipe do processo possa ser destinatário da eficácia da sentença ou suportar o vínculo da coisa julgada*[685], ao que cumpre acrescentar que também cabe denunciar a falsa generalização de terceiros, havendo os equiparados a parte, ainda que não partícipes do processo.

Bem entendido que se devam precisar os conceitos de terceiro e de parte. A esta altura, ganha relevo a categoria da substituição processual,

684. Na atualidade, tramita Projeto de Reforma da Recuperação judicial de empresas, em que utilizado exemplo da legislação portuguesa, o da consolidação substancial, para nós, reintrodutivo de intervenção fundada em interesse econômico e de forma *iussu iudicis* – portanto com dupla especialidade, já que busca evitar a insolvência, que faria jurídico o caráter do prejuízo (P.L. n. 6229/2005, Rel. Dep. Hugo Leal)..

685. CRUZ E TUCCI, José Rogério. *Limites subjetivos* ..., cit., p. 20.

que permitiu superar, no direito coletivo, a estreiteza da vinculação da capacidade de direito invariavelmente à pessoa. E, com a substituição processual, a articulação do regime de limitação subjetiva da coisa julgada com a tutela coletiva de direitos[686]. É o que determina, no plano das regras de origem consumerista do processo coletivo (a despeito de suprimida, por Veto presidencial, a regra do Art. 333, do mesmo Código, que instituiria a conversão da ação individual em coletiva), a atuação, no âmbito mesmo extraconsumerista, do Art. 139, X, do CPC de 2015, com que o juiz, ante a identificação do caráter repetitivo de demandas individuais, expede ofício aos legitimados para propositura da ação coletiva.

A expansão a terceiros, da coisa julgada, supõe a atuação, nos autos, de seu substituto processual (Art. 18, CPC), ou do litisconsorte ativo unitário – caso do sócio em anulatória de assembleia geral, agindo pelo mesmo fundamento que atenderia aos consócios, ou do litisdenunciado que aceite a denunciação da lide[687].

Escrevemos estudo[688] em que sustentamos, com ampla discussão e referências doutrinárias, nacionais e estrangeiras, a extensão da coisa julgada ao sócio não atuante (potencial litisconsorte ativo facultativo unitário), ao influxo de sua substituição processual pelo sócio atuante (na procedência), ou sociedade ré (na improcedência).

Procuraremos sintetizar os argumentos ali desenvolvidos acerca da ação intentada pelo sócio impugnante da validade de deliberação de assembleia de sociedade por ações, ao fundamento de violação da lei ou do estatuto.

Antes do confronto das teses existentes sobre a matéria, argumentamos que a solução deve partir do sistema processual, em que, ao contrário da Itália, que conta com a regra do Art. 2.377, do *Codice Civile*, não temos preceito assemelhado de direito material, que autorize o efeito

---

686. De se notar, Rodolfo de Camargo Mancuso (*Jurisdição coletiva e coisa julgada*. 3ª ed. São Paulo: RT, n. VIII, p. 359), que exclui a ideia de terceiro, dos processos coletivos; também Alfredo Buzaid (*Considerações sobre o mandado de segurança coletivo*. São Paulo: Saraiva, 1982, p. 128), adota sistema em que vê substituto e substituído sujeitos à coisa julgada, após desenvolver resenha de doutrina estrangeira (Hellwig, Goldschmidt, Kisch, Betti, Zanzucchi, Allorio e Vigoritti) e nacional (Grinover e Temer).

687. Cf. FLAKS, Milton. *Denunciação da lide*. Rio de Janeiro: Forense, 1984, n. 228, p. 246. Para Aroldo Plínio Gonçalves (*Da Denunciação da lide*. 3ª ed. Rio de Janeiro: Forense, 1995, n. 12.4.1., p. 277-278), tal se dá apenas nas garantias próprias, isto é, as inerentes à transmissão do direito.

688. VIEIRA, José Marcos Rodrigues. *Substituição processual, litisconsórcio facultativo unitário e coisa julgada no sistema do CPC de 2015*. In Processo civil contemporâneo. Homenagem aos 80 anos do professor Humberto Jr., Rio de Janeiro: Forense, 2018, pp. 394/401.

em relação a todos os sócios (a regra italiana adveio da redação atribuída ao referido artigo, pelo Decreto-legislativo 6, de 17 de janeiro de 2003).

Estabelecemos como premissa a possibilidade de o contraditório, prévio e efetivo, ocorrer previamente à coisa julgada, embora posteriormente à sentença – afastando as propostas de citação (edital) dos múltiplos legitimados, em que já restaria transmudado o litisconsórcio, de facultativo em necessário. (Já o Art. 876, §7º, do CPC vigente, inaugura a disciplina do ônus da sociedade de informar aos sócios a demanda judicial, ainda que para exercício de preferência em caso de penhora de quota social ou de ação em sociedade anônima fechada). E invocamos a disciplina da substituição processual, ao lado do instituto do recurso de terceiro, conjugando interpretativamente os Arts. 18 e 996 e seu §ún., do CPC de 2015, lembrando que este último não é só do terceiro de interesse jurídico subordinado, mas também o do terceiro titular de direito próprio.

Acreditamos que seria improvável (e de qualquer modo intolerável) que o acionista, além de não saber o teor da deliberação assemblear, igualmente desconhecer o resultado sentencial[689] da ação proposta em juízo contra a sociedade – que haveria de comunicá-lo a todos pelos meios de direito (hoje os mais eficazes e em tempo real). Não haveria, assim, cogitar-se, nos autos, quer de citação, quer de intimação – uma vez que o CPC atribui ao substituído a qualidade para intervir como assistente litisconsorcial. E aqui diríamos, assistente litisconsorcial do sócio autor ou da sociedade ré, conforme a escolha[690].

Fizemos por acrescentar, em nosso referido estudo[691]: o litisconsórcio ou é formado, ou não terá existido. Se não se litisconsorciaram (...), os

---

689. Cf. VASELLI, Mario, *Deliberazioni nulle e annulabili delle società per azioni*. Padova: CEDAM, 1947, p. 105.

690. Cf. GRINOVER, Ada Pellegrini. *Miti e realtà sul giudicato – una riflessione ítalo-brasiliana*. In Revista de Processo, São Paulo: RT, vol. 256, 2016, p. 31. A derradeira manifestação de Ada de Ada Pellegrini Grinover, assim, descreveu completa evolução que vinha ocorrendo desde defesa do pensamento de Liebman, de inextensibilidade da c.j., passando pelo apoio da tese de Barbosa Moreira (do litisconsórcio facultativo unitário) e, por inspiração dos processos coletivos, chegando à substituição processual, de possibilidade em ambos os lados da relação processual. Eis as suas palavras: *simples operação de hermenêutica já era considerada suficiente para reconhecer a legitimação (extraordinária) à ação coletiva, pois que o interesse material, neste caso, é ao mesmo tempo, próprio e alheio. Isto me encoraja a dizer, com maior razão, que o sócio que pretende a anulação ou a eliminação da assembleia age como substituto processual dos outros, titulares do mesmo interesse. E aqueles que têm interesse na validade, são substituídos pela contraparte.*

691. VIEIRA, José Marcos Rodrigues. *Substituição processual, litisconsórcio facultativo ...*,cit., p. 399.

sócios não presentes ao processo [em que teriam a possibilidade de atuar como substitutos dos não atuantes, conforme o §ún., do Art. 996], dão-se por substituídos pelo(s) sócio(s) atuante(s), ante suspensão da regra contrária, que porventura invocariam, sofrendo a prejudicialidade de efeito.

E por isso a assistência litisconsorcial – forma pela qual o [até então] substituído no processo interviria em prol do substituto – direciona-o à submissão à coisa julgada. O mesmo se dá na intervenção como litisconsorte, (...), desde que antes da sentença[692]. Porque, ao recorrer, alija de si – o recorrente – a qualidade de substituído, pois assume a de parte, equiparado a litisconsorte (do sócio atuante, ou da sociedade ré)[693].

Cabe concluir que, atuante ou não, recorrendo ou não, exercendo ou não a legitimidade concorrente disjuntiva, o sócio não partícipe do feito antes da sentença estará sujeito à coisa julgada[694].

Curioso é notar que Liebman, adversário ferrenho de qualquer forma de coisa julgada *secundum eventum litis*, distingue a procedência da anulatória de deliberação assemblear da improcedência, vendo, na primeira, eficácia constitutiva e, na segunda, eficácia declaratória, para concluir que só a primeira faria coisa julgada para terceiros[695]. Estranha a conclusão, porque, também em tal exemplo clássico, a coisa julgada deve dar-se na procedência e na improcedência.

Vejamos outra área de discussão no âmbito dos limites subjetivos da coisa julgada.

Como resulta do sistema, a que vem a disciplina do Código Civil (Art. 274), nem sempre há coisa julgada quando da solidariedade.

Aliás a coisa julgada *secundum eventum litis* é excepcional. Como resulta do sistema do direito como um todo, porque o processo tem de harmonizar-se com o direito civil, nem sempre há coisa julgada no âmbito da solidariedade.

---

692. VIEIRA, José Marcos Rodrigues. *Substituição processual. Litisconsórcio facultativo unitário..*, cit., p. 396. No mesmo sentido, Humberto Theodoro Jr.*Curso de direito processual civil*. 51ª. ed., Rio de Janeiro: Forense, 2018, p. 1.042.

693. VIEIRA, José Marcos Rodrigues. Idem-idem, 399.

694. BAPTISTA DA SILVA, Ovídio A. *Curso de processo civil*, 4. ed., São Paulo: RT, 1998, vol. I, pp. 285 e 287.

695. LIEBMAN, Enrico Tullio. *Manual de direito processual civil*, I, n. 79, Nota 7, p. 223. e *Eficácia*, cit., p. e p. . É uma incoerência do pensamento do Mestre, que, bem pudesse distinguir entre as eficácias, não haveria, por seu próprio pensamento, de negar a qualquer delas o ser recoberta pela coisa julgada.

Releva considerar a excelente observação de Dinamarco[696] de que *ao dispor-se a ser credor ou devedor em solidariedade, a pessoa subordina-se às normas e aos riscos inerentes a ela. (...). O credor ou devedor que figurar na relação processual sem os demais em litisconsórcio será substituto processual dos não participantes.*

E aqui se observe. Na procedência, há coisa julgada na solidariedade ativa, segundo o magistério de Cruz e Tucci[697]. O mesmo autor observa[698] que, na visão de Talamini[699], haveria apenas título executivo utilizável pelos credores solidários, isto é, haveria apenas extensão de eficácia.

De relance, percebe-se que a divergência doutrinária é sobre a qualidade e efetividade do contraditório, porventura praticado sem a participação do terceiro credor solidário. Tanto que, na solidariedade passiva, pelo Art. 281, do Cód. Civil, a coisa julgada só alcança os demandados, salvo se promovido o chamamento ao processo, por algum dos citados (a teor do Art. 132, do CPC de 2015).

Daí, Barbosa Moreira[700] entrever, na regra do Art. 274, do Cód. Civil, que se antecipou à disciplina do CPC de 2015, hipótese de coisa julgada *secundum eventum litis* (da procedência e não da improcedência). Cuidar-se-ia – releva considerá-lo, por ter sido o texto escrito antes do Código de 2015 – de excepcionalidade, ante o sistema respectivo, em, que desponta, na interpretação do Art. 506, a paridade dos signos contrários e a coisa julgada *pro et contra.*

E, realmente, pode dar-se a procedência relativamente a um dos co-credores, o que intentou a ação, em se tratando de obrigação divisível – eis a ressalva de fundamento em rejeição de exceção pessoal, por exemplo a de não suspensão da prescrição, arguida por um dos devedores. Na

696. DINAMARCO, Candido Rangel. *Instituições...*, III, cit., p. 323.

697. CRUZ E TUCCI, José Rogério. *Limites subjetivos* ..., cit., p. 277. Realmente não há coisa julgada sempre na solidariedade passiva. Figure-se a conta corrente bancária conjunta e o cheque emitido por um dos correntistas. Os embargos à execução pelo não emitente têm solução de mérito não extensível ao emitente da cártula. Neste sentido, julgado de nossa Relatoria (Ap. 1.0309.13.000657-5/001,..., j. 07.10.2015), arrimado à doutrina de Paulo Restife Neto e Paulo Sérgio Restife (*Lei do Cheque*. 5ª ed. São Paulo: Malheiros, 2012), em que a solidariedade material (da conta-conjunta) não equivale à solidariedade cambial e processual.

698. CRUZ E TUCCI, José Rogério. *Limites subjetivos* ..., cit., p. 277.

699. TALAMINI, Eduardo. *Coisa julgada e sua revisão,* cit., p. 106.

700. BARBOSA MOREIRA, José Carlos. *Solidariedade ativa: efeitos da sentença e coisa julgada na ação de cobrança proposta por um único credor.* In Temas de direito processual. 9ª série. São Paulo: Saraiva, 2007, p. 224 e ss.

procedência da ação intentada pelo credor a quem respeite a suspensão da prescrição de obrigação divisível quanto a um dos co-devedores, não se dá, pois, a extensão da coisa julgada. O mesmo se diria na cobrança intentada pelo incapaz, quanto a quem cabe a rejeição da arguição de não interrupção de prescrição.

Quanto ao processo coletivo, ao dizer da ação popular, da ação civil pública, da ação civil coletiva e do mandado de segurança coletivo, importa considerar duas situações: a) coisa julgada *erga omnes*, salvo falta de prova; b) e, no âmbito das ações civis coletivas, coisa julgada *in utilibus*, para liquidação individual de sentença de condenação.

A legitimidade de parte autora pode dar-se, pela substituição processual, relativamente a toda a coletividade. São os Arts. 18, da Lei n. 4.717, de 29 de junho de 1965, e 16, da Lei n. 7.347, de 24 de julho de 1985. Este último, mantido mesmo após o advento do Código de Defesa do Consumidor, Art. 103, I, da Lei n. 8.078, de 11.09.1990. Igualmente o art. 103, II, da Lei n. 8.078/90 (CDC), com a coisa julgada *ultra partes,* referente ao grupo, categoria ou classe, utiliza o conceito processual de parte.

Ressalve-se que a coisa julgada coletiva se dá, também, no julgado de improcedência efetiva. Só que tal resultado não pode prejudicar os direitos de quem não quis figurar na lide (ou requereu a suspensão de ação individual). As ações individuais não são atingidas pela coisa julgada coletiva, a não ser a benefício dos indivíduos. Trata-se da disciplina dos Arts. 94 e 103, §2º, do Cód. de Defesa do Consumidor, compatível[701] com o Art. 506, do CPC de 2015, por força da regra cardeal do Art. 503 e dos incisos do respectivo §1º, para efeito mesmo das questões coletivas, embora a disciplina destas, própria.

A regra, pois, do Art. 506, do CPC de 2015, serve à dimensão individual e à dimensão coletiva, ainda antes da elaboração (ou aprovação) de um código de processo coletivo.

Voltemos, porém, aos incisos do Art. 503, do CPC de 2015, e os coloquemos em contato com as partes e os terceiros. A prejudicialidade entre relações jurídicas (que restou encartada no sistema da contestação,

701. Não há dúvida quanto à identidade de limites objetivos, entre a coisa julgada indivual e a coletiva. Quanto aos subjetivos, contra, em termos, Humberto Theodoro Jr. *Curso de direito processual civil,* vol.I, 56ª. ed., Rio de Janeiro: Forense, 2015, p. 1.132. Para Thereza Arruda Alvim (*O direito processual de estar em juízo,* cit., p.118), *a coisa julgada coletiva deve ser analisada (...) diversamente em relação à coletividade e quanto àqueles que são aptos a sua propositura. (...) Assim, a coletividade é alcançada pela coisa julgada material e quem age, pela formal.*

como na discussão em ação declaratória autônoma) também alcança terceiros. E por sobre a diretriz metodológica de Allorio[702], ao versar a conexão de fatispécies, o sistema instituído pelo Código de 2015 adiciona o prévio e efetivo contraditório – como *conditio sine qua non* da extensão da coisa julgada.

No geral, a eficácia da sentença perante terceiros se dessume do sistema de não integração ao contraditório. Se pode a prejudicialidade ou dependência justificar a extensão subjetiva da eficácia e se pode a substituição processual, até mesmo no plano individual (da situação de quem, adquirente da coisa ou direito litigioso, vê-se processualmente substituído pelo alienante), justificar a extensão da coisa julgada, pode-se dizer, com Elio Fazzalari[703]: *a situação jurídica material serve sempre à introdução do fato jurídico material no fato jurídico processual* – do mesmo modo como se passa no âmbito dos limites objetivos da coisa julgada.

Outra não é a razão por que Nikisch[704] assinalava que a teoria da individualização da *causa petendi* é produto do temor de se confundir elementos de direito processual e de direito material. Quando se alcança a coisa julgada, certamente se tem de superar tal temor – pois o estado do pedido é, já, de transcendência efetivamente ao plano substancial.

Com efeito, para parte da doutrina ainda formada sob o CPC de 1973 (e não, a nosso sentir, na linha do que veio a se consagrar no Art. 506, do CPC brasileiro de 2015), *enquanto a eficácia sentencial pode prejudicar terceiro* (e aí viriam ter os nexos de interdependência) *a imutabilidade* (coisa julgada) *só o vincula quanto lhe propiciar benefício*[705] jurídico (e não de simples fato)[706].

Haverá tal benefício jurídico (ou, acrescentaríamos, também prejuízo para a parte, sob o Código de 2015) – percebe-se pela generalidade da *conditio sine qua non* da participação em contraditório – quando o terceiro, como tal, substituído (sucessor a título singular ou universal; cotitular do direito; adquirente da coisa ou direito litigioso), não pertença

702. ALLORIO, Enrico. *La cosa giudicata rispetto ai terzi*, cit., p. 68 e ss.

703. FAZZALARI, Elio. *Note in tema*, cit., p. 117, 128 e ss.

704. NIKISCH, Arthur. *Der Streitgegenstand im Zivilprozess*, Tübingen, 1935, p. 78 e ss.

705. CRUZ E TUCCI, José Rogério. *Limites subjetivos ...*, cit., p. n. 5, p. 348.

706. CRUZ E TUCCI, José Rogério. *Limites subjetivos ...*, cit., n. 6, p. 348.

a situação jurídica diversa: *situa-se na mesma posição jurídica de um dos demandantes.*[707]

Cuida-se, portanto, da extensão *ultra partes* da coisa julgada, que pode ser compreendida na fórmula geral da plurisubjetividade, de Fabbrini[708], mas que, sob a fórmula do Art. 503, do CPC de 2015, da prejudicialidade de efeito, não torna ociosa a distinção entre os casos de interesses coordenados e dos *aventi causa* e os terceiros de interesse jurídico subordinado, estes últimos sujeitos à eficácia reflexa.

Aí também cabe falar de coisa julgada *secundum eventum probationis*, com o que o Código do Consumidor se harmoniza com o Art. 506, do CPC de 2015[709], do ponto de vista de a coisa julgada não se formar sobre restrição probatória ou de cognição (§2º, do Art. 503).

A propósito, Girolamo Monteleone[710] já advertia o exaurimento das teses com que debatida a *riflessione* (eficácia reflexa) do julgado – em cujo quadro se inserem processualistas que, sob motivação, embora, diversa – *firmaram-se na repulsa à extensão do julgado a terceiros* e entre os quais chega a incluir Satta[711], apesar da distinção – que este opera – entre direitos absolutos (*expansivos da coisa julgada*) e relativos (não expansivos). É que o refluxo à limitação exclusiva às partes várias vezes se observa, pela necessidade de fazer respeitar o contraditório, garantia constitucional. E que haveria de sempre compor a premissa para a útil (e justa) interferência entre as relações jurídicas.

Já se distancia o tempo em que Redenti[712] apontava a ilusão de ótica da extensão da coisa julgada a terceiros, discutindo, ante a não partici-

---

707. CRUZ E TUCCI, José Rogério. *Limites subjetivos ...*, cit., n. 6 e 8.

708. FABBRINI, Giovanni. *Contributo alla dottrina dell'intervento adesivo.* Milano: Giufrè, 1964, p. 94.

709. Como já se harmonizava com o Art. 472, do CPC de 1973, segundo José Rogério Cruz e Tucci (*Limites subjetivos ...*, cit., n. 12, p. 349-350). Aliás, o conceito de substituição processual tem amplitude bastante para integrar ao sistema do Art. 506, do CPC brasileiro de 2015, os substituídos. Assim, a coisa julgada "erga omnes" da ação popular não faz exceção às regras sobre coisa julgada material da lei processual, por força da legitimação extraordinária (ARRUDA ALVIM, Thereza. *Do direito processual de estar em juízo*, cit., p. 116). Do mesmo modo, nas ações civis públicas, nas quais ou há substituição processual, ou há legitimação própria autônoma institucional do M.P., com coisa julgada 'erga omnes'. Podendo ocorrer a *ultra partes*, limitada à categoria ou classe, nas ações civis coletivas (ARRUDA ALVIM, Thereza. *Do direito processual ...*, cit., p. 120-121).

710. MONTELEONE, Girolamo.*I limiti soggettivi del giudicato civile.* Padova: CEDAM, 1978, p. 166.

711. SATTA, Salvatore. *Commentario al codice de procedura civile,* III, Milano: Giuffrè, 1966, p. 53 e ss.

712. REDENTI, Enrico. *Il giudizio civile com pluratlità di parti.* Milano: Giuffrè, 1960, p. 55-57, nota "45".

pação de sócios, a eficácia da assembleia geral. Sua tese seria adotada pela *Cassazione*, Seç. II, 17.4.1969 (n. 1.220, *Foro It. Massim.*, 1969, col. 361), impondo a participação dos sócios em juízo. (Já vimos, entretanto, a refutação de tal entendimento no Capítulo VII, supra).

Eis a razão fundamental por que Monteleone[713] aduz que *o problema se deve resolver não sujeitando 'ex post' ao julgado quem permanece estranho ao juízo, mas tornando praticamente atuável, ou necessária, a participação daqueles em cujo confronto se quer, ou se deve, perseguir o escopo da uniforme regulação das relações.*

Ao dizer *praticamente atuável,* não se vislumbre, porém, nenhum radicalismo em Monteleone. O autor ora citado diz, como instrumentos da operacionalidade de sua sugestão de integração do terceiro ao contraditório, não só do litisconsórcio, da intervenção provocada e voluntária – mas, também, da perspectiva da representação de uma inteira categoria de pessoas nas *class actions* norte-americanas – no que não haveria incompatibilidade com o princípio geral dos limites subjetivos (aí onde inserida a substituição processual), nem mesmo haveria a irradiação *ultra partes* da eficácia sentencial, mas simples (e eficiente) aplicação do princípio da representação das partes (por que não dizer da ampliação da coisa julgada?), sob condições legais e confiadas ao atento controle judicial[714].

Do mesmo modo ou sob inspiração da mesma tese, Fabbrini[715] distinguiu a *riflessione* (aos terceiros prejudicados, isto é, a eficácia reflexa), da *estensione* (*plurisoggettività* da ação, determinada pelo concurso de legitimados ordinários ou de titulares de legitimação extraordinária). O que sustenta a coisa julgada.

O CPC brasileiro pressupõe a extensão *ultra partes* dos efeitos da sentença, como justificativa: dos embargos de terceiro (Art. 674 e ss.); da ação rescisória por iniciativa de terceiro (Art. 967, II); do chamado recurso de terceiro prejudicado (Art. 996); da intervenção de terceiros, como na assistência simples, quando não equiparados a partes pela só integração à lide (Arts. 119 a 137), expedientes mediante os quais (fora dos casos da cotitularidade, da substituição e da sucessão, que são de ampliação da coisa julgada) pretende realizar, a benefício do terceiro, o devido processo legal. Saliente, aliás, é a orientação jurisprudencial que,

713. MONTELEONE, Girolamo. *I limiti* ..., cit., p. 168.
714. MONTELEONE, Girolamo. *I limiti* ..., cit., p. 177-178.
715. FABBRINI, Giovanni. *Contributo...*, cit., p. 162, 188 e 191.

na esteira da mais recente doutrina, protrai o termo inicial dos embargos de terceiro para o momento de ciência, tal a data do cumprimento do mandado de imissão de posse, ainda que distante da arrematação do bem[716].

As garantias constitucionais do processo (Art. 5º, XXXV, LIV e LV, da Constituição da República) também tutelam os terceiros – o que impõe limite à situação jurídica do substituído[717]. Mesmo ao terceiro que não interveio como assistente ressalva-se a discussão da justiça da decisão, via ação rescisória, como exemplo o adquirente *ante litem*. A aquisição da coisa, não sendo caso de sucessão em posição processual da parte, mereceria tratamento destacado, para que não se lhe estenda sempre a coisa julgada. É o que sugere Cruz e Tucci[718] ao injustamente atingido pela coisa julgada e não ciente da causa, no que insuficientes as formas de intervenção voluntária.

No sistema vigente, há a ação de oposição até ser proferida a sentença (Art. 682, do CPC), além do recurso de terceiro prejudicado (Art. 996, do CPC, já referido). Uma e outro, produzidos em momento antecedente à coisa julgada. Nem sequer o CPC instituiu o procedimento de exclusão da coisa julgada, porque, ao transpor para os procedimentos especiais a atual forma de intervenção espontânea de terceiros *ad excludendum*, o fez de modo a manter o restritivo *até ser proferida a sentença* (Art. 682, do CPC, referideo).

---

716. (STJ, 4ª T., REsp n. 161.054-MG, Rel. Min. Sálvio Figueiredo; RMS n. 10.208-SP, Rel. Min. Sálvio Figueiredo; 3ª T. REsp n. 298.815-GO, Relª Minª Nancy Andrighi). Saliente-se que nos embargos de terceiro, o pedido (e, pois, o objeto do processo) é o desfazimento da constrição sobre a coisa e a isto se limita a coisa julgada (DIFINI, Luiz Felipe Silveira. *Embargos de Terceiro*. Rio de Janeiro: Aide, 1992, p. 143), não abrangendo o domínio e a validade da garantia real. Aliás, Salvatore Satta (*Diritto processuale civile*. 11ª ediz. Padova: CEDAM, 1992, n. 459, p. 813), em matéria de procedimentos especiais, esclarece que a especialidade, com atenuação do princípio do contraditório, fê-los instrumentos de "imperium", mais que de justiça, autêntico modo de resolver as lides mais com a força do que com o direito.

717. Observação crítica de Andrea Proto Pisani (*Lezioni di diritto processuale civile*, cit., p. 400, *in fine*, e ss.). É o que pretende, por exemplo, Thereza Alvim (*O direito processual de estar em juízo*, cit., p. 106), ao dizer: "é inarredável o substituído não ser alcançado, como terceiro, pela coisa julgada material, mas o é por ser parte, pois terceiro não é, por a lide ser dele".

718. CRUZ E TUCCI, José Rogério. *Limites subjetivos ...*, cit., p. 116, no que reitera a revisão a que Allorio chegou a submeter a sua tese, para não atribuir-lhe efeito retroativo, como visto na Nota 402, supra. Reversamente, alguém suceder que foi parte em processo já terminado, com decisão transitada em julgado e for demandado pelo adversário do sucedido, poderá argüir a coisa julgada, já que tem a mesma identidade jurídica daquele que foi parte (ARRUDA ALVIM, Thereza. *Do direito processual de estar em juízo*, cit., p. 120-121).

Por prejudicialidade *a posteriori* a ação rescisória e o recurso de terceiro prejudicado tomam o lugar, respectivamente das duas modalidades de oposição de terceiro italianas. Tentaria o terceiro (Art. 967, II) provar o caráter prejudicial de seu direito ou relação jurídica perante o decidido em feito de que não participou. Não se veja, porém, mais que uma excepcionalidade. Não o justificaria a simples cogitação de não se estender a coisa julgada, tão só pela ausência de participação pessoal em contraditório – por excluída, em regra, pela substituição processual.

72. OUTRAS PROJEÇÕES SUBJETIVAS DA EFICÁCIA SENTENCIAL.

No ponto em que estabelecemos a ampliação dos limites subjetivos da coisa julgada, referindo-a aos sucessores (a título universal ou particular, *inter vivos* ou *mortis causa*, aí incluído o adquirente da coisa litigiosa), o substituído processualmente e, por vezes, os cotitulares de direito, deixamos em suspenso as situações de eficácia sentencial relativamente a terceiros. Já sintetizamos o sistema de ampliação subjetiva da coisa julgada (n. 7 e n. 11, supra).

Queremos agora tratar da coisa julgada em confronto com a eficácia natural e com a eficácia reflexa – da sentença.

O cuidado metodológico com a eficácia direta *ultra partes* (como também é chamada a coisa julgada) não autoriza a diminuição do conceito processual de parte[719], a ponto de se recambiar cotitulares ou sucessores, por eventualmente ausentes do processo, à categoria processual de terceiros[720]: terceiros, estes outros que, de sua vez, têm situações substancialmente heterogêneas e não obedecem a nenhum sistema.

Procura Enrico Allorio explorar o aspecto assistemático das situações jurídicas de terceiros, mediante a prejudicialidade-dependência. Note-se, todavia, que é também com a prejudicialidade que nega a existência de limites subjetivos (porque os reduz a objetivos) da coisa julgada. Desde o título da obra (mas principalmente pelas palavras escritas, sem epígra-

---

719. CRUZ E TUCCI, José Rogério. *Limites subjetivos...*, cit., p. 31: *daí, a necessidade de, num primeiro momento, estabelecer o conceito de parte, para, em seguida, determinar o de terceiro e a sua respectiva sujeição à eficácia da sentença e, excepcionalmente, à coisa julgada.*

720. CRUZ E TUCCI, José Rogério. Idem-idem, p. 211, por isso mesmo aduz que *talvez fosse de melhor técnica* [que o legislador] *já contemplasse, de modo expresso, as exceções à regra de que a coisa julgada opera somente 'inter partes'.*

fe, à guisa de introdução)[721], salienta que explora um lado da teoria da coisa julgada, sua repercussão quanto a terceiros. E, aderindo à tese da natureza substancial da coisa julgada, depois de reconhecer o vínculo de coordenação, para a coisa julgada, ante a sucessão e a aquisição derivada, põe-se a tratar, sob a prejudicialidade-dependência, portanto em vínculo de subordinação, da posse dos títulos de crédito, da falência, da locação, dos ônus reais e do estado civil.

De nossa parte, queremos oferecer contribuição algo diversa ao intenso e imorredouro debate. Entrevemos duas categorias gerais (processuais) de prejudicialidade, no sistema do Código de Processo Civil de 2015: a prejudicialidade *principaliter* e a prejudicialidade *incidenter tantum*. Por isso que consideramos o Art. 503 e seus §§, do CPC, a regra reitora do sistema, de cunho processual e não substancial, não nos satisfaz, exatamente, o critério de Allorio, que classifica a prejudicialidade do ângulo exclusivamente do direito material. Já consideramos[722] a coisa julgada como instituto que reúne natureza jurídica material e processual.

Pode a prejudicialidade – vista por outro ângulo que o da contraposição entre a coordenação necessária[723] e a prejudicialidade-dependência[724] – perfazer critério hermenêutico da ampliação subjetiva da coisa julgada, em classificação que atribuímos à prejudicialidade *principaliter* (cujo tratamento iniciamos, no n. 50, supra), em prejudicialidade *de causa* e prejudicialidade *de efeito*.

Estamos de acordo com Allorio[725] em que a prejudicialidade--dependência pode, variadamente a cada relação jurídica material[726],

721. ALLORIO, Enrico. *La cosa giudicata...*, cit, p. III/IV.

722. V. Nota 7, n. 1, supra.

723. Com a qual (e como excepcionalidade), Allorio (*La cosa giudicata...*, cit., p. 120) explica os casos de *allargamento* da coisa julgada, sem subordinação.

724. Com que Enrico Allorio entende abrangidos todos os casos de *riflessione* da coisa julgada, a começar pela sucessão, que seria a sua mais simples forma (*La cosa giudicata*, cit., p. 135).

725. De acordo, outrossim, com José Rogério Cruz e Tucci, que converte o nexo de coordenação, de Enrico Allorio, em sub-rogado de alguma concessão à garantia constitucional da ampla defesa. Ao não subscrever o nexo de coordenação necessária, de Allorio, admite a coisa julgada excepcional, como se vê em duas passagens (*La cosa giudicata...*, cit., p. 31 e p. 211), como ante o sucessor e o substituto processual, o obrigado solidário, os cotitulares de relação jurídica incindível, bem como litisconsortes necessários em ações de estado. De Allorio (ob. cit, p. 120): *não há senão situar em um nexo diverso do da prejudicialidade a explicação destas hipóteses, que não são de 'riflessione' da coisa julgada.(...). Um nexo não de subordinação, mas de coordenação.*

726. ALLORIO, Enrico. *La cosa giudicata....*, p. 135 e Nota 1.

servir de critério para a identificação dos casos de eficácia reflexa, critério como tal indicativo das situações que atinjam os terceiros de interesse jurídico subordinado.

Detenhamo-nos, agora, sobre a prejudicialidade *principaliter* (em simetria com a que determina a ampliação objetiva da coisa julgada).

A prejudicialidade *de causa*, já o vimos, é indicativa da ampliação objetiva da coisa julgada. Por isso que a *causa excipiendi* é oposta à *causa petendi*, não se opera transferência de causa (inexiste figura de qualquer dos *aventi causa*, porque o réu não se substitui ao autor e vice-versa).

A de prejudicialidade *de efeito* enseja, como já adiantamos (n. 50, supra) a ampliação subjetiva da coisa julgada – que atinge: os sócios potenciais litisconsortes unitários, substituídos pelo sócio atuante, como exemplo da pluralidade de legitimados à impugnação do mesmo ato; atinge também o sucessor, pela identidade de situação jurídica; e o adquirente da coisa ou direito litigioso (o *avente causa*) como substituído processualmente pelo alienante, que figure no feito, este o seu substituto processual. Há, em todas estas hipóteses, transferência de causa, fenômeno que as parifica, por determinação da vontade ou da lei.

Uma palavra se faz necessária, ante as teses possivelmente contrárias dos sócios, embora a unitariedade, quanto à validade ou invalidade da deliberação assemblear, com que uma delas reste absorvida pela outra.

Tem-se de raciocinar que *as partes são determinadas pelo todo e são determinantes do mesmo*. É que, no âmbito de determinação legal (e não volitiva) de transferência de causa jurídica, *texto e contexto superam a pura técnica, porque o sujeito passa a integrar o objeto*[727]. Necessário considerar que, de há quase um século, a doutrina percebeu que o fato impeditivo não pode ser tido apenas como o signo invertido, um entre os elementos essenciais de uma e só função ou eficácia na produção de efeito jurídico típico da fatispécie substancial – deixando-se de perceber a correlação de efeitos na estrutura da fatispécie mesma[728]. Daí o fato impeditivo (no sentido de suspensivo de incidência) de disciplina legal correlata.

Explicamos, uma vez mais, a prejudicialidade de efeito. A *causa petendi* é a mesma, de substituído e do substituto. A do substituto, pois,

727. DENTI, Vittorio. *Processo civile e giustizia sociale*, Milano: Ediz. Di Communità, 1971, p. 17 e passim.

728. GRASSO, Eduardo. *La conoscenza scientifica del processo e i metodi*, In Studi in onore di Crisanto Mandriolli, vol.II, Milano: Giuffrè, 1995, pp. 1177 e 1200.

nos autos, passa ao substituído. É de se lembrar, em um de seus exemplos, as expressões dos italianos, dos *danti* e dos *aventi causa*, dos espanhóis, *causahabientes*, dos franceses, *ayant cause*. A aquisição derivada tem de comum a transferência da causa ao sujeito a quem ampliada a coisa julgada. Só que a identidade difere da dependência: por isso, na identidade de causa, justifica-se a ampliação da coisa julgada; na dependência de causa, a produção de eficácia reflexa[729].

Há que se lembrar sintomática passagem de Allorio[730], em que trata o sucessor processual como sucessor da coisa julgada: não seria, porém, de interesse apenas tal momento, posterior à coisa julgada. As relevantes cogitações - sob a coisa julgada - da aquisição antecedente a sua produção não se afastam, porém com seu deslocamento para o campo da eficácia sentencial, subterfúgio que não explicaria a imutabilidade extraautos.

Daí que não haja como se alterar o efeito produzido para o substituído processual, alientante, cuja *causa petendi* ou tese de defesa se lhe impõe *ex vi legis*, ainda que intervenha depois - como assistente litisconsorcial do substituto -, seja pela superioridade de regra legal suspensiva da incidência de outra (caso dos sócios não atuantes na anulatória de assembleia), seja pela sucessão na causa originária do direito, por ato próprio, isto é, *ex propria voluntate*, como na aceitação de herança, na aquisição da coisa ou direito litigioso, na incorporação de empresa ou (em parte dos casos) na assunção de obrigação solidária.

Acertada a inexistência do direito quanto ao sucedido, acertada estará quanto ao sucessor - seja a sucessão anterior ou posterior à coisa julgada.

Aqui, entretanto, devemos fazer uma consideração bastante peculiar aos casos de sucessão trabalhista. Enquanto não apurada a sucessão, sabido que no processo do trabalho é descabida demanda entre empresas, sempre se procurou resolver o problema da extensão subjetiva da coisa julgada mediante a provocação do litisconsórcio facultativo impróprio (também dito irrecusável) pela reclamada (a que atribuída qualidade de sucessora) relativamente à suposta sucedida. Solução de integração à lide que era expressa no CPC de 1939 e sobre a qual são omissos os

---

729. A fonte aquisitiva, realmente, pode ser a mesma, daí falarem (Allorio e Cruz e Tucci, cf. n. 48, supra) na coisa julgada como excepcional e na eficácia reflexa como regra.

730. ALLORIO, Enrico. *La cosa giudicata...*, p. 135/136: *uma forma de prejudicialidade 'positiva', a qual procede da relação do 'dante causa' à relação do sucessor.*

dois Códigos de processo civil posteriores, o de 1973 e o de 2015, que não se referiram ao litisconsórcio por provocação do réu.

De se registrar, pela singularidade do pronunciamento doutrinário (ao tempo em que nos recordamos do ganho de causa em reclamações trabalhistas que contestamos, por apontada sucessora, logrando descaracterizar sucessão trabalhista, nos idos do início de nossa vida profissional como advogado em feitos iniciados em 1976), uma passagem de Modestino Martins Netto[731]: *quando o réu entende de outrem a responsabilidade pela demanda,* tem-se usado do chamamento *para integrar a lide e a contestação. Responsabilidade pela infringência legal, geradora do direito subjetivo do autor e justificadora da demanda, (...) se total, esse procedimento do réu, de chamar a quem atribui responsabilidade integral, visa evidentemente, com a sentença, ser excluído da lide.*

Vamos aos casos de eficácia reflexa. Em que não há prejudicialidade alguma (quer a dita *de causa*, quer a dita *de efeito*) e, portanto, estranhos ao sistema do Art. 503 e §§, do CPC.

SUCESSOR NA POSSE.

O autor vitorioso em reivindicatória tem contra o sucessor na posse a eficácia reflexa da sentença, não só a eficácia natural, quanto ao domínio. Cuida-se do §3º, do Art. 109, do CPC, mediante o qual se dá a desnecessidade de ajuizamento de pleito possessório contra o terceiro adquirente da posse, a menos que a posse do terceiro se verifique após a coisa julgada.

POSSE DOS TÍTULOS DE CRÉDITO.

É sabido que o endosso, o aval, o aceite por intervenção das cambiais ou dos títulos cambiariformes não envolve transferência de causa jurídica. Sequer se verifica sucessão. O endossatário ou cessionário adquire, pela literalidade e autonomia, vínculo originário. *In genere,* não há eficácia reflexa, faltando o nexo de prejudicialidade-dependência. Todavia não se pode olvidar a presunção absoluta, no tocante à cambial em branco, contra os terceiros de má-fé, em consequência da superioridade das presunções legais ou de cláusulas convencionais, quando, excepcionalmente,

731. MARTINS NETTO, Modestino. *Da acumulação de ações e intervenção de terceiros.* Rio de Janeiro: Ed. Trabalhistas, 2ª. tiragem, s/d., p. 148.

se tem a possibilidade de eficácia reflexa da coisa julgada entre obrigados originários (L.U.G., Art. 17).

FIANÇA.

A coisa julgada fundada em defesas como pagamento, novação, nulidade absoluta, prescrição ou remissão, por ser extintiva da obrigação, estende efeitos de devedor a fiador, e vice-versa, quando demandado apenas um deles. Claro, referimo-nos ao fiador não solidário. O solidário está sujeito à coisa julgada, somente se demandado em litisconsórcio passivo facultativo unitário, ou se promovido o chamamento ao processo, como também se dá se o terceiro, de melhor proposta, for chamado a intervir na renovatória de locação.

AÇÕES DE ESTADO.

Embora não se cogite de coisa julgada (e de eficácia reflexa) se não citados os legitimados passivos, em litisconsórcio necessário, na investigação de paternidade, mesmo a *post mortem*, cogita-se de eficácia reflexa relativamente ao avô do investigante.

EFICÁCIA CIVIL DA SENTENÇA PENAL.

Somente se pode cogitar de coisa julgada *in utilibus*, favorecendo ou prejudicando o responsável patrimonial, em futura demanda de reparação.

SÍNTESE FINAL E CONCLUSÕES

Abandone-se o vício de se transformar em acessória qualquer eficácia sentencial que não a declaratória. O vocábulo "principal", no âmbito do processo civil, não se opõe a acessório, mas a "incidente".

Já é bastante constatar-se a evolução do tratamento legal até a consagração da admissibilidade do cumprimento de qualquer das eficácias sentenciais, a teor do disposto no Art. 513, do CPC. No processo de conhecimento, fala-se em cognição *principaliter* e em cognição *incidenter tantum*, distinção que fora acolhida nos Art. 469, III e 470, do CPC de 1973. Distinção da qual, mediante silêncio eloquente sobre a ação declaratória incidental, o CPC de 2015 faz a base do sistema da coisa julgada, a equiparação da prejudicial à questão principal e a transposição de qualidade de parte ao legitimado processual, em lugar do titular do direito não atuante.

Eis o sistema instituído pelas regras dos Arts. 503 e seu §1º e 489, III, do CPC de 2015, com vistas ao aproveitamento do processo e ao não fracionamento abusivo da lide, como metas legisladas.

Assim como no CPC de 1939, alcança-se a coisa julgada *pro et contra*, seja pelo acolhimento da ação, seja pelo acolhimento da defesa de mérito, vale dizer, quer na procedência, quer na improcedência (Art. 294, II, do CPC de 1939). E se supera a necessidade de regra como a do Art. 325, do CPC de 1973.

O autor propõe ação. No interrogatório livre, a refutação do argumento do autor reabre oportunidade para exceção prejudicial (defesa indireta de mérito não cognoscível *ex officio*) e correspondente modificação do pedido inicial. Na falta de acordo para tais modificações, pelo menos para a improcedência da ação, cabe, da parte do réu, integrar o tema da exceção substancial como requerimento de contraprova, *ex vi* do Art. 357 e seu §3º, do CPC de 2015 – atendida a necessária profundidade de cognição, de que se serve o saneamento em cooperação como abertura pelo juiz à ampliação do contraditório.

Tratamento, pois, *principaliter*, supõe pedido (s) da (s) parte (s), pedidos até mesmo processuais. Até porque, com novidade, seja em relação ao CPC de 1973, seja mesmo ao de 1939, o Art. 1009, §1º, do CPC de 2015 transfere para a apelação – em regra de irrecorribilidade dos interlocutórios – as matérias do saneamento, entre elas a da admissão, para exame *principaliter* independentemente de pedido, das exceções materiais do réu.

Desde quando, pois, na evolução do direito, se apercebeu o legislador da necessidade de resgate da noção do interesse, dada a insuficiência da titularidade pessoal, integrou no sistema a cosmovisão da indisponibilidade do interesse estatal na solução da lide, quer na esfera coletiva, quer na esfera individual.

Haver-se-ia de alcançar, pelo processo, o *status* jurídico do interesse, intercambiando-se ação e defesa, de um lado; e de outro, parte e substituto processual (ou mais amplamente legitimado extraordinário, admita-se ou não a substituição na unitariedade e na cotitularidade).

A coisa julgada, não só explicada pelo direito material, mas também pelo direito processual, este a garantia das garantias, é instituto que se define como *poder de estado do pedido*. Poder que se manifesta tanto na coisa julgada total, quanto na coisa julgada parcial, expressa, esta última, no Art. 356, do CPC. Poder que se fixa conforme a qualidade (estado) que se agrega ao pedido.

Quer sob os limites objetivos, quer sob os limites subjetivos, a coisa julgada cobre as questões do contraditório, resultantes do confronto argumentativo a lhes conferir o caráter de *principaliter*. E assim como as restrições procedimentais podem, do ponto de vista objetivo, afastar a produção da coisa julgada, igualmente reclamam, do ponto de vista subjetivo, o vínculo, pelo justo processo legal, de terceiros aos efeitos do contraditório.

Os limites objetivos da coisa julgada são os do contraditório prévio e efetivo acerca das questões principais e das prejudiciais àquelas equiparadas – salvo disposição legal processual em sentido contrário, acerca da sumariedade de matéria para cognição.

Os limites subjetivos da coisa julgada são os do contraditório prévio e efetivo entre os legitimados ordinários e extraordinários – salvo disposição legal substancial em contrário, acerca da ilegitimidade de pessoa à participação ou ao efeito.

Figure-se a ação anulatória de negócio jurídico. A prejudicialidade de questão contida na pluriobjetividade da causa de pedir poderá trazer, ao âmbito sentencial de mérito, o acolhimento de outros fatos jurídicos, pela arguição de exceções substanciais, ou a rejeição do fato constitutivo do pedido, ante o debate sobre aplicabilidade de regra legal referente a exceções substanciais[732], salvo a sua superação no acordo de saneamento, mediante injunção pelo interrogatório livre.

Figure-se a já falada ação do sócio, anulatória de deliberação assemblear, de sociedade mercantil ou de condomínio edilício[733], ante o interesse porventura não exercitado (mas decidido sob solução uniforme, favorável ou desfavorável) dos sócios que queiram mantê-la e que teriam, pois, o mesmo interesse da sociedade contestante.

A prejudicialidade de questão contida na pluriobjetividade da causa de pedir poderá trazer, ao âmbito da coisa julgada, outros fatos jurídicos, ante a inclusão de eficácia de regra legal referente às exceções substanciais, pela arguição ou pela injunção à arguição por força do interrogatório livre. Isto, tanto nos processos individuais, quanto nos coletivos.

Considere-se que as exceções ganharam foros de ação. A réplica à exceção substancial pode ocorrer como a exemplo da impugnação a embargos à execução. Figure-se a situação de aplicabilidade do Art. 25, da Lei n. 7.357, de 2.9.1985. Identificado o verdadeiro credor do título preenchido em branco por terceiro, sedizente cessionário, acolhe-se a tese de embargos à execução de cheque ou promissória, hipótese em que a inoponibilidade de exceções pessoais cede à aquisição consciente pelo portador em detrimento do devedor[734].

A prejudicialidade de questão contida na plurissubjetividade da causa de pedir poderá trazer ao âmbito sentencial de mérito, os interesses de terceiro mediante reconhecimento de substituição processual (ou representação adequada, no caso das ações coletivas passivas) e

732. V. Acórdão como Vogal, na Ap. Cív. n. 1.0693.16.001076-7/001, j. 02.10.2019, em que suscitamos, após o Voto do Relator, questão de ordem admitida por maioria, pela expedição de Carta de Ordem para colheita do depoimento pessoal das partes, ante dúvida quanto à matéria fática, de existência ou não de vício de nulidade (simulação) ou de anulabilidade por erro, ou outro vício de consentimento (quando, em primeiro grau, deveria ter havido o interrogatório livre).

733. CRUZ E TUCCI, José Rogério. *Impugnação judicial da deliberação de assembleia societária e projeções da coisa julgada.* In Processo societário. São Paulo: Quartier Latin, 2012, p. 464, V. Ac. TJMG, Ap. 1.0000.15.077503-9/002.

734. V. Acórdão de nossa Relatoria, na Ap. Cív. n. 1.0026.17.005335-4/001, j. 10.06.2020.

suspensão de eficácia de regra legal concernente a exceção substancial (porventura arguída pela coletividade de praticantes do apontado ilícito) ou à respectiva réplica.

Assim, na substituição processual do adquirente da coisa litigiosa pelo alienante, cujas teses de defesa em ação reipersecutória se estendem, na cadeia aquisitiva, aos subadquirentes, salvo os de boa-fé, que pode ser afastada ante prova de conluio com os alienantes originários[735].

Assim, na substituição processual dos poupadores, sua extensão aos não associados, a exemplo do decidido no REsp repetitivo n. 1.0439.14.006290-2/004, em que reconhecida a eficácia de regra legal excludente de exceção substancial oponível (cumprimento do direito infraconstitucional e singular vigente à época) pelas instituições de crédito.

Ocorre, portanto, mediante legitimação objetiva ou subjetiva pelo contraditório, a equiparação da questão prejudicial a principal – perante o pedido ou a defesa – suscitada no litígio individual ou pluriindividual, em tutela do fato jurídico determinante. Dá-se a referida equiparação, mediante elevação da exceção substancial a foros de pedido ou de defesa direta.

Poderão os fatos jurídicos, determinante e determinado, conexos pela questão prejudicial, interinfluir-se pela atuação dos legitimados ordinários ou extraordinários. Na primeira hipótese, como decorrência direta da resistência intraautos. Na segunda, em aparente decorrência da inércia do substituído – que, potencial litisconsorte, deixe de invocar regra legal – mas em real decorrência da atuação do substituto (ou legitimado extraordinário, prefira-se) que argua o fato impeditivo (prejudicial) de incidência da regra que consulte àquele.

A prejudicialidade inclui no âmbito objetivo da coisa julgada algo de fundamentação essencial, visto seja a exceção o fato jurídico determinante, em detrimento da causa de pedir. E exclui da eficácia natural (e da eficácia reflexa) da sentença alguns terceiros, cujo interesse jurídico reste determinado em face do fato jurídico determinante.

Assim, de modo comum ao âmbito objetivo e ao subjetivo, os interesses não resgatados pela ampliação da coisa julgada são aqueles que não possam ser deduzidos sem obstáculo à cognição: no que a regra do

---

735. V. Acórdão de nossa Relatoria, na Ap. Cív. n. 1.0145.05.215841-0/002 Juiz de Fora, publ. 11.03.2013.

§2º, do Art. 503, do CPC, corresponde, perfeitamente, a regras como as do art. 274 e 281, do Código Civil – uma e outra, em parte, excludentes da possibilidade de ampliação da coisa julgada.

Para que haja ampliação da coisa julgada é preciso que haja prejudicial, por exceção substancial ou por substituição processual (ademais da sucessão). Por fato impeditivo (prejudicial à incidência de regra legal) no espaço de pluralidade de legitimados à impugnação de um mesmo ato. De sua vez, a substituição processual supõe a autorização legal, o que, no CPC de 2015, pode decorrer do ordenamento jurídico: Art. 18 e §ún., do CPC, combinado com o Art. 109, §2º, da Lei das S.A. (da ação *uti universi*) e o Art. 168, do Cód. Civil (nulidade), dedutível, ademais, das características da relação jurídica material, como a indivisibilidade, a supor uma de suas fontes, a comunhão de direitos e obrigações ou o ponto comum de direito. E pode haver exclusão expressa (da possibilidade de ampliação).

Por exemplo, o art. 601 e seu §ún., do CPC, que distingue, na ação de dissolução de sociedade, entre extensão de eficácia e coisa julgada, quando, citados todos os sócios, não se necessite citar a sociedade[736], a confirmar que os limites subjetivos são problema de direito positivo (cf. n. 50, supra) Confirma-se, entretanto, à vista do Art. 602, CPC (que ressalva à sociedade formular pedido de indenização compensável com o valor dos haveres a se apurar), que para a coisa julgada também quanto a esta pretensão (ou a eficácia preclusiva a respeito do tema) é de rigor a citação da sociedade para abertura ao contraditório.

O incidente de desconsideração da personalidade jurídica (Art. 135, do CPC) também impõe (salvo as tutelas de urgência) o contraditório prévio e efetivo, a confirmar o sistema de ampliação da coisa julgada a terceiros. Considere-se, porém, a eficácia reflexa, ante a regra de ineficácia da alienação em fraude à personalidade jurídica ou natural (esta, na desconsideração inversa), do Art. 137, do CPC, uma vez acolhido o pedido de desconsideração.

E por fim, em paralelo com a supressão da declaratória incidente, não se justificaria que o legislador, no referido incidente, não acatasse a prejudicialidade via exceção. Daí, seu exercício sob invocação de *periculum in mora* reverso: aliás, a penhora *online* de há muito serve de

736. Como do magistério de Pontes de Miranda (*Tratado de direito privado*, Tomo LI, 3ª. ed., 2ª. reimp., São Paulo: RT, 1984, p. 47).

exemplo de proibição de dispor, a ser, oportunamente, convolada em alienação do domínio.

De tudo, pois, se CONCLUI, que o poder de estado do pedido (coisa julgada) deriva da ponderação de argumentos, a definir-lhe os limites. E que a ampliação dos limites se dá pela prejudicialidade. De causa (a objetiva). De efeito (a subjetiva).

O estado do pedido determina os limites objetivos da coisa julgada, mediante ponderação de causas entre titularidades jurídicas contrapostas, a resultar em subordinação de uma delas, aí onde a ampliação da coisa julgada se dá pela estatura (objetiva) da *cognitio*.

O estado do pedido determina os limites subjetivos da coisa julgada, mediante ponderação de efeitos entre titularidades jurídicas justapostas, a resultar em coordenação, aí onde a ampliação da coisa julgada se dá pela envergadura (subjetiva) do *judicium*.

E isto se dá, conforme os tópicos a seguir alinhados.

1) Da discrepância entre a realidade extra-autos e o problema concreto, passa-se, pelo entrosamento entre os princípios dispositivo e inquisitivo, à aproximação entre verdade real e verdade formal.

2) Da irrecorribilidade dos interlocutórios, ressalvada a imediata arguição de nulidade (Art. 278, do CPC), decorre estar o processo adequado ao princípio geral de duração razoável, para cognição em extensão e profundidade, sem dilações indevidas.

3) O tema de preclusão de questões termina por sobrepor-se ao de preclusão de faculdades.

4) O saneamento em cooperação quebra, se necessário sob audiência especial das partes, a restrição do princípio das aquisições processuais à oportunidade única dos atos postulatórios (Art. 357, §3º, do CPC).

5) O saneamento em cooperação é técnica de justiça processual, servindo ao encontro da ordem jurídica com a realidade fática. É de ser abolido o papel estático do julgador, na construção do justo processo, ao permitir os esclarecimentos, ante a inverossimilhança da inicial ou da contestação.

6) Antes de se levantar o tema da coisa julgada injusta, é preciso concretamente coibir a injustiça ínsita ao processo, mediante correção da técnica processual.

7) Nas relações entre ação e exceção exsurge a realidade estrutural da controvérsia, a ser prosseguida na formação progressiva da sentença, como efeito objetivo da citação e apreensão como objeto do julgado.

8) A preclusão *pro judicato* induz, no justo processo, a imutabilidade dos fundamentos, estes que, ao contrário dos motivos, integram-se ao mérito como *ratio decidendi*.

9) Pela correlação entre os princípios dispositivo e inquisitivo, os argumentos de prova sob o interrogatório livre (Art. 139, VIII, CPC), salvo o negócio processual de saneamento, podem abrir-se à contraprova, de modo a restar excluído, eventualmente, o fato constitutivo, ante a coisa julgada da improcedência.

10) As exceções substanciais, na contestação, são elevadas de fundamentos a questões principais, pelo contraditório efetivo.

11) O CPC (Art. 4º) adota a substanciação mitigada, de modo a evitar novas demandas. Mediante o saneamento em cooperação, transfere-se para a disciplina da *causa petendi* a integratividade com que, por reduzida a eficácia preclusiva, se formula a teoria ampliativa (ou integrativa) da causa de pedir.

12) O princípio da cooperação (Art. 6º, do CPC), das partes com o juiz, leva à abertura da discussão e aos ajustes do pedido e da causa de pedir, para decisão de mérito justa e efetiva (Art. 10, do CPC).

13) O momento decisório é o do desejável encontro entre ação e jurisdição, eis o resultado do sistema de estabilidade do pedido, matriz do mérito causal, que tanto pode manifestar-se antecipadamente, em destaque de parcela do objeto litigioso, quanto no todo.

14) Mediante o enfrentamento da cadeia argumentativa, a sentença há de deduzir e solucionar o problema jurídico, contato entre os pontos de vista objetivo (da norma) e subjetivo (da pretensão). O estado (de mérito) do pedido, a coisa litigiosa, que não é um dado *a priori*, dá-se a conhecer da tramitação do processo de conhecimento.

15) O fato jurídico, revelado do confronto argumentativo, dá a verdadeira dimensão objetiva da coisa julgada, não só em extensão, mas em profundidade, de modo a evitar os julgamentos conflitantes sobre matéria normativa derivada da exposição da causa.

16) O contraditório, pela relevância da exceção material (na delimitação da eficácia dos fatos jurídicos, entre a diversidade de argumentos) ou pela inserção útil do interesse de terceiro (entre a pluralidade de legitimados), permite o sistema geral de legitimação conforme o efeito da sentença: *ex vi* do Art. 115, combinado com o 506, ambos do CPC. De não ter, o terceiro beneficiado, interesse de impugnar a coisa julgada que o alcance, não se segue que possa fazê-lo, se prejudicado, quando equiparado a parte.

17) O fato jurídico, em sua projeção coletiva, justifica o aprimoramento do litisconsórcio, quando não suficiente qualquer das figuras de substituição ou sucessão processual. A legitimação extraordinária conforme o efeito da sentença se resolve em legitimação à integração ao contraditório ou à extensão dos respectivos efeitos.

18) A preclusão é transferência de faculdades processuais (ou direitos subjetivos processuais) ao Estado, o que se dá progressivamente, a culminar com a coisa julgada.

19) A coisa julgada é o poder de estado do pedido, mediante transferência progressiva, pela preclusão – da pretensão, vertida em poder de direito – à autoridade do ordenamento. Bem assim desde a antecipação de tutela parcial de mérito.

20) O nexo de autoridade com a demanda originária – tal a possibilidade de ter atingido direito de que se afirme titular ou se possa discutir como substituto processual (mais amplamente, legitimado extraordinário) – é o que permite a expansão subjetiva da coisa julgada, a teor do §ún., do Art. 996, do CPC de 2015.

21) No saneamento (se necessário, sob audiência) prossegue-se a causalidade jurídica adequada e são reciprocamente gravadas, como solução de questões inerentes à higidez do contraditório: a) a integração dos desdobramentos objetivos das exceções substanciais alegadas na contestação; b) a integração subjetiva ou a legitimação extraordinária.

22) Quando da estabilização da lide, que coincide com o término da fase postulatória, a atuação dos princípios dispositivo e inquisitivo resta sobrepujada pelo princípio de cooperação.

23) É acentuadamente prático o critério do CPC, no que tange aos limites objetivos da coisa julgada: são eles as questões dos pedidos, da inicial e da contestação (reconvencional ou das exceções substanciais). Principais ou prejudiciais, ex vi do disposto no Art. 503, §1º, do referido Código.

24) Toda sentença de mérito é constitutiva do fenômeno jurídico-processual (cuja origem fática, em se tratando de sentença constitutiva, também o é a própria sentença).

25) A coisa julgada alcança o fato jurídico, como núcleo do reconhecimento da relação jurídica material, para extensão, sendo o caso, a outros processos, dada a possibilidade de pretensões materiais outras.

26) A garantia da jurisdição deve abranger toda a lesão (a lesão toda) ou ameaça a direito, não apenas alguma delas, a fim de que não se sancione o fracionamento abusivo da causa petendi mediata. Abusivo, porém,

não é o fracionamento útil do objeto litigioso, quanto à(s) parcela(s) madura(s) para julgamento.

27) O contraditório é essencial à coisa julgada e, neste sentido, a coisa julgada material reflete a aptidão do contraditório, fazendo-se pressuposto da coisa julgada formal. O justo processo legal aproveita a justa composição da lide, tanto na regulação dos limites objetivos, quanto na dos limites subjetivos da *res judicata*.

28) Mediante os requisitos do Art. 503 e §§ (contraditório prévio e efetivo, profundidade de cognição e instrução; competência jurisdicional material), a coisa julgada atinge terceiros mediante legitimação pelo (ou ao) contraditório, seja a legitimação ordinária ou extraordinária, seja a legitimação originária ou superveniente. Estes requisitos se estendem aos processos coletivos.

29) Pela mesma legitimação pelo contraditório, o substituído não tem interesse processual de insurgir-se contra a coisa julgada (Art. 506, do CPC de 2015). E pela substituição processual (mais amplamente com a legitimação extraordinária), articula-se o regime de limitação subjetiva da coisa julgada com a tutela coletiva de direitos (Art. 129, X, do CPC).

30) A substituição processual nos casos de litisconsórcio facultativo ativo unitário justifica a extensão da coisa julgada. O equivalente passivo de legitimação extraordinária (dos Arts. 345, I, 117 e 1.005 e §ún.) autoriza, em parte, a extensão da coisa julgada – de que é ressalvada, porém, a oponibilidade de exceção pessoal, conforme as regras dos Art. 274 e 281, do Código Civil.

31) A solidariedade ativa atrai excepcional coisa julgada *secundum eventum litis*, excluída a ampliação do julgado aos demais credores, no caso de improcedência. Há ampliação, mediante legitimação conferida a qualquer dos credores, da sentença de procedência, a menos que fundada em exceção pessoal, por exemplo, suspensão de prescrição pertinente a credor incapaz.

32) A solidariedade passiva amplia a coisa julgada da sentença de improcedência aos co-devedores e a de procedência não os alcança, salvo, em ambas as hipóteses, a defesa por exceção pessoal. Toma-se por discrímen aquilo que, em direito material, se diz ser a representação de todos por qualquer deles.

33) A indivisibilidade (também dita solidariedade objetiva ou imprópria), que não autoriza legitimação a qualquer dos credores ou devedores a agir pelos demais (e que os civilistas chamam de representação), exclui, de todo modo, a ampliação da coisa julgada, quer da sentença

de procedência, quer da de improcedência. Proposta a ação por um dos credores, a improcedência não exclui as ações proponíveis pelos outros credores. A procedência só se estende aos cocredores e, pois, autoriza o adimplemento, se os demais credores derem quitação ou o credor autor prestar pelos demais a caução *de rato*. Se a pluralidade é de devedores, passa-se como na solidariedade.

34) Nas ações coletivas, sob disciplina compatível, ora com a do Art. 506, *caput*, ora com as ressalvas de seu §2º, do CPC de 2015, há a coisa julgada: *erga omnes*, salvo falta de prova (hipótese de inefetividade, em deslegitimação pelo contraditório); *in utilibus*, para liquidação ou cumprimento individual. Não há coisa julgada para o terceiro (que seria prejudicado), tanto que haja requerido suspensão da ação individual, no caso de prova efetiva e improcedência da ação coletiva.

35) Estabelece-se o critério comum da prejudicialidade, à extensão objetiva e subjetiva da coisa julgada, pela projeção de influência da questão de estatura (pluriobjetiva) ou envergadura (plurissubjetiva) componente do mérito.

36) O prévio e efetivo contraditório rege o sistema da extensão subjetiva da eficácia sentencial. Pode, porém, haver coisas julgadas distintas, no mesmo processo, na hipótese de litisconsórcio comum (também chamado simples ou não unitário), ainda que necessário. No geral, a eficácia perante terceiros se dessume de não integração ou não extensibilidade do contraditório.

37) Quando se alcança a coisa julgada, o estado do pedido é, já, de transcendência ao plano substancial, mediante a técnica do justo processo.

38) O Art. 506, do CPC de 2015, torna ociosa, como fórmula geral da plurissubjetividade, a discussão acerca do interesse jurídico dito subordinado, gerador da eficácia reflexa pois o contraditório só se dispensa para os legitimados sob a própria relação jurídica, não sob outra. Excluem-se da eficácia natural da sentença os terceiros de interesse jurídico determinativo, portanto, autônomo ou subordinante.

39) Produz-se a coisa julgada mediante extensão ultra partes, ou *secundum eventum probationis*, em certos feitos, como no mandado de segurança, no âmbito do justo processo, ante a legitimação conforme ou sob o contraditório – prévio (à sentença) e efetivo. No mais, caberão as modalidades de intervenção de terceiros, para sua formação adequada.

40) As garantias constitucionais do processo (com destaque as do Art. 5º, XXXV, LIV e LV, da Constituição da República) impõem a revisão dogmática de toda a doutrina em torno da situação jurídica do adquirente *ante litem*. E ressalvam, sob contraditório autônomo, o

terceiro não legitimado conforme o efeito da sentença, situação na qual se inclui o assistente simples, consoante o Art. 123, I e II, do CPC.

41) O justo processo legal, interação entre os princípios dispositivo e inquisitivo, busca a tese prevalente, tal a da regra legal aplicável – revelada como dado *a posteriori*. A interpretação dos fundamentos da controvérsia permite a identificação do espectro da coisa julgada, abrangente das questões principais e das prejudiciais por equiparação – que se faz: a) objetivamente, sob fato jurídico impeditivo, modificativo ou extintivo da eficácia da regra legal invocada, critério do Art. 503, §§1º e 2º (este, a contrario sensu), do CPC; b) subjetivamente, sob o mesmo fato jurídico invocado pela parte ou sob fato jurídico suspensivo da incidência de regra legal (critério, *a contrario sensu*, do §ún., do Art. 996, do CPC), que justifica seja a atuação do substituto impeditiva da invocação de direito diverso, pelo potencial litigante.

42) A regra do Art. 489, §1º, IV, do CPC, articula-se com a do Art. 503, §§1º e 2º, do mesmo CPC, para efeito de equiparação da prejudicial a principal, quer no âmbito dos limites objetivos (atenta à causa determinante), quer no dos limites subjetivos da coisa julgada (atenta ao efeito determinante). Sob juízo de ponderação entre argumentos de direito, no contraditório, pessoal ou por substituição (este, mediante o princípio *jura novit curia*), alcança-se a legitimação pelo resultado sentencial; a) com a legitimação ordinária, a coisa julgada entre as partes (pela questão principal e pela prejudicial de causa determinante); b) com a legitimação extraordinária, a coisa julgada em face do substituído ou o sucessor (pela questão prejudicial de efeito determinante).

BIBLIOGRAFIA

ADAMEK, Marcelo von; FRANÇA, Erasmo Valladão de A. N. *Algumas notas sobre o exercício abusivo da ação de invalidação,* In Processo societário. São Paulo: Quartier Latin, 2012.

AIELLO, Michele; GIACOBBE, Giovanni. *Guida raggionata ai provvedimenti cautelari.* Milano: Giuffrè, 1996.

ALLEN, Christofer. *Evidence.* Londres: Cavendish, 2nd. Edit., 1996.

ALLORIO, Enrico. *La cosa giudicata rispetto ai terzi.* Milano: Giuffrè, 1992.

______. *Trent'anni di applicazione del Codice di Procedura Civile.* In Rivista di Diritto Civile, CEDAM, Padova, n. 5, set/out 1973, Ano XIX.

______. *Problemas de derecho procesal,* trad. de Santiago Sentís Melendo, Buenos Aires: EJEA, 1963.

ALMEIDA, Mário Aroso de. *Sobre a autoridade do caso julgado das sentenças de anulação de actos administrativos.* Coimbra: Almedina, 1994.

ALSINA, Hugo. *Tratado teórico practico de derecho procesal civil y comercial.* Vol. I a VII, 2ª ed. Buenos Aires: Ediar, 1963.

______. *Las cuestiones prejudiciales en el proceso civil.* Buenos Aires: EJEA, 1959.

ALVARADO VELLOSO, Adolfo *et aliis. Estudios de derecho procesal civil.* Santiago de Chile: Librotecnia, 2010.

AMARAL SANTOS, Moacyr. *Da reconvenção no direito brasileiro.* 2ª tiragem. São Paulo: Max Limonad, 1958.

______. *Prova judiciária no cível e no comercial.* Vol. II. 4ª. ed. São Paulo: Max Limonad, 1971.

______. *Comentários ao Código de Processo Civil.* Vol. IV, 2ª ed. Rio de Janeiro: Forense, 1977.

______. *Primeiras linhas de direito processual civil.* Vol. I a III, 4ª ed. São Paulo: Max Limonad, 1970.

ANDOLINA, Italo; VIGNERA, Giuseppe. *I fondamenti costituzionali della giustizia civile* (Il modello costituzionale della giustizia civile italiana). 2ª ediz. Torino: Giappichelli, 1997.

______. *Contributo alla dottrina del titolo executivo.* Milano: Giuffrè, 1982.

______. *Il 'giusto processo' nell'esperienza italiana e communitaria.* In Annali del seminário giuridico. Vol. VI, Milano: Giuffrè, 2006.

ARAGÃO, Egas Dirceu Moniz de. *Comentários ao Código de Processo Civil.* 1ª. ed., Rio de Janeiro: Forense, 1974.

ARAGONESES, Pedro; GUASP, Jaime. *Derecho procesal civil.* 4ª. ed., I e II, Madrid: Civitas, 1988.

ARAÚJO CINTRA, Antônio Carlos de. *Do chamamento à autoria.* Tese (livre--docência). Faculdade de Direito da Universidade de São Paulo, 1971. São Paulo: Revista do Tribunais, 1971.

______. Estudo sobre a substituição processual no direito brasileiro, In *Revista dos Tribunais*, vol. 809, São Paulo: RT, 2003.

ARENHART, Sérgio Cruz. *A tutela coletiva de interesses individuais.* São Paulo: RT, 2013.

______. MARINONI, Luiz Guilherme; MITIDIERO, Daniel. Novo curso de processo civil. Vol. 1 e 2, São Paulo: RT, 2015.

ARIETA, Giovanni. *I provvedimenti d'urgenza.* 2ª ediz. Padova: CEDAM, 1985.

AROCA, Juan Montero; COLOMER, Juan Luis Gómez; REDONDO, Alberto Montón; VILAR, Silvia Barona. *Derecho jurisdicional II.* Proceso Civil. 14ª ed. Valencia: Tyrant lo Blanch, 2005.

ARRUDA ALVIM, J.M. Notas sobre o projeto de novo Código de Processo Civil. In *Revista de Processo*, ano 36. N. 191, RT, São Paulo, 2011.

______. *Código de processo civil comentado,* Vol. I, São Paulo: RT, 1975.

______. Ação declaratória incidental. In *Direito processual civil-3* – Estudos e pareceres. São Paulo: RT, 1995.

ARRUDA ALVIM, Theresa Celina de. *Questões prévias e limites objetivos da coisa julgada.* São Paulo: RT, 1977.

______. *O direito processual de estar em juízo.* São Paulo: RT, 1996.

ASCARELLI, Tullio. *Notas de direito comparado privado ítalo-brasileiro,* In Ensaios e pareceres. Campinas: Red Livros, 2000.

______. *Teoria geral dos títulos de crédito.* 1ª, ed., São Paulo: Saraiva, 1943.

ASSIS, Araken de. *Doutrina e prática do processo civil contemporâneo.* São Paulo: RT, 2001.

ASSIS, Jacy de. *Comentários ao Código de Processo Civil.* Vol. II, Tomo II. Rio de Janeiro: Forense, 1979.

ATIENZA, Manuel. *Tras la justicia.* 1ª ed. (reimp.). Barcelona: Ariel, 2012.

ATTARDI, Aldo. *Le preclusioni nel giudizio di primo grado.* In *La riforma del processo civile.* Padova: CEDAM, 1992, p. 114.

BALLESTEROS, María Teresa de Padura. *Fundamentación de la sentencia, preclusión y cosa juzgada*. Valencia: Tirant lo Blanch, 2002.

BAPTISTA DA SILVA, Ovídio Araújo. *Direito material e processo*. In MACHADO, Fábio C.; AMARAL, Guilherme Rizzo (Org.). Polêmica sobre a ação. Porto Alegre: Livraria do Advogado Editora, 2006.

______. *Limites objetivos da coisa julgada no atual direito brasileiro*. In *Sentença e coisa julgada*. 2ª ed. Porto Alegre: Fabris, 1988.

______. *Curso de Processo Civil*. Vol. 1. 4ª ed. São Paulo: RT, 1998.

______. *Curso de Processo Civil*. Vol. 1. 8ª ed. Rio de Janeiro: Forense, 2008.

______. *Jurisdição e execução na tradição romano-canônica*. 2ª ed. São Paulo: RT, 1997.

______. *Sentença e coisa julgada*. 3ª ed. Porto Alegre: Sérgio A. Fabris, 1995.

______. *Da sentença liminar à nulidade da sentença*. Rio de Janeiro: Forense, 2001.

BARBI, Celso Agrícola. *Ação declaratória principal e incidente*. 7ª. ed., Rio: Forense, 1995.

BARBIÉRI, Jean Jacques. *La procédure civile*. Paris: Presses Universitaires de France, 1995.

BARBOSA, Antônio Alberto Alves. *Da preclusão processual civil*. 2ª ed. São Paulo: RT, 1994.

BARBOSA MOREIRA, José Carlos. Ação declaratória incidental – tentativa de conciliação. In *Estudos sobre o novo Código de Processo civil*. Rio de Janeiro: Liber Juris, 1974.

______. *Temas de direito processual*. 1ª série. São Paulo: Saraiva, 1977.

______. *Temas de direito processual*. 1ª série. 2ª ed. São Paulo: Saraiva, 1988.

______. *Temas de direito processual*. 2ª série. 2ª ed. São Paulo: Saraiva, 1980.

______ .*Temas de direito processual*. 8ª série. São Paulo: Saraiva, 2004.

______. *Temas de direito processual*. 9ª série. São Paulo: Saraiva, 2007.

______. *Litisconsórcio unitário*. Rio de Janeiro: Forense, 1972.

______. *A conexão de causas como pressuposto da reconvenção*. São Paulo: Saraiva, 1979.

______. *Questões prejudiciais e coisa julgada*. Rio de Janeiro: Borsoi, 1967.

______ *Direito processual civil – ensaios e pareceres*. Rio de Janeiro: Borsoi, 1971.

______. *Apontamentos para um estudo sistemático da legitimação extraordinária*. In Revista dos Tribunais, n. 404, São Paulo: RT, 1969.

BATISTA MARTINS, Pedro. *Comentários ao Código de Processo Civil*. Rio de Janeiro: Forense, 1942.

BATISTA, Roberto Carlos. *Coisa julgada nas ações civis públicas*. Rio de Janeiro: Lumen Juris, 2005.

______. Os elementos objetivos da demanda à luz do contraditório. In *Causa de pedir e pedido no processo civil*. São Paulo: RT, 2002.

______. *Poderes instrutórios do juiz*. 4ª ed. São Paulo: RT, 2009.

______. *Efetividade do processo e técnica processual*. 2ª ed. São Paulo: Malheiros, 2007.

______. *Cognição e decisões do juiz no processo executivo*. In Processo e constituição, estudos em homenagem a Barbosa Moreira, São Paulo: Malheiros, 2006.

BENEDUZI, Renato. *Introdução ao processo civil alemão* 2ª. ed., Salvador: Jus-Podivm, 2018.

______. *Prozessurteile e materielle Rechtskraft: sentenças terminativas e coisa julgada no processo civil alemão*. In Revista de Processo, n. 229, São Paulo: RT, 2014.

BETTI, Emilio. *Interpretazione della legge e degli atti giuridici*. 2ª ediz. Milano: Giuffrè, 1971.

______. *Diritto processuale civile. Diritto processuale civile*. Roma: Foro Italiano, 1936.

______. *Tratatto dei limiti soggettivi della cosa giudicata in diritto romano*. Macerata: Bianchini, 1922.

______. *La creazione del diritto nella iurisdictio del pretore romano*. In Studi in onore di Giuseppe Chiovenda, Padova: CEDAM, 1927.

______. *Cosa giudicata e ragione fatta valere in giudizio*. In Rivista del diritto commerciale, Vol. XVII, parte prima, Milano: Francesco Vallardi, 1929.

BEVERLUIS, E. L. *Schaafsma*. Burgerlijk procesrecht, Den Haag: Boom Juridische nitgevers, 2010.

BISCARDI, Arnaldo. *Temas de derecho romano*. Barcelona: Bosch, 1987.

BOLLAFFI, Renzo. *La eccezione nel senso sostanziale*, Milano: Società Editrice Libreria, 1936.

BONUMÁ, João. *Direito processual civil*. Vol. I, II e III. São Paulo: Saraiva, 1946.

BOTELHO DE MESQUITA, José Ignácio. *Teses, estudos e pareceres de processo civil*. Vol. I e II. São Paulo: RT, 2005.

______. A 'causa petendi' nas ações reivindicatórias. In *Revista de Direito Processual Civil*. Vol. 6. São Paulo: Saraiva, 1967.

BRANT, Lenonardo Nemer Caldeira. *A autoridade da coisa julgada no direito internacional público*. Rio de Janeiro: Forense, 2002.

BULGARELLI, Waldirio. *Anulação da assembleia geral.* In Estudos e pareceres de direito empresarial, São Paulo: RT, 1980.

BÜLOW, Oskar Von. *La teoria de las excepciones procesales y los presupuestos procesales.* Tradução de Miguel Angel Rosas Lichtschein. Buenos Aires: EJEA, 1964.

______. *Gesetz und Richteramt.* Leipzig: Von Dunder & Hunblot, 1885.

BUSNELLI, Francesco Donato. *Considerazioni sul significato e sulla natura giuridica della cosa giudicata.* In Rivista trimestrale di diritto e procedura civile, Milano: Giuffrè, 1961.

BUZAID, Alfredo. *Estudos de direito.* Vol. I. São Paulo: Saraiva, 1972.

______. *Do agravo de petição.* 2ª ed. São Paulo: Saraiva, 1956.

______. *Estudos e pareceres de direito processual civil.* São Paulo: RT, 2002.

______. *Da ação renovatória.* São Paulo: Saraiva, 1958.

______. *A ação declaratória no direito brasileiro.* 2ª ed. rev. e aum. São Paulo: Saraiva, 1986.

______. *Considerações sobre o mandado de segurança coletivo.* São Paulo: Saraiva, 1982.

______. *Da lide: estudo sobre o objeto litigioso.* In Estudos e pareceres de direito processual civil. São Paulo: RT, 2002.

CABRAL, Antônio do Passo. *Coisa julgada e preclusões dinâmicas.* Salvador: JusPodvium, 2013.

CADIET, Löic; JEULAND, Emmanuel. *Droit judiciaire privé.* Paris: Lexis Nexis, 5ème. édit. 2006.

CALAMANDREI, Piero. *Opere giuridiche.* Vol. I e X. Napoli: Morano, 1965.

CÂMARA LEAL, Antonio Luiz da. *Do depoimento pessoal.* São Paulo: Saraiva, 1923.

CAMPOS, Ronaldo Cunha. *Limites objetivos da coisa julgada.* 2ª ed. Rio de Janeiro: Aide, 1988.

______. Causa de pedir (verbete) In *Digesto de processo.* Vol. , Rio de Janeiro: Forense.

CAMPOS, Santiago Pereira. *El proceso civil ordinário por audiências.* Montevideo: AMF, 2008.

CAMPOS JUNIOR, Ephraim. *Substituição processual,* São Paulo: RT, 1985.

CANOVA, Augusto Cerino. *Commentario del Codice di Procedura Civile.* Torino: UTET, 1980.

_____. *La domanda giudiziale ed il suo contenuto.*Padova: CEDAM, 1980.

CAPONI, Remo; PROTO PISANI, Andrea. *Lineamenti di diritto processuale civile.* Napoli: Jovene, 2001.

CAPPELLETTI, Mauro. *O controle judicial da constitucionalidade das leis no direito comparado.* 2ª ed. (reimp.). Tradução de Aroldo Plínio Gonçalves. Porto Alegre: Sérgio A. Fabris, 1999.

CARACIOLA, Andrea Boari. *Princípio da congruência no processo civil.* São Paulo: LTr, 2010.

CARBASSE, Jean Marie; DEPAMBOUR-TARRIDE, Laurence (Coord.). *A consciência do juiz na tradição jurídica europeia.* Belo Horizonte: Tempus, 2010.

CARDINALLI, Stefano. Commento giurisprudenciale critico. In Nicoletti, Carlo Alberto. *Profili istituzionale del processo civile.* 2ª ediz. Milano: Giuffrè, 2003.

CARDOSO, Eurico Lopes. *Manual da ação executiva.* 3ª ed. (reimp.). Coimbra: Almedina, 1992.

CARMONA, Carlos Alberto. *O novo CPC e o juiz hiperativo.* In O Novo CPC . Questões controvertidas. São Paulo: Atlas, 2015.

CARNACINI, Tito. Tutela giurisdizionale e técnica del processo. In *Studi in onore di Enrico Redenti*, II. Milano: Giuffrè, 1951.

CARNELUTTI, Francesco. *Sistema del diritto processuale civile.* Tomos I a III. Padova: CEDAM, 1936.

______. Efficacia, autorità e immutabilità della sentenza. In *Rivista di diritto processuale civile.* Padova: CEDAM, 1935.

______. Appunti sulla prescrizione. In *Rivista di diritto processuale civile.* Padova: CEDAM, 1933.

______. *Sistema de derecho procesal civil.* Vol. I a IV. Tradução de Niceto Alcalà-Zamora y Castillo y Santiago Sentis Melendo. Buenos Aires: UTEHA, 1944.

______. *Derecho y proceso*, I. Tradução de Santiago Sentis Melendo. Buenos Aires: EJEA, 1971.

______. *La prueba civil.* 2ª ed. Tradução de Niceto Alaclà-Zamora y Castillo. Buenos Aires: Depalma, 1982.

______. *Lezioni di diritto processuale civile.* Vol. I e IV. Padova: CEDAM, 1986.

______. *Instituciones del proceso civil.* Vol. I a III. Tradução de Santiago Sentis Melendo. Buenos Aires: EJEA, 1989.

______. *Estudios de derecho procesal*, I e II. Tradução de Santiago Sentis Melendo. Buenos Aires: EJEA, 1952.

______. *Teoria geral do direito.* Tradução de A. Rodrigues Queiró e Artur Anselmo de Castro. São Paulo: Saraiva, 1942.

______. *Teoría general del derecho.* Tradução de Francisco Javier Osset. Madrid: Revista de Derecho Privado, 1955.

______. *Como se faz um processo.* São Paulo: Pilares, 2015.

______. *Lite e processo.* In Rivista di diritto processuale civile, Padova: CEDAM, 1928.

______. *Cuestiones sobre ele proceso penal.* Tradução de Santiago Sentis Melendo. Buenos Aires: EJEA, 1961.

______. *Metodología del derecho.* Tradução de Ángel Ossorio. Buenos Aires: Valletta, 1990.

CARPI, Federico; TARUFFO, Michele. *Commentario breve al codice di procedura civile.* 3ª ediz. Padova: CEDAM, 1994.

CAPRI, Federico. *L'efficacia "ultra partes" della sentenza civile.* Milano: Giuffrè, 1974.

CARRESI, Franco. *La transazione.* 2ª ediz. (rist.). Torino: UTET, 1966.

CARRILHO LOPES, Bruno Vasconcelos. *Limites objetivos e eficácia preclusiva da coisa julgada.* São Paulo: Saraiva, 2012.

CARVALHO SANTOS, J. M. *Código de Processo Civil brasileiro interpretado.* Vol. I a XII. 6ª ed. Rio de Janeiro: Freitas Bastos, 1964.

CASTRO, Amílcar de. *Lições de direito processual civil e direito internacional privado.* Belo Horizonte: Ed. Brasil, 2000.

CASTRO, Artur Anselmo de. *Lições de processo civil,* I, II e III. Coimbra: Almedina, 1967.

CASTRO, Torquato. *Ação declaratória.* 2ª ed. São Paulo: Saraiva, 1942.

CHIARLONI, Sergio. Giusto processo, garanzie processuali, giustizia della decisione. In *Rivista trimestrale di diritto e procedura civile,* Vol. 62, Nº 1, 2008, p. 129-152.

______. Giusto Processo (diritto processuale civile). In *Revista de Processo,* ano 38, n. 219. São Paulo: RT, 2013.

CHINA, Sergio la. *L'esibizione delle prove nel processo civile.* 11ª ediz. Milano: Giuffrè, 1960.

______. *Manuale di diritto processuale civile,* I. Milano: Giuffrè, 2003.

CHIOVENDA, Giuseppe. *Saggi di diritto processuale civile.* Vol. I a III. Milano: Giuffrè, 1993.

______. *Instituições de direito processual civil.* Vol. I a III. Tradução de J. Guimarães Menegale. São Paulo: Saraiva, 1942.

______. *Principii di diritto processuale civile.* Napoli: Dott. Eugenio Jovene, 1980.

______. *La condena en costas.* Tradução de Juan A. de la Parente y Quijano. Tijuana: Cardenas, 1985.

CIRULLI, Massimo. *La nuova disciplina dei rimedi contro i provvedimenti cautelari.* Padova: CEDAM, 1996.

COGLIOLO, Pietro. *Trattato della eccezione di cosa giudicata*. Torino: Fratelli Bocca, 1883.

COLLA, Giorgio. *Il decreto ingiuntivo*. Padova: CEDAM, 1995.

COMOGLIO, Luigi Paolo. *Etica e técnica del giusto processo*. Torino: Giappichelli, 2004.

______. *Il principio di economia processuale*. Vol. II. Padova: CEDAM, 1982.

______. *La garanzia costituzionale dell'azione ed il processo civile*. Padova: CEDAM, 1970.

______. *Etica e tecnica del giusto processo*. Torino: Giappichelli, 2004.

______. FERRI, Corrado; TARUFFO, Michele. *Lezioni sul processo civile*. Tomo I. 4ª. ed., Bologna: Il Mulino, 2006.

CORNU, Gérard; FOYER, Jean. *Procédure civile*. Paris: Presses Universitaires de France, 1996.

CORT´S DOMIGUEZ, Valentín; GIMENO SENDRA, Vicente; MORENO CATENA, Victor. *Derecho procesal civil*. 2ª ed. Madrid: Colex, 1997.

COSTA, José Rubens. *Tratado do processo de conhecimento.*São Paulo: Juarez de Oliveira, 2003.

COSTA, Sergio. *Manuale di diritto processuale civile*. 4ª ediz. Torino: UTET, 1973.

______. *Manuale di diritto processuale civile*. Torino: UTET, 1955.

COUCHEZ, Gérard. *Procédure civile*. 11ème edit. Paris: Armand Colin, 2000.

COUTURE, Eduardo J. *Fundamentos del derecho procesal civil*. 3ª ed. 15ª reimp. Buenos Aires: Depalma,1988.

______. *Estudios de derecho procesal*. Tomos I a III. 3ª ed. Buenos Aires: Lexis Nexis Depalma, 2003.

______. *Interpretação das leis processuais*. 3ª ed. Rio de Janeiro: Forense, 1993.

______. *Introdução ao estudo do processo civil*. 3ª ed. Rio de Janeiro: José Konfino, [s/d.].

CRESCI SOBRINHO, Elício. *Dever de esclarecimento e complementação no processo civil*. Porto Alegre: Fabris, 1988.

______. *Objeto litigioso no processo civil*. Porto Alegre: Fabris, 2008.

CRISTOFOLINI, Giovanni. *Processo d'Ingiunzione,* Padova: CEDAM, 1939.

CROZE, Hervé. *Le procés civil*. Paris: Dalloz, 1997.

CRUZ E TUCCI, José Rogério. *Temas polêmicos de processo civil*. São Paulo: Saraiva, 1990.

______. *Piero Calamandrei, vida e obra*. Ribeirão Preto: Migalhas, 2012.

______. *Precedente judicial como fonte do direito*. São Paulo: RT, 2004.

______. *A 'causa petendi' no processo civil*. 2ª ed. São Paulo: RT, 2001.

______. *Limites subjetivos da eficácia da sentença e da coisa julgada civil*. São Paulo: RT, 2007.

______. *A causa petendi no processo civil português*, In Causa de pedir e pedido no processo civil (questões polêmicas). São Paulo: RT, 2002.

______. *Impugnação judicial da deliberação de assembleia societária e projeções da coisa julgada*. In Processo societário. São Paulo: Quartier Latin, 2012.

______; Azevedo, Luiz Carlos. *Lições de história do processo civil romano*. São Paulo: RT, 1996.

CUNHA, Alcides Alberto Munhoz da. Correlação lógica entre cognição, preclusão e coisa julgada. In *Revista de processo*, São Paulo: RT, ano 33, n. 163, set. 2008.

CUNHA, Lia Carolina Batista. *Substituição processual no processo civil individual e participação do substituído: entre a assistência litisconsorcial e litisconsórcio necessário*. In Revista de processo, n. 292, São Paulo: RT, 2019.

DATTILO, Franco. *I procedimenti di graduazione e di prorroga degli sfratti*. Milano: Giuffrè, 1975.

DAVID, René. *Les grands systhémes de droit contemporains*. 8ème édit. Paris: Dalloz, 1982.

DE ANGELIS, Dante Barrios. *Teoría del processo*. 2ª ed. Buenos Aires: B de F, 2005.

DEIXLER-HÜBNER, Astrid; ROTH, Marianne. *Der Zivilprozess in der Praxis*, Wien: Lexis Nexis, 2006.

DE LA OLIVA SANTOS, Andrés. *Objeto del proceso y cosa juzgada en el proceso civil*. Madrid: Thomson Civitas, 2005.

DE LA RÚA, Fernando. *Teoría general del processo*. Buenos Aires: Depalma, 1991.

DELLORE, Luiz. Da coisa julgada no novo CPC (PLS 166/2010 e 8.046/2010): limites objetivos e conceito. In Freire, Alexandre e outros (Org.). *Novas tendências do processo civil*. Salvador: Juspodivm, 2013.

DENTI, Vittorio. *Questioni Pregiudiziali (diritto processuale civile)*. Verbete In Novissimo digesto italiano, Vol. XIV, Torino: UTET, 1967.

______. *Questioni rilevabili d'ufficio e contraddittório*. In Rivista di diritto processuale, Vol. XXIII, Padova: CEDAM, 1968.

______. *Sentenze non definitive di mérito e cosa giudicata*. In Rivista di diritto processuale, Vol. XXIV, Padova: CEDAM, 1969.

______. *Processo civile e giustizia sociale*. Milano: Ediz. Di Communità, 1971.

DE PAGE, Henri. *Les actions complexes*. Bruxellews: Émile Bruylant, 1930.

DE PINA, Rafael; LARRAÑAGA, Jose Castillo. *Derecho procesal civil*. 29ª ed. México-DF: Porrúa, 2007.

DESCHAMPS, André Lapoyade. *Le procés civil en Schémas*. Paris: Ellipses, 2002.

DE STEFANO, Giuseppe. *La distrazione delle spese*. Milano: Giuffrè, 1957.

______. *Il notorio nel processo civile*. Milano: Giuffrè, 1947.

DEVIS ECHANDÍA, Hernando. *Teoría general de la prueba judicial*, I e II. 5ª ed. Bogotá: Temis, 2006.

DE PLÁCIDO E SILVA. *Comentários ao Código de Processo Civil*. Curitiba: Guaíra, 1940.

DIDIER JR., Fredie. *Curso de direito processual civil*. 21ª ed. Vol. I. Salvador: Jus Podivm, 2019.

______. ZANETTI JR., Hermes. *Curso de direito processual civil. (Processo coletivo)* 13ª. ed., Vol. 4. Salvador: Juspodivm, 2019.

DIFINI, Luiz Felipe Silveira. *Embargos de terceiro*. Rio de Janeiro: Aide, 1992.

DINAMARCO, Cândido Rangel. *Instituições de direito processual civil*. 4ª ed. Vol. III. São Paulo: Malheiros, 2004.

______. *O conceito de mérito em processo civil*. In Revista de Processo, São Paulo: RT, n. 34, 1984.

______. *Fundamentos do processo civil moderno*.Tomos I e II, 6ª. ed., São Paulo: Malheiros, 2010.

_____. *Litisconsórcio*.8ª. ed. São Paulo: Malheiros, 2009.

ECHANDÍA, Hernando Devís. *Teoría general de la prueba judicial*. 5ª ed. Tomo primero. Bogotá: Temis, 2006.

ENCINAS, Emilio Eiranova; MIGUEZ, Miguel Lourido. *Anotações à ZPO alemã*. Barcelona: Marcial Pons, 2001.

______. *Anotações ao BGB alemão*. Barcelona: Marcial Pons, 1998.

ESCOBEDO, Felicia. *L'eccezione in senso sostanziale*, Milano: S.A. Istituto Editoriale Scientifico, 1927.

ESTELLITA, Guilherme. *Da cousa julgada*: fundamento jurídico e extensão aos terceiros. Rio de Janeiro, tese, 1936.

______. *Do litisconsórcio no direito brasileiro*. Rio de Janeiro: Freitas Bastos, 1955.

FABBRINI, Giovanni. *Contributo alla dottrina dell'intervento adesivo*. Milano: Giuffrè, 1964.

______. L'Eccezione di merito nello svolgimento del processo di cognizione. In *Studi in memoria di Furno*. Milano: Giuffrè, 1973.

FABRÍCIO, Adroaldo Furtado. *A ação declaratória incidental*. 2ª ed. Rio de Janeiro: Forense, 1995.

FADEL, Sérgio Sahione. *Código de processo civil comentado*, I, II e III. 6ª ed. Rio: Forense, 1987.

FAIRÉN GUILLÉN, Víctor. *La transformación de la demanda en el proceso civil.* Santiago de Compostela: Porto, 1949.

______. *Panorama crítico del proceso civil español* (1938-1998). Madrid: Civitas, 2004.

______. La giustizia civile in Spagna. In FAZZALARI, Elio (Coord.). *La giustizia civile nei paesi communitari.* Padova: CEDAM, 1994.

FALCÓN, Enrique M. *Reformas al sistema procesal.* Buenos Aires: Rubinzal Culzoni, 2013.

FALZEA, Angelo. *Il soggetto nel sistema dei fenomeni giuridici.* Milano: Giuffrè, 1939.

FAZZALARI, Elio. *Introduzione alla giurisprudenza.* Padova: CEDAM, 1984.

______. *Lezioni di diritto processuale civile,* I e II. Padova: CEDAM, 1985/1986.

______. *La giurisdizione volontaria.* Padova: CEDAM, 1953.

______. *L'arbitrato.* Torino: UTET, 1997.

______. (Coord.). *La giustizia civile nei paesi comunitari.* Padova: CEDAM, 1994.

______. *Istituzioni di diritto processuale.* VII ediz. Padova: CEDAM, 1994.

______. *Istituzioni di diritto processuale.* VIII ediz. Padova: CEDAM, 1996.

______. *Note in tema di diritto e processo.* Milano: Giuffrè, 1957.

______. *Cinquanta anni di studi sul processo civile.* Milano: Giuffrè, 1998.

FENOLL, Jordi Nieva. *La cosa juzgada.* Barcelona: Atelier, 2006.

______. *La cosa juzgada, el fin de un mito.* Santiago de Chile: Abeledo Perrot, 2010.

FERNANDES, Antônio Scarance. *Prejudicialidade.* São Paulo: RT, 1988.

FERNANDES, Sérgio Ricardo de Arruda. *A fundamentação das decisões judiciais.* Rio de Janeiro: Forense, 2005.

FERNÁNDEZ, Isabel Tapia. *La cosa juzgada* (Estudio de jurisprudencia civil). Madrid: Dickinson, 2010.

FERRARA, Francesco. *Como aplicar e interpretar as leis,* extr. Trattato di diritto civile italiano, Roma, 1921. Tradução de Joaquim Campos de Miranda. Belo Horizonte: Lider, 2003.

FERRAZ, Sérgio. *Assistência litisconsorcial no direito processual civil.* São Paulo: RT, 1979.

FERREIRA, Fernando Amâncio. *Manual dos recursos em processo civil.* Coimbra: Almedina, 2000.

FERRI, Corrado. *Profili dell'accertamento constitutivo.* Padova: CEDAM, 1970.

______; Taruffo, Michele; Comoglio, Luigi P. *Lezioni sul processo civile.* Tomo 1. *Il processo ordinário di cognizione.* 4ª ed. Bologna: Il Mulino, 2006.

FIX-ZAMUDIO, Héctor. *Constitución y proceso civil en Latinoamérica*. México: Instituto de Investigaciones Jurídicas, 1974.

FLAKS, Milton. *Denunciação da lide*. Rio de Janeiro: Forense, 1984.

FRANÇA, Erasmo Valladão de A. N; ADAMEK, Marcelo von. *Allgumas notas sobre o exercício abusivo da ação de invalidação,* In Processo societário, São Paulo: Quartier Latin, 2012.

FREITAS, José Lebre de. *A ação executiva*. 4ª ed. Coimbra: Coimbra, 2004.

______. Em torno da revisão do direito processual civil. In *Revista da Ordem dos Advogados*, ano 55, I, Lisboa, 1995.

______. O silêncio do terceiro devedor. In *Revista da Ordem dos Advogados*, ano 62, II, Lisboa, 2002.

______; SANTOS, Cristina Máximo dos. *O processo civil na Constituição*. Coimbra: Coimbra, 2008.

FRIEDENTAHL, Jack; KANE, Mary Kay; MILLER, Arthur R. *Civil procedure*, Hornbook series, 2nd ed., West Publishing, St. Paul, Minn., 1993.

FROSINI, Vittorio. *Situazione giuridica* (verbete), In Novissimo digesto italiano, XVII, Torino: UTET, 1967.

FUX, Luiz (Coord.). *O novo processo civil brasileiro*: direito em expectativa. 1ª ed. 2ª Tiragem. Rio de Janeiro: Forense, 2011.

GADAMER, Hans Georg. *Verdade e método*. I, 15ª ed., Petrópolis: Vozes, 2018.

GAIO JÚNIOR, Antônio Pereira; CÂMARA, Alexandre Freitas (Coord.). *Novo CPC*: reflexões e perspectivas. Belo Horizonte: Del Rey, 2014.

GAIUS, *Institutes,* Paris: Le belles letres, 1950.

GAMA, Afonso Dionísio. *Das ações prejudiciais*. São Paulo: Saraiva, 1928.

GARBAGNATI, Edoardo. *I procedimenti di ingiunzione e sfratto,* 3ª. ed., Milano: Giuffré, 1951.

GARCÍA, Enrique Vallines. *La preclusión en el proceso civil*. Madrid: Civitas, 2004.

GARCIA, Gustavo Filipe Barbosa. *Coisa julgada* – Novos enfoques. São Paulo: Método, 2007.

GIANGRASSO, Antônio José. *Código procesal civil y commercial de la Nación anotado com jurisprudencia y concordado*. Buenos Aires: Depalma, 1989.

GIDI, Antônio; TESHEINER, José Maria; PRATES, Maria Zanella, Limites objetivos da coisa julgada no projeto de Código de Processo Civil – Reflexões inspiradas na experiência norte-americana. In *Revista de Processo*. São Paulo: RT, vol. 194, 2011.

GIORGI, Giorgio. *Teoria delle obligazioni nel diritto moderno italiano*. Índice, 1911 e Vol. I, ristampa della 7ª. ediz., Firenze: Fratelli Cammelli, 1924.

GOLDSCHMIDT, James. *Teoría general del processo*. Tradução de Leonardo Prieto Castro. Barcelona: Labor, 1936.

______. *Problemas generales del derecho*. Buenos Aires: Depalma, 1944.

______. *Derecho procesal civil*. Tradução de Leonardo Prieto Castro. Barcelona: Labor, 1936.

______. *Derecho justicial material*. Tradução de Catalina Grossmann. Buenos Aires: EJEA, 1959.

______. *Derecho justitial material civil*. Tradução de Catalina Grossmann. Buenos Aires: EJEA, 1959.

GONÇALVES, Aroldo Plínio. *Técnica processual e teoria do processo*. 2ª ed. Belo Horizonte: Del Rey, 2012.

______. *Da denunciação da lide*. 3ª. ed.,Rio de Janeiro: Forense, 1995.

______. *A coisa julgada no Código de Defesa do Consumidor e o conceito de parte*, In Revista Forense, vol. 331, Rio de Janeiro: Forense, 1995.

______. *Da Denunciação da lide*. 3ª ed. Rio de Janeiro: Forense, 1995

GORLA, Gino. Comportamento processuale delle parti e convencimento del giudice. In *Rivista di diritto processuale civile*, Vol. XII, Padova: CEDAM, 1935.

GRASSO, Eduardo. Interpretazione della preclusione e nuovo processo civile in primo grado. In *Rivista di diritto processuale*, Padova: CEDAM, 1993.

GRAU, Eros Roberto. *O direito posto e o direito pressuposto*. 7ª ed. São Paulo: Malheiros, 2008.

GRAZIOSI, Andrea. *L'esibizione istruttoria nel processo civile italiano*. Milano: Giuffrè, 2003.

GRINOVER, Ada Pellegrini. *Ação declaratória incidental*. São Paulo: EdUSP/ RT, 1972.

______. *Participação e processo* (Coord.). São Paulo: RT, 1988.

______. *Coisa julgada 'erga omnes', 'secundum eventum litis' e 'secundum probationem'*.In Revista de Processo, n. 126, São Paulo: RT, 2005.

______. *Miti e realtà sul giudicato – uma riflessione ítalo-brasiliana*. In Revista de Processo, n. 256, São Paulo: RT, 2016.

GUASP, Jaime; ARAGONESES, Pedro. *Derecho procesal civil*. 4ª ed. I e II, Madrid: Civitas, 1988.

GUERRA FILHO, Willis Santiago. *Reflexões a respeito da natureza jurídica da coisa julgada como problema filosófico*. In Revista de Processo, n. 58, São Paulo: RT, 1990.

GUIMARÃES, Mário. *O juiz e a função jurisdicional*. 1ª. ed., Rio de Janeiro: Forense, 1958.

GUIMARÃES COSTA, Pedro Henrique; VIEIRA, José Marcos Rodrigues. *Entre a estabilização da tutela e a composição da lide: a relevância da abertura ao contraditório.* In Inovações e modificações do Código de Processo Civil, Belo Horizonte: Del Rey, 2017.

GUINCHARD, Serge (Direction). *Droit e pratique de la procédure civile.* Paris: Dalloz, 2004.

______. VINCENT, Jean. *Procédure civile.* 25ème éd. Paris: Dalloz, 1999.

HARO, Ricardo. *El control de constitucionalidade.* Buenos Aires: Zavalia, 2003.

HAZARD, Geoffey; TARUFFO, Michele. *American civil procedure. An introduction.* New York: Yale University, 1993.

HEINITZ, Ernesto. *I limitti ozzettivi della cosa judicata.* Padova: CEDAM, 1937.

HELLWIG, Konrad. *Wesen und subjketive Begrenzung der Rechtskraft,* 1967. Published by Aalen, Scientia, 1967 (reimpressão da ed. de 1901).

HITTERS, Juan Carlos. *Revisión de la cosa juzgada.* 2ª ed. La Plata: Platense, 2001.

IRTI, Natalino. *Scuole e figure del diritto civile.* 2ª ediz. Milano: Giuffrè, 2002.

______. Enrico Allorio e la scuola bettiana. In *L'opera di Enrico Allorio fra teoria generale e sensibilità storica.* Padova: CEDAM, 1999.

JAUERNIG, Ottmar. *Zivilprozessrecht.* 2ª Auf., München: C.H. Beck, 2007.

KANE, Mary Kay; FRIENDENTAHL, Jack; MILLER, Arthur R. *Civil procedure,*Hornbook series, 2ª. ed., St. Paul, Minn.: West Publishing, 1993.

KLEIN, Franz. *Forchungsband.* Wien: Manz, 1988.

KOCHEN, Ronaldo. *Introdução às raízes históricas do princípio da cooperação (Kooperationsmaxime),* In Revista de Processo, n. 251, São Paulo: RT, 2016.

JEULAND, Emmanuel; CADIET, Löic. *Droit judiciaire privé.* Paris: Lexis Nexis, 5eme édit., 2006.

LACERDA, Galeno. *Despacho saneador.* 3ª ed. Porto Alegre: Sérgio A. Fabris, 1990.

______. *As defesas de direito material no novo Código de Processo Civil,* In Revista Forense, Vol. 246, Rio de Janeiro: 1974.

LA CHINA, Sergio. *Manuale di diritto processuale civile,* I, Milano: Giuffrè, 2003.

LAGES, Affonso. *Aspectos do direito honorário.* Belo Horizonte: Imprensa Oficial, 1949.

LAMBAUER, Mathias. *Litisconsórcio necessário.* São Paulo: Saraiva, 1982.

LEÃO, José Francisco Lopes de Miranda. *Sentença declaratória*: eficácia quanto a terceiros, São Paulo: Malheiros, 1999.

LEITE, Clarisse Frechiani Lara. *Prejudicialidade no processo civil.* São Paulo: Saraiva, 2008.

LIEBMAN, Enrico Tullio. *Problemi del processo civile.* Napoli: Morano, 1962.

______. *Efficacia ed autorità della sentenza*. Milano: Giuffrè, 1935.

______. *Embargos do executado*. 2ª ed. Tradução de J. Guimarães Menegale. São Paulo: Saraiva, 1968.

______. *Manuale di diritto processuale civile* (principi). 5ª ediz. Milano: Giuffrè, 1992.

______. *Manual de direito processual civil*. Vol. I. 3ª ed. Tradução de Cândido Rangel Dinamarco. São Paulo: Malheiros, 2005.

______. *Processo de execução*. São Paulo: Saraiva, 1946.

______. *Estudos sobre o processo civil brasileiro*. São Paulo: Bushatsky, 1976.

______. *Eficácia e autoridade da sentença e outros escritos sobre a coisa julgada*. 2ª ed. Tradução de Alfredo Buzaid e Benvindo Aires. 2ª ed. Rio de Janeiro: Forense, 1981.

LIMA, Paulo Roberto de Oliveira. *Contribuição à teoria da coisa julgada*. São Paulo: RT, 1997.

LOBO DA COSTA, Moacyr. *Breve notícia histórica do direito processual civil brasileiro e de sua literatura*. São Paulo: RT, 1970.

LOPES DA COSTA, Alfredo de Araújo. *Direito processual civil brasileiro*, I, II, III e IV, 2ª ed. Rio de Janeiro: José Konfino, 1947.

LOPES, João Batista. *Ação declaratória*. 5ª ed. São Paulo: RT, 2002.

LOPES, Maria Elizabeth de Castro. *O juiz e o princípio dispositivo*. São Paulo: RT, 2006.

LÓPEZ, Sonia Calaza. *La cosa juzgada*. Madrid: La Ley, 2009.

LORETO, Luis. *Estudios de derecho procesal*. Caracas: Universidade Central de Venezuela, 1956.

LUCON, Paulo Henrique dos Santos. *Relação entre demandas*, Brasília: Gazeta Jurídica, 2016.

LUISO, Francesco. Sul concetto di 'avente causa' dell'art. 2909 codice civile. In *Rivista di diritto processuale*. Padova: CEDAM, 1982.

MACEDO, Elaine Harzheim. *Prestação jurisdicional em se tratando de tutela antecedente: procedimento, estabilização da decisão e decurso do prazo de 2(dois) anos: um novo caso de perempção?* In Revista de Processo, n. 250, São Paulo: RT, 2015.

MACHADO, Marcelo Pacheco. *NCPC: Ideologia e museu de grandes novidades*. Disponível em: <http://jota.info/cazuza-novo-cpc-contradições-ideologias-museus-e.m>. Acesso em: 15 jun. 2015.

MANCUSO, Rodolfo de Camargo. *Jurisdição coletiva e coisa julgada* (teoria das ações coletivas). 3ª ed. São Paulo: RT, 2012.

MANDRIOLLI, Crisanto. *Diritto processuale civile*, I a IV. Torino: Giappichelli, 2003.

______. *Le modifiche del processo civile*. 2ª ediz. Torino: Giappichelli, 1993.

______. *L'azione executiva*. Milano: Giuffrè, 1955.

______. *La rappresentanza nel processo civile*. Torino: UTET, 1959.

MARICONDA, Vincenzo. *Le preclusioni (de)qualificante*. In *La riforma del processo civil*. Padova: CEDAM, 1992.

MARINONI, Luiz Guilherme, ARENHART, Sérgio Cruz; MITIDIERO, Daniel. *Novo Curso de Processo Civil*. Vol. 1 e 2. São Paulo: RT, 2015.

______. *Coisa julgada sobre questão*. São Paulo: RT, 2018.

MARQUES, José Frederico. *Instituições de direito processual civil*. I a V. 2ª ed. Rio de Janeiro: Forense, 1962.

______. *Ensaio sobre a jurisdição voluntária*. Campinas: Millenium, 2000.

______. *O direito processual em São Paulo*. São Paulo: Saraiva, 1977.

MATTHEWS, Alan. *The litigation handbook*. London: Cavendish, 2nd. ed. 1996.

MAZZARELLA, F.; TESORIERE, G. *Guida breve al processo civile riformato*. 3ª ediz. Padova: CEDAM, 2007.

MCLEOD, Ian. *Legal Method*. 2nd ed. London: Mac Millan, 1993.

MELENDEZ, Jose Quezada. *Introducción al derecho procesal*. Santiago de Chile: Fallos del Mês, 1983.

MELENDO, Santiago Sentis. *El proceso civil*. Buenos Aires: EJEA, 1957.

______. *Estudios de derecho procesal*, I e II. Buenos Aires: EJEA, 1967.

MELLO, Marcos Bernardes de. *Teoria do fato jurídico*: plano da eficácia. 9ª ed. São Paulo: Saraiva, 2014.

MENCHINI, Sergio. *I limitti oggettivi del giudicato civile*. Milano: Giuffrè, 1987.

MENDONÇA, Paulo Roberto Soares. *A argumentação nas decisões judiciais*. 3ª ed. Rio de Janeiro: Renovar, 2007.

MENDONÇA LIMA, Alcides de. *As providências preliminares no Código de Processo Civil Brasileiro de 1973*. In Revista de Processo, n. 1, São Paulo: RT, 1976.

MENESTRINA, Francesco. *L'accessione nell'esecuzione*. Milano: Giuffrè, 1962.

______. *La pregiudiziale nel processo civile*. Milano: Giuffrè, 1963.

MERLIN, Elena. *Compensazione e processo*, I. Milano: Giuffrè, 1991.

______. *Compensazione e processo*, II. Milano: Giuffrè, 1994.

MILLER, Arthur R.; FRIEDENTAHL, Jack; KANE, Mary Kay. *Civil procedure*, Hornbook series, 2ª. ed., St. Paul, Minn.: West Publishing, 1993.

MITIDIERO, Daniel Francisco. *Colaboração no processo civil,* 3ª. ed., São Paulo: RT, 2015.

______. MARINONI, Luiz Guilherme; ARENHART, Sérgio Cruz. *Novo curso de processo civil,* vol. 1 e 2, São Paulo: RT, 2015.

MONACCIANI, Luigi. *Azione e legitimazione.* Milano: Giuffrè, 1951.

MONTESANO, Luigi. *Processo civile e pubblica amministrazione.* Napoli: Morano, 1960.

MOREIRA ALVES, José Carlos. *Alfredo Buzaid, uma vida dedicada ao direito.* In RUFINO, Almir Gasquez; PENTEADO, Jacques de Camargo (Org.). Grandes juristas brasileiros. São Paulo: Martins Fontes, 2003.

MORENO, Faustino Cordón. *Notas a la Ley de Enjuiciamiento Civil.* Navarra: Aranzadi, 2001.

MORTARA, Lodovico. *Commentario del Codice e delle leggi di procedura civile,* Tomo III, 4ª. ed. Milano: Francesco Vallardi, 1923.

MOURÃO, Luiz Eduardo Ribeiro. *Coisa julgada.* Belo Horizonte: Fórum, 2008.

NETO, Abilio. *Breves notas ao Código de Processo Civil.* Lisboa: Ediforum, 2005.

NEVES, Celso. *Contribuição ao estudo da coisa julgada civil.* São Paulo: RT, 1971.

NEVES, Daniel Amorim Assumpção. *Manual de direito processual civil.* Vol. ún., 7ª ed. São Paulo: Método, 2015.

______. *Manual de Processo Coletivo.* 2ª ed. Rio de Janeiro: Método, 2014.

NICOLETTI, Carlo Alberto. *Profili istituzionali di processo civile.* 2ª ediz. Milano: Giuffrè, 2003.

NIKISCH, Arthur. *Der Streitgegenstand im Zivilprozess.* Tübingen, 1935.

NUNES, Dierle José Coelho. *Processo jurisdicional democrático.* Curitiba: Juruá, 2008.

NOJIRI, Sérgio. *A interpretação judicial do direito.* São Paulo: RT, 2005.

NORONHA, Carlos Silveira. *Sentença civil.* São Paulo: RT, 1995.

O'HARE, John; HILL, Robert N. *Civil litigation.* London: FT Law & Tax, 7th ed. 1995.

OLIVEIRA, Carlos Alberto Alvaro. *Do formalismo no processo civil.* 2ª ed. São Paulo: Saraiva, 2003.

______. *Alienação da coisa litigiosa.* 2ª ed. Rio de Janeiro: Forense, 1986.

OLIVEIRA, Marco Antônio Perez de. *Coisa julgada sobre a sentença genérica coletiva.* São Paulo: Saraiva, 2014.

OLIVEIRA, Bruno Silveira de. *Conexidade e efetividade processual.* São Paulo: RT, 2008.

OLIVEIRA JUNIOR, Waldemar Mariz de. *Substituição processual,* São Paulo: RT, 1971.

OLIVEIRA NETO, Olavo de. *Conexão por prejudicialidade.* São Paulo: RT, 1994.

ORMAZÁBAL SÁNCHEZ, José. *Iura novit curia.* Madrid: Marcial Pons, 2007.

OTHON SIDOU, J. M. *Direito aplicado.* 1ª. ed. São Paulo/ Rio de Janeiro: Forense Universitária, 2003.

PALLARES, Eduardo. *Tratado de las acciones civiles.* 12ª ed. México – DF: Porrúa, 2008.

PARÁ FILHO, Tomás. *Estudo sobre a conexão de causas no processo civil.* São Paulo: RT, 1964.

______. *Ensaio sobre a sentença constitutiva.* Tese. São Paulo: Lael, 1973.

PAULA BATISTA, Francisco de. *Compendio de teoria e prática do processo civil e comercial.* 7ª. ed., Rio de Janeiro: Garnier, 1907.

PEREIRA, João Aveiro. *O saneamento e a condensação no processo civil.* Lisboa: Internacional, 1999.

PÉREZ LUÑO, Antonio-Enrique. Que significa juzgar? In *La justicia procesal.* Consejo General del Poder Judicial. Madrid, 2008.

PERROT, Roger. Chose jugée – Sa relativité quant a cause: qu'en rest-t-il? In *Revue Trimestrale de Droit Civil.* Paris: Dalloz, 2006.

PETRELLA, Virginia. Note problematiche sul giudicato in punto di fatto alla luce dei principi del giusto processo civile. In: *Studi in onore di Carmine Punzi.* Vol. 1. Torino: Giappichelli, 2008.

PEYRANO, Jorge W. *El proceso civil.* Buenos Aires: Astrea, 1978.

PICARDI, Nicola. *Jurisdição e processo.* Rio de Janeiro: Forense, 2008.

PINTO Junior, Alexandre Moreira. *Conteúdos e efeitos das decisões judiciais.* São Paulo: Atlas, 2008.

PISTILLI, Ana de Lourdes Coutinho Silva. *Mandado de segurança e coisa julgada.* São Paulo: Atlas, 2006.

PISTOLESE, Gennaro Roberto. *La prova civile per presunzioni e le c. d., massimi di esperienza.* Padova: CEDAM, 1935.

PODETTI, Ramiro. *Teoria y técnica del proceso civil* – Trilogia estructural de la ciencia del proceso civil. 2ª ed. Buenos Aires: Ediar, 1963.

POHLE, Rudolf. *Reflexões sobre a natureza jurídica da coisa julgada,*trad. de Elício de Cresci Sobrinho, Porto Alegre: Fabris, 2012.

PONTES DE MIRANDA, Francisco Cavalcanti. *Comentários ao Código de Processo Civil* (de 1973), I a XVII. Rio de Janeiro: Forense, 1974/1978.

______. *Comentários ao Código de Processo Civil* (de 1939). 2ª ed. Tomo IV. Rio de Janeiro: Forense, 1959.

______. *Tratado da ação rescisória.* 5ª ed. Rio de Janeiro: Forense, 1976.

______. *Tratado das ações.* I a VIII. Campinas: Bookseller, 1998/1999.

______. *Tratado de direito privado.* I a LX. 4ª ed. 2ª tiragem. São Paulo: RT, 1983.

PORTANOVA, Rui. *Princípios do processo civil.* 8ª ed. Porto Alegre: Liv. Advogado, 2013.

PORTO, Guilherme Athayde. *Formação da coisa julgada e prova produzida.* Porto Alegre: Liv. Advogado, 2015.

PORTO, Sérgio Gilberto. *Coisa julgada civil.* 3ª ed. São Paulo: RT, 2006.

PRIETO-CASTRO FERRÁNDIZ, Leonardo. *La acción declarativa.* Madrid: Reus, 1932.

______. *Derecho procesal civil.* 5ª ed. Madrid: Tecnos, 1989.

PROTO PISANI, Andrea. *Lezioni di diritto processuale civile.* Napoli: Jovene, 1994.

______. Appunti sul giudicato e sui suoi limiti oggettivi. In *Rivista di diritto processuale,* Padova: CEDAM, 1990.

______. CAPONI, Remo. *Lineamenti di diritto processuale civile.* Napoli: Jovene, 2001.

______. *Opposizione de terzo ordinaria.* Napoli: Jovene, 1965.

PRÜTTING, Hans. *Presentación de documentos y dirección del proceso (estudio introductorio),* trad. espanhola, Montevidéu: Konrad Adenauer Stifung, 2006.

PUGLIATTI, Salvatore. Eccezione (teoria generale). In *Enciclopedia del diritto.* Vol. XIV. Milano: Giufrè, 1965.

PUGLIESE, Giovanni. *Introduzione in Polemica intorno all'actio.* Firenze: Sansoni, 1954.

______. *Giudicato civile (diritto vigente).* In Enciclopedia del Diritto. Vol. XVII. Milano: Giuffrè, 1968.

PUNZI, Carmine; SATTA, Salvatore. *Diritto processuale civile,* 11ª. ed., Padova: CEDAM, 1992.

RAGONE, Álvaro J. Pérez; PRADILLO, Juan Carlos Ortiz. *Estudio introductorio al proceso civil alemán contemporâneo.* Montevideo: Konrad Adenauer Stiftung, 2006.

RECHBERGER, Walter; SIMOTTA, Daphne-Ariane. *Grundriss des österreichischen Zivilprocessrechts,* 6, ergänzte Auf. Wien: Manz, 2003.

REDENTI, Enrico. *Il giudizio civile com pluratlità di parti.* Milano: Giuffrè, 1960.

______. *Diritto processuale civile.* I a III. Milano: Giuffrè, 1952.

REIMANN, Mathias; ZEKOLL, Joachim. *Introduction to german law.* München: C.H.Beck, 2005.

REIS, José Alberto dos. *Processo de execução*, I e II. 3ª ed. (reimp.). Coimbra: Coimbra, 1985.

______. *Comentário ao Código de Processo Civil* (de 1946). Vol. III. Coimbra: Coimbra, 1945.

RESTIFE NETO, Paulo; Restife, Paulo Sérgio. *Lei do Cheque.* 5ª ed. São Paulo: Malheiros, 2012.

REZENDE FILHO, Gabriel. *Direito processual civil.* I, II e III. 5ª ed. São Paulo: Saraiva, 1957.

RIBEIRO DE VILHENA, Paulo Emílio. *As partes no processo civil.* In Revista Brasileira de Direito Processual, Uberaba, n. 12, São Paulo: LEUD, 1977.

______. *Direito público e direito privado sob o prisma das relações jurídicas.* 3ª. ed., Belo Horizonte: Del Rey, 2019.

RIGHI, Ivan. *Eficácia probatória do comportamento processual das partes,* In Revista Forense, n. 389, Rio de Janeiro: Forense, .

ROCCO, Alfredo. *La sentencia civil.* Tradução de Mariano Ovejero. México – DF: Stylo, 1944.

______. *La interpretación de las leyes procesales.* Tradução de Manuel Romero Sanchez y Julio Lopez de la Cerda. México – DF: Stylo, 1944.

ROCCO, Ugo. *Trattato di diritto processuale civile.* I a VI. Torino: UTET, 1957.

______. *L'autorità della cosa giudicata e i suoi limiti soggettivi*, I. Roma: Atheneum, 1917.

ROCHA, José de Moura. *Estudos sobre o processo civil.* Recife: UFPE, 1969.

______. *Teoria da legitimação.* In Revista brasileira de direito processual, Uberaba, n. 16, Rio de Janeiro: Forense, 1978.

ROIG, Agustín de Asís. La motivación de las decisiones judiciales. *Cuadernos de derecho judicial*, Nº 6, Madrid, 2008 (Ejemplar dedicado a: La justicia procesal), p. 233-260.

ROSENBERG, Leo. *La carga de la prueba.* Tradução de Ernesto Krotoschin. Buenos Aires: EJEA, 1956.

______. *Derecho procesal civil.* Vol. I, II e III. Tradução de Angela Romera Vera. Buenos Aires: EJEA, 1955.

SÁ, Renato Montans de. *Eficácia preclusiva da coisa julgada.* São Paulo: Saraiva, 2011.

SALOMÃO, Jorge. *A coisa julgada nas ações de estado.* Rio de Janeiro: Freitas Bastos, 1966.

SAN TIAGO DANTAS, Francisco Clementino de. O direito privado brasileiro. Aspectos gerais de sua evolução nos últimos cinqüenta anos. In *Arquivos do Ministério da Justiça*, Brasília, ano 37, n. 155, 1980.

______. A nova dogmática jurídica. In *Revista Forense*, vol. 421, Rio de Janeiro, 1944.

______. Ciência e consciência – um estudo sobre Clóvis Beviláqua. In *Figuras do direito*. Rio de Janeiro: José Olympio, 1962.

SANTORO, Fernando J. Gomes. *Vigencia o no de la acción autônoma de nulidade*. Montevideo: Fundación de Cultura Universitaria, 2005.

SANTOS, Ernane Fidelis dos. *Introdução ao direito processual civil brasileiro*. Rio de Janeiro: Forense, 1978.

______. *Comentários do Código de Processo Civil*. Vol. VIII, Tomo I. Rio de Janeiro: Forense, 1980.

______. *Manual de direito processual civil*. Vol. 3. 11ª ed. São Paulo: Saraiva, 2007.

SATTA, Salvatore. *Commentario al codice de procedura civile*, III, Milano: Giuffrè, 1966.

______. Accertamento incidentale. In *Enciclopedia del diritto*. Tomo I. Milano: Giuffré, 1958.

______; PUNZI, Carmine. *Diritto processuale civile*. 11ª ediz. Padova: CEDAM, 1992.

SAVIGNY, Friedrich Karl Von. *Sistema de derecho romano actual*. Tomo VI. Madrid: Góngora, 1879.

SCHÖNKE, Adolf. *Direito processual civil*. Tradução de Karina Andrea Fumberg, Vera Longhini e Diego Alejandro Fabrizio. Campinas: Romana, 2003.

SCIALOJA, Vittorio. *Procedimiento civil romano*, trad. de Santiago Sentís Melendo e Marino Ayerra Redin,Buenos Aires: EJEA, 1954.

SCHMITZ, Leonard Ziesemer. *Entre produzir provas e confirmar hipóteses: o risco do argumento da 'busca da verdade real' na instrução e fundamentação das decisões*. In Revista de Processo, n. 250, São Paulo: RT, 2015.

SCHOPENHAUER, Arthur. *A arte de se fazer respeitar*. São Paulo: Martins Fontes, 2004.

SCHWAB, Karl Heinz. *El objeto litigioso en el proceso civil*. Tradução de Tomas A. Banzhaf. Buenos Aires: EJEA, 1968.

SEGNI, Antonio. *Scritti Giuridici*, I, Torino: UTET, 1965.

_____. *Studi sassaresi*, Sassari: Galizzi, série II, vol. XIV, 1936.

SERRA DOMÍNGUEZ, Manuel. Comentario al artículo 1252 del Codigo Civil. In *Comentarios al Código Civil y compilaciones forales* (dirigidos por ALBALADEJO). Tomo XVI, vol. 2, Art. 1214-1253. Madrid, 1981.

SEVERO NETO, Manoel. *Legitimação incidental no processo civil*. São Paulo: Juarez de Oliveira, 2001.

_____. *Substituição processual*.

SICA, Heitor Vitor Mendonça. *Preclusão processual civil*. São Paulo: Atlas, 2006.

SILVA, Germano Marques da. *Curso de processo civil executivo*. Lisboa: Univ. Católica, 1995.

SILVA PACHECO, José da. *O atentado no processo civil*. Rio de Janeiro: Borsoi, 1958.

SIQUEIRA, Cleanto Guimarães. *A defesa no processo civil*. Belo Horizonte: Del Rey, 1995.

SOARES, Fernando Luso. *O agravo e seu regime de subida*. Coimbra: Almedina, 1982.

SOUZA, Miguel Teixeira de. Algumas questões sobre o ônus de alegação e de impugnação no novo processo civil português. In *Revista de processo*, RT, São Paulo, ano 39, n. 228, 2014, p. 314.

SPENCER, Herbert. *La justicia*. Tradução de Pedro Forcadell. BuenosAires: Atalaya, 1947.

STAMMLER, Rudolf. *El juez*. Tradução de Emilio F. Camus. Habana: Cultural, 1941.

TALAMINI, Eduardo. *Coisa julgada e sua revisão*. São Paulo: RT, 2005.

TAPIA FERNÁNDEZ, Isabel. *La cosa juzgada* (Estudio de giurisprudencia civil). Madrid: Dickinson, 2010.

TARELLO, Giovanni. *Dottrine del processo civile*. Bologna: Il Mulino, 1989.

TARUFFO, Michele. *Uma simples verdade*. O juiz e a construção dos fatos. São Paulo: Marcial Pons, 2012.

______. Collateral estoppel e giudicatto sulle questioni. In *Rivista di diritto processale civile*. Padova: CEDAM, 1972.

______. *La prueba*. Tradução de Laura Manríquez e Jordi Ferrer. Madrid: Marcial Pons, 2008.

______. *La motivación de la sentencia civil*. Tradução de Lorenzo Córdova Vianello. Madrid: Trotta, 2011.

______. FERRI, Corrado; COMOGLIO, Luigi Paolo. *Lezioni sul processo civile*. Tomo I, 4ª. ed., Bologna: Il Mulino, 2006.

______. HAZARD, Geoffrey. *American civil procedure. An introduction*. New York: Yale University, 1993.

TARZIA, Giuseppe. *Lineamenti del nuovo processo di cognizione*. Milano: Giuffrè, 1996.

______. CIPRIANI, Franco. *Provvedimenti urgenti per il processo civile*. Padova: CEDAM, 1993.

______. *Eduardo Grasso, profilo di un maestro*. In Rivista di diritto processuale, Padova: CEDAM, 2004.

THEODORO JÚNIOR, Humberto. *Curso de direito processual civil*. Vol. I. 56ª ed. Rio de Janeiro: Forense, 2015.

______. *Direito processual civil*. Série Grandes Pareceres. Vol. 2. Rio de Janeiro: América Jurídica, 2003.

______. *Sentença*: direito processual civil ao vivo. 2ª ed. Rio de Janeiro: Aide, 1997.

______. *Novo CPC*: fundamentos e sistematização (coautoria). Rio de Janeiro: Forense, 2015.

. *Coisa julgada, ação declaratória seguida de condenatória*. In *Revista de Processo*. , São Paulo: RT, n. 21, n. 81, p. 82-97, 1996.

______. *Tutela cautelar (Direito processual civil ao vivo)*, n. 4, 1ª. ed. Rio de Janeiro: Aide, 1992.

TORRES, Guillermo Orlando Pachas. *Reglas generales em el proceso civil*. Lima: Sudamerica, 2007.

TESHEINER, José Maria Rosa. *Eficácia da sentença e coisa julgada no processo civil*. São Paulo: RT, 2002.

TOMMASEO, Ferrucio. *I provvedimenti d'urgenza*. Padova: CEDAM, 1983.

TURRONI, Davide. *La sentenza civile sul processo*. Torino: Giappichelli, 2006.

TROCKER, Nicolo. Enrico Allorio e la dottrina della riflessione della cosa giudicata rispetto ai terzi. In *L'opera di Enrico Allorio fra teoria generale e sensibilità storica*. Padova: Cedam, 2004.

VARELLA, Antunes; BEZERRA, J. Miguel; NORA, Sampaio e. *Manual de processo civil*. 2ª ed. Coimbra: Coimbra, 1985.

VELLANI, Mario. *Appunti sulla natura della cosa giudicta*. Milano: Giuffrè, 1958.

VERDE, Giovanni. *L'ordinamento giurdiziario*. Milano: Giuffrè, 2003.

VESCOVI, Enrique. *El recurso de casación*. 2ª ed. Montevideo: IDEA, 1996.

VIANA, Bomfim. *Fundamentos das exceções cambiárias*, 1ª. ed., Rio de Janeiro: Forense, 1980.

VIDIGAL, Luiz Eulálio de Bueno. Existe o direito de ação? In *Revista de Direito Processual Civil*, n. 5, Saraiva, São Paulo, 1962.

VIEIRA, José Marcos Rodrigues. *Da ação cível*. Belo Horizonte: Del Rey, 2002.

______. *A nova ordinariedade: execução para a cognição*. In Temas atuais de direito processual civil. Belo Horizonte: Del Rey, 2001.

______. *Do processo à ação: dogmática e hermenêutica*. In Processo Civil – Novas tendências. Belo Horizonte: Del Rey, 2008.

______. *Objeto do processo no CPC de 2015*. In Amagis Jurídica, n. 15, Belo Horizonte: Del Rey, 2018.

______. *Substituição processual, litisconsórcio facultativo unitário e coisa julgada no sistema do CPC de 2015*. In Processo civil contemporâneo. Homenagem aos 80 anos do professor Humberto Theodoro Jr., Rio de Janeiro: Forense, 2018.

______. *Da 'cognitio' ao 'iudicium'. De princípios a técnicas processuais. Coisa julgada e questões prejudiciais no Projeto de CPC*. In Amagis Jurídica, n. 9, Belo Horizonte: Del Rey, 2013.

______. *Ativismo judicial e modo de ser da relação jurídica*. In Ativismo & processo. Belo Horizonte, D'Plácido, 2019.

VILANOVA, Lourival. *Causalidade e relação no direito*. 4ª ed. São Paulo: RT, 2000.

VINCENT, Jean; GUINCHARD, Serge. *Procédure civile*, 25ème édit., Paris: Dalloz, 1999.

VOCINO, Corrado. *Considerazioni sul giudicato*. Milano: Giuffrè, 1963.

VOLPINO, Diego. *L'effetto dell giudicato nell'esperienza americana*. Padova: CEDAM, 2007.

VULLO, Enzo. *La domanda riconvenzionale*. Milano: Giuffrè, 1995.

WACH, Adolf. *Manual de derecho procesal civil*. Vol. I e II. Tradução de Tomas A. Banhaf. Buenos Aires: EJEA, 1977.

______. *Conferencias sobre la Ordenanza Procesal Civil alemana*. Tradução de Ernesto Krotoschin. Buenos Aires: EJEA, 1958.

______. *La pretensión de declaración*. Tradução de Juan M. Semon. Buenos Aires: EJEA, 1962.

WALTER, Gerhard. Cinquanta anni di studi sul processo civile in Germania: dal costruttivismo all'apertura Internazionale. In *Cinquanta annni di studi sul processo civile* (Incontro Internazionale in occasione del cinquantenario dell'Associazione fra gli Studiosi del Processo Civile, Firenze, 27 settembre 1997). Milano: Giuffrè, 1998.

WATANABE, Kazuo. *Da cognição no processo civil*. 3ª ed. São Paulo: DPJ, 2005.

WINDSCHEID, Bernhard. *Diritto delle Pandette*. Vol. I a VI. Tradução de Carlo Fadda e Paolo Emilio Bensa. Torino: UTET, 1902.

______; MUTHER, Theodor. *Polemica intorno all' actio*. Firenze: Sansoni, 1954.

YARSHELL, Flávio Luiz. *Tutela jurisdicional*. São Paulo: Atlas, 1998.

ZAFFARONI, Eugenio Raúl. *Poder judiciário*. Tradução de Juarez Tavares. São Paulo: RT, 1995.

ZANETI JR., Hermes; DIDIER JR., Fredie. *Curso de direito processual civil (Processo Coletivo),*Vol. 4., 13ª. ed., Salvador: JusPodivm, 2019.

ZAVASCKI, Teori Albino. *Eficácia das sentenças na jurisdição constitucional.* 2ª ed. São Paulo: RT, 2012.

ZANZUCCHI, Marco Tullio. *Diritto processuale civile,* vol. I, 6ª. ed., Milano: Giuffrè, 1955.

ZEKOLL, Joachim; REIMANN, Mathias. *Introduction to german law,* München: C.H.Beck, 2005.

EDITORA
JusPODIVM
www.editorajuspodivm.com.br